电子商务名师名校

新形态精品教材

农村电商

微课版

李文立 邓国取 / 主编

石丹 高文海 范刚龙 / 副主编

人民邮电出版社

北京

图书在版编目（CIP）数据

农村电商：微课版 / 李文立，邓国取主编. -- 北京：人民邮电出版社，2023.9
电子商务名师名校新形态精品教材
ISBN 978-7-115-61897-9

Ⅰ.①农… Ⅱ.①李… ②邓… Ⅲ.①农村—电子商务—中国—教材 Ⅳ.①F724.6

中国国家版本馆CIP数据核字(2023)第100404号

内 容 提 要

本书对农村电商的知识进行了系统介绍，内容包括农村电商概述、农产品电商化前期准备、农村电商平台、农村电商平台运营、农村电商短视频与直播运营、农产品物流管理、农村电商数据化分析、农村电商典型案例。

本书在讲解知识的同时，配以丰富的案例和二维码扩展资源，并且在前7章设计了"学习目标""引导案例""本章要点""案例分析""任务实训""课后练习"等板块，以提升读者对知识点的理解与运用能力，帮助读者尽快掌握所学知识。

本书既可作为电子商务、市场营销和物流管理等专业相关课程的教材，也可作为有志于学习农村电商相关知识的社会人士的参考用书。

◆ 主　　编　李文立　邓国取
　　副 主 编　石　丹　高文海　范刚龙
　　责任编辑　孙燕燕
　　责任印制　李　东　胡　南
◆ 人民邮电出版社出版发行　　北京市丰台区成寿寺路 11 号
　　邮编　100164　电子邮件　315@ptpress.com.cn
　　网址　https://www.ptpress.com.cn
　　固安县铭成印刷有限公司印刷
◆ 开本：787×1092　1/16
　　印张：14.25　　　　　　　　2023 年 9 月第 1 版
　　字数：329 千字　　　　　　 2025 年 1 月河北第 3 次印刷

定价：59.80 元

读者服务热线：(010)81055256　印装质量热线：(010)81055316
反盗版热线：(010)81055315
广告经营许可证：京东市监广登字 20170147 号

前言

民族要复兴，乡村必振兴。党的二十大报告提出："全面推进乡村振兴""坚持农业农村优先发展，坚持城乡融合发展，畅通城乡要素流动。加快建设农业强国，扎实推动乡村产业、人才、文化、生态、组织振兴。"近年来，农村电商成为推动农村发展、农业升级、农民增收，助力乡村振兴的新引擎，在全面推动乡村振兴的进程中，为农村创造了大量的创业就业机会，大批优质农产品通过电子商务这一数字化销售平台走向全世界。无论是淘宝网、京东商城等传统电商平台，还是拼多多、抖音等新兴电商平台，都把打通农产品供应链，改造农村产业链作为重要发展方向，投入了大量人力、物力，有力地促进了农村电商的发展。

同时，农村电商的高速发展也对农村电商从业人员的培养工作提出了更高要求。一方面，农村电商从业人员需要具备与电子商务相关的专业知识；另一方面，农村电商从业人员还需要具有文案写作、网店运营、物流管理、数据分析和新媒体营销等能力。为此，编者在认真分析我国农村电商现状、特点和主流模式的基础上，结合我国高等院校农村电商人才培养的需求编写了本书。

本书特色如下。

（1）知识全面，逻辑清晰。本书从宏观角度出发，合理布局各章内容，全面围绕支撑农村电商活动的各项内容进行介绍，即先从基础知识开始讲解，循序渐进，层层深入，使读者对农村电商有一个全方位的了解。

（2）案例丰富，实践性强。本书除了介绍农村电商的基础知识，前7章均以"引导案例"的方式引导读者学习，并在章末设计了"案例分析"和"任务实训"板块，用于提升读者解决问题的能力和动手能力，并在最后提供有农村电商典型案例分析，帮助读者更好地理解和运用这些知识。

（3）立德树人，提升综合素养。本书全面贯彻党的二十大精神，以社会主义核心价值观为引领，传承中华民族优秀传统文化，坚定文化自信和民族自信，力求落实立德树人的根本任务。本书在正文知识讲解的过程中穿插"课堂讨论""知识链接""素养提升"板块，通过真实农村电商案例展示、知识拓展、德育培养等方式来全面提升读者的综合素养。

（4）微课视频，知识拓展。本书配有二维码，二维码内容既有对知识点的说明、补充和扩展，也有对重难点知识的微课视频讲解。通过扫描二维码，读者可以直接查看相关知识和观看视频，从而加深对知识的理解。

（5）教学资源丰富。本书不仅提供精美的PPT课件、习题参考答案等资源，还提供教学大纲、电子教案和练习题库等资源，用书教师可自行通过人邮教育社区（www.ryjiaoyu.com）免费下载。

本书由多年来从事农村电商、乡村振兴等教学、研究和实践的多位专家共同编写，包括大连理工大学李文立教授、河南科技大学邓国取教授、大连理工大学石丹副教授、河北科技大学高文海教授，以及洛阳师范学院范刚龙教授。在编写本书的过程中，编者参考了国内多位专家、学者的著作或译著，也参考了许多同行的相关教材和案例资料，在此对他们表示崇高的敬意和衷心的感谢！

由于编者水平有限，书中难免存在纰漏和不足之处，恳请专家、读者批评指正。

编者

2023 年 5 月

目录

第1章 农村电商概述

【学习目标】

- 了解农村电商的定义、背景、分类与特征。
- 了解农村电商的发展现状与特点。
- 掌握农村电商发展的对策建议和支持政策。
- 了解农村电商的发展新机遇。
- 熟悉农村电商创业的典型模式。
- 熟悉农村电商创业团队的架构和人才培养。

引导案例

党的二十大报告中提出"全面推进乡村振兴",这是继党的十九大提出实施乡村振兴战略并写入党章后,党中央再次以"乡村振兴"为主题系统部署农村工作。近年来,重庆市把大力发展农村电商作为推动商贸经济高质量发展、巩固拓展脱贫攻坚成果同乡村振兴有效衔接的重要环节和抓手,农村电商发展潜力逐步得到释放,探索出一条可持续发展的乡村振兴之路。

重庆市组织召开京津冀鲁渝农产品流通企业家座谈会,推动引进武陵山区韵达智慧物流产业园、鲁渝电商资源对接助力乡村振兴合作等项目,开展奉节脐橙、巫山脆李等特色农产品的营销活动,组织"京东乡村振兴产业带扶持专项活动"等活动50余场,为重庆农产品搭建了与市内外电商、服务商对接沟通平台,进一步扩展了营销渠道。重庆市还实施了"加快发展直播带货行动计划",通过直播带货等农村电商的新业态、新模式,加强与抖音、盒马鲜生等电商平台的合作。重庆市在奉节、酉阳等区县启动"抖音美好乡村试点""直播电商团队服务花田乡行动"等活动,联动10余家电商和直播平台、上千家企业组织实施100余场线上促销和直播带货,部分区县主要领导亲自出镜直播,为当地优质产品、特色农产品代言,助推消费帮扶、助力乡村振兴。

为贯彻落实国家乡村振兴战略,重庆市制定了《"实施六大工程助力乡村振兴"行动方案》(以下简称《行动方案》),通过大量发展农村电商,建设农村物流网络,培育培养农村电商创业团队和人才,提升农产品质量,全面助力乡村振兴。根据《行动方案》,预计到2025年,重庆市将打造一批农村电商与产业融合发展区县典型,农村网络零售额和农产品网络零售额年均增长10%以上;

建设投用一批城乡配送有效衔接的分拨中心和配送中心，农村便民惠民寄递物流服务基本实现全覆盖，商贸物流效率提高 10% 以上；农村商贸流通体系持续优化，城区商圈、乡镇商贸中心和村级便民店建设实现全覆盖；依托中石油、中石化加油站打造 150 个以上的农村综合服务中心；农特产品出口实现增量提质，培育 5～10 家农特产品出口龙头企业；振兴发展蚕桑丝绸产业，规模化集约化优质高产桑园达 40 万亩以上，蚕桑丝绸产业综合产值达 50 亿元以上；乡村社会消费品零售总额增速持续高于城镇社会消费品零售总额增速。

思考：

1. 重庆市农村电商的迅速发展主要体现在哪些方面？
2. 农村电商发展与农村电商创业之间有什么关系？

【本章要点】

农村电商的定义　农村电商的分类　农村电商的支持政策　农村电商的发展新机遇
农村电商创业的模式　农村电商创业的人才培养

近年来，随着互联网、移动通信等技术的应用和普及，以及农村信息化建设的推进，我国农村电商发展迅速，不仅能够直接推动农村经济的发展，帮助农民增收致富，而且能够有效助推乡村振兴目标的实现。通过本章的学习，读者可以初步了解和认识农村电商，为后面章节的学习打下基础。

1.1　认识农村电商

农村电商是乡村振兴战略背景下的新生产物，它的兴起为乡村振兴创造了新的活力，在销售农产品、振兴乡村产业、加快城乡一体化发展方面具有重要作用。开展农村电商，首先要认识农村电商，了解农村电商的定义、发展背景、分类与特征。

1.1.1　农村电商的定义

微课视频

认识农村电商

电商（电子商务的简称）是指以信息网络技术为手段，以商品交换为中心的商务活动，它改变了社会的生产方式和人们的生活方式。农村电商则是指发生在农村场景下的电商活动。

狭义的农村电商一般是指利用互联网（包括移动互联网）技术，通过计算机、手机等设备，为涉农领域的生产经营主体提供在网上完成农产品或服务的销售、购买和电子支付等服务，涵盖了对接电商平台、建立电商基础设施、提供电商知识培训、搭建电商服务体系等。从这个概念可以看出，农村电商主要围绕农产品上行和工业品下行展开，是与农业、农产品相关的电子化交易和管理活动，属于电商在农村地区的应用。

广义的农村电商还包括其外延部分，强调电商在农村地区的推进与应用，以互联网为媒介，将农村与城市连接起来，不仅能促进农产品上行，扩大农产品销售市场，还能促进工业品下行，激活农村市场。县域电商就是农村电商的一种重要表现形式。

课堂讨论

结合自己的亲身经历和看法，谈一谈什么是农村电商。

1. 农产品上行

农产品上行是指农产品商家将农产品信息发布到互联网上，通过互联网技术将农产品从农村销售到全国各地，特别是城市（镇）市场。农产品上行以在农村地区生产的相关农产品为主要销售品类，农产品商家能够通过农产品供应链，打开农产品的销售渠道，让农产品直面市场，促进优质农产品的有效供给，有助于解决"三农"问题、推动农业供给侧结构性改革。此外，农产品上行还能有效整合供应链上下游的相关资源，降低农产品上行的供应链运营成本。

知识链接

"三农"指农业、农村和农民。"三农"问题则指农业、农村、农民这三个问题。研究"三农"问题有助于实现农民增收、农业发展、农村稳定。

2. 工业品下行

工业品下行是指农民通过互联网购买各种工业消费品，这些消费品通过物流送达农民手中的过程。工业品下行打破了城乡的空间界限，使农村居民足不出户就能购买生活用品、农业生产资料等产品，有利于实现农业生产的互联网化、提高农业生产效率、缩小城乡居民消费差距。另外，提高工业品下行效率对拉动我国消费品内需，促进国民经济内生动力增长有重大意义。

3. 县域电商

广义来说，县域电商是指在县域范围内，以互联网为基础，借助电子化方式，在法律许可范围内开展的商务活动。狭义来说，县域电商是指在电子商务发展过程中，电商平台和物流配送渠道下沉至县域，并在县域范围内开展的与特色农产品、生活用品及服务等有关的电商活动。县域电商能够聚集当地的特色农产品，并通过一定手段提高农产品附加价值，加快农产品的标准化和品牌化进程，促进农村地区的经济发展。

1.1.2 农村电商的发展背景

农村电商在乡村振兴、农业持续快速发展，以及农村消费者的共同富裕等方面都做出了贡献。农村电商的发展和盛行是国家政策、农村地区基础设施建设、农村地区市场潜力、新技术应用等多种关联因素和利好条件综合作用的结果。

1. 国家政策支持

一直以来，国家都十分关注农业的发展，农村电商作为互联网时代的产物，自然受到国家的高度重视。党的二十大报告中明确提出，全面推进乡村振兴，坚持农业农村优先发展，巩固拓展脱贫攻坚成果，加快建设农业强国。此外，国家还发布了许多关于农村电商发展的相关指导意见，如《国务院关于积极推进"互联网+"行动的指导意见》《国务院办公厅关于完善支持政策促进农民持续增收的若干意见》等，在政策上鼓励发展农村电商，推动农业现代化，培育新型农民和建设新农村。

2. 农村地区基础设施建设大力推进

近年来，我国农村地区基础设施逐步完善，互联网普及率日益提升。第50次《中国互联网络发展状况统计报告》显示，截至2022年6月，我国农村地区网民规模已达到2.93亿，占网民整体的27.9%，农村地区互联网普及率提升至58.8%。农村地区互联网普及率的提升有助于各级农业信息化网站的建设，催生了大批农业服务网站。这些网站不仅有效整合了农业资源，还打通了相关信息、产品的流通渠道。

另外，我国加快了农村地区基础设施建设改造，交通等基础设施整体水平实现跨越式提升。至今，我国具备条件的乡（镇）和行政村已实现100%通硬化路。农村地区物流建设也在逐步推进，仓库、服务网点越来越多。根据交通运输部的信息，截至2022年1月，全国农村公路里程446.6万千米，比上年末增加8.4万千米，其中乡镇通三级及以上公路比例达82.2%、提高1.4个百分点。

3. 农村地区市场潜力大、生鲜农产品供应充足

国家统计局发布的数据显示，自2015年以来，我国农村网络零售额呈现快速增长态势，2022年上半年我国农村的网络零售额达到了9 759.3亿元，同比增长了2.5%，其中农产品销售额达到了2 506.7亿元，同比增长了11%。这说明农村地区的电商市场发展势头良好，具有较大潜力。

作为农产品重要的组成部分，我国蔬菜、水果、肉类等生鲜农产品生产保持稳定增长。截至2022年7月，生鲜电商月活消费者超过7 100万，同比增长了75.4%，仅仅在2022年的上半年，生鲜电商交易额就达到了1 821.2亿元，同比增长了137.6%。

4. 新技术的广泛应用

随着时代的不断发展和技术的不断创新，5G、物联网、大数据、区块链、人工智能、云计算等新技术不断发展，并快速渗透到电商的各行各业，与农村电商紧密结合，为农村电商的发展提供了很大的空间。例如，5G网络在农村的覆盖，为农村电商的网店运营、直播（见图1-1）等提供了诸多便利。5G网络具有高速率、低时延等特点，极大地提升了电商直播的质量，不仅使线上全景实时传播成为可能，还支持8K高清画质展现，可以让观看直播的消费者清晰地感受农产品的细节，助力农产品销售。

此外，大数据和人工智能技术的应用还推动了智慧农业的发展，如利用大量智能控制的传感器自动收集农业种植数据（如土壤、环境、病虫害等方面的数据），如图1-2所示。智慧农业不仅能提高农业管理效率和农产品的质量，还能实现农产品溯源，让消费者清楚农产品的生产、流通信息，助力农村电商发展。

图 1-1 利用 5G 网络进行助农直播

图 1-2 传感器在农业种植中的应用

另外，物联网、区块链和云计算的应用能够节约农村电商的发展成本，扩大农村电商的规模。物联网是管理农产品流通领域各个环节的智能化中心，通常需要投入极大的成本，以新建和维护基础设施。而应用区块链技术可以使这些设备实现自我管理和维护，节省了以云端控制为中心的高昂维护费用，有助于提升农业物联网的智能化和规模化水平。

1.1.3　农村电商的分类与特征

近年来，农村电商的蓬勃发展，为农产品架设了流通新平台，有助于进一步拓宽农民增收路径、推动乡村振兴。我国疆域辽阔，不同地区的农村面貌和发展差异较大，农产品商家需要了解农村电商的分类与特征，才能更好地发展，并在营销中通过凸显当地的农村特色来助力农产品销售。

1. 农村电商的分类

农村电商经过了一段时间的发展，可以归纳总结出 3 种不同标准的分类方向。

（1）根据产品流通方向分类。农村电商根据产品流通方向，可以分为输出模式的农村电商和输入模式的农村电商两种类型。

① 输出模式的农村电商。输出模式的农村电商是指将农产品、手工产品、加工产品、特色旅游资源等从农村向外部市场输出的电商模式。该模式是当前主要的农村电商模式，依托当地特有的农业资源，走标准化、品牌化的发展路线，以提高产品附加值和市场竞争力为重点，最终解决农产品滞销的问题，实现农民收入的增加。

② 输入模式的农村电商。输入模式的农村电商是指将产品、服务等向农村输入的电商模式。这种模式一般会在县域设立县级服务中心，在乡镇建立服务站点，通过完善的服务网络和服务点，向农村输入生活用品、服务项目等，让互联网发展成果惠及广大农民群体。

（2）根据服务对象分类。农村电商根据服务对象，可以分为农产品电商、农资电商、农村旅游电商和农村金融电商等。

① 农产品电商。农产品电商是指在农产品生产、销售、管理等环节全面导入电商系统，利用信息技术发布与收集农产品供求、价格等信息，并以网络为媒介，依托农产品生产基地与物流配送系统，快速安全地实现农产品交易与货币支付的一种新型商业模式。

② 农资电商。农资电商是指涉及农资的电商。农资是指农用物资，属于农业生产资料，

一般是指在农业生产过程中用以改变和影响劳动对象的物质资料，如农药、化肥、种子、农膜、农用器械（包括农业运输机械、生产及加工机械）等。目前，我国主要的农资电商平台有大丰收农资商城、惠农网等。近年来，农资电商平台逐渐成为很多农民首选的采购渠道。

③ 农村旅游电商。农村旅游电商是农村旅游、农村经济融合发展的产物。简单来说，农村旅游电商是在旅游电商的基础上加入农村元素后形成的农村电商模式，是旅游电商在农村地区的应用。

④ 农村金融电商。农村金融电商是货币、信用等金融行业与"三农"、互联网相结合的产物，涉及与"三农"相关的互联网信贷、供应链金融、账户预存款、支付工具、移动支付等一系列金融业务。

📖 知识链接

当前，农村金融电商主要有两种发展模式：一种是电商平台支持下的互联网金融模式（电商交易平台+农村金融），该模式以阿里巴巴和京东为代表，依托积累了大量信用数据的电商平台，借助大数据技术形成信用风控（风险控制）模型，从自有的或合作的金融机构处获取资金，为涉农企业提供网上借贷业务；另一种是农业服务商支持下的链式金融模式（大型农业服务商+农村金融），该模式以新希望、大北农等"三农"服务商为代表，以多年专注于农业领域所积累的数据和线下资源为依托，利用互联网技术打通金融环节，为上下游涉农企业和农民提供支付、借款、保险等金融服务。

（3）根据县域电商发展模式分类。电子商务能促进县域农业、制造业的优化升级，促进服务业的创新发展，调整县域经济的结构。但不同地区的县域经济有不同的特点，根据这些特点可以将农村电商划分成不同的模式。

① 遂昌模式。遂昌模式源于浙江省遂昌县。遂昌县独特的自然环境造就了当地优质的特色农产品。从 2005 年开始，遂昌县当地就有农民自发开设淘宝网店经营山茶油、菊米等农产品。后来，遂昌县设立了网店协会和网店服务中心，整合政府、电商、金融机构、农业合作社、农民等多方资源，助力电商快速发展，遂昌模式初步形成。

遂昌模式就是以本地化电商综合服务商作为驱动，带动县域电商生态发展，促进地方传统产业发展，尤其是促进农业及农产品加工业电商化发展。电商综合服务商、网商（运用电商工具在互联网上开展商业活动的个人）、传统产业相互作用，在政策的催化下，形成信息时代的县域经济发展道路。该模式的核心是本地化电商综合服务商，这些服务商推进了当地农产品加工、生产标准化的发展，提高了农产品的质量和附加值，并且聚集了当地网商，建立了较为完善的电商生态环境。一般来说，遂昌模式适合电商基础弱、小品牌多、小网商多的区域。

② 沙集模式。沙集模式源于江苏省徐州市的沙集镇。沙集镇本来经济发展十分落后，后来该镇一位农民自发在淘宝网上开店销售家具且获得成功，这件事引起了连锁反应，当地农民纷纷效仿，推动了原材料供应、加工制造、配件、物流等业务的发展，形成了网上年销售额达 10 亿多元的新产业群。

沙集模式是指农民自发成为网商，使用电商交易平台直接对接市场，并销售产品的电商模式。沙集模式以家庭经营为基础，以返乡创业的农民为主体。农民成为网商的行为会影响周围的农民，使该行为以细胞裂变的形式扩张，有助于带动农村产业发展。沙集模式塑造的新业态还能促进农民网商进一步创新，帮助农村实现全面发展。

③ 通榆模式。通榆模式源于吉林省通榆县。通榆县地处松辽平原西部，地理条件优越，是公认的优质农产品黄金产业带，历来就有"葵花之乡""绿豆之乡"的美誉，盛产杂粮、杂豆、打瓜等优质农产品。2013 年 9 月底，通榆县通过招商引入电商企业，正式启动农村电商项目。经过多年的经营，通榆县逐渐形成了自己的发展模式，即采用统一的方式直销原产地农产品的电商模式。在这种模式下，通榆县整合了各原产地的农产品资源，并与有固定基地的深加工企业以及当地有实力的农业合作社、农科院展开合作，采用统一品牌、统一标准、统一质量、统一包装的方式开展网络营销，向用户提供多样化、富有特色和科技含量高的农产品。而通榆县政府组建了"电商发展领导小组"，为电商发展提供政策支持，并成立了专项基金，为电商发展建立绿色通道。该模式适合电商基础薄弱、产品品牌化程度低、小网商稀少的区域。

④ 武功模式。武功模式源于陕西省武功县。武功县位于关中平原中部，地理位置优越，且地势平坦，交通便利。

武功县基于有利的区位和交通优势，大力发展仓储物流和物资集散业务，投入大笔资金建设了大型电商园区，不仅吸引了当地乃至全国的农产品生产、加工、仓储、物流和销售等各类电商企业设点占位，还聚集了青海、甘肃、新疆等西部地区的 300 多种特色农产品，成为"西货东进"的集散地。因此，武功模式可以概括为"集散地+电商"模式。

⑤ 成县模式。成县模式源于甘肃省成县。成县位于甘肃、四川、陕西三省交界处，2011年被国家林业局命名为"中国核桃之乡"。成县模式的形成得益于"核桃书记"——成县县委书记李洋。他在新浪微博上注册实名认证，宣传推广成县鲜核桃，获得了大量消费者和媒体的关注，使成县核桃成为网络热门农产品，最终促使成县的知名度迅速提升，并助推成县土蜂蜜、成县柿饼等主要农产品销往全国各地。因此，成县模式可以概括为"热销产品路线+政府营销"的电商模式。成县模式适合大部分地区，尤其是有特色农产品的地区，重点是需要当地政府的全力支持，并逐步完善电商生态，帮助小网商实现品牌化、集群化发展。

⑥ 清河模式。清河模式源于河北省清河县。清河县是历史名县，如今凭借强大的羊绒产业闻名世界，有"中国羊绒之都"的称号。清河县依托强大的传统市场，利用互联网整合各方资源，使传统的羊绒加工销售产业链借助电商获得新生，有效解决了传统产业存在的成本高、效率低、市场开拓难等一系列问题，催生了一个庞大的网商群体，促进了电商交易规模的迅速增长，形成了依托传统产业优势的农村电商模式。后来，清河模式便被用来指"专业市场+互联网"的农村电商模式。

课堂讨论

在网上搜集农村电商百强县的相关资料，从县域电商发展模式的角度，看看还有没有其他的、有代表性的农村电商模式？

2. 农村电商的特征

随着经济的发展，我国互联网的普及率大幅度提高，这为我国农村电商的发展奠定了基础。在发展的过程中，我国农村电商逐渐显露出以下特征。

（1）直接性。依托互联网的优势，农村电商可以使农民（生产者）、企业（销售者）、消费者等各方之间的沟通更顺畅。例如，供求信息能通过农村电商平台更透明、准确地反映给消费者，进而促进农产品的流通，大大提高交易效率，节约时间成本。又如，农民可以通过农村电商平台发布农资采购信息和农产品的供应信息，而企业则可以通过农村电商平台了解农产品批发市场的行情，如图 1-3 所示。

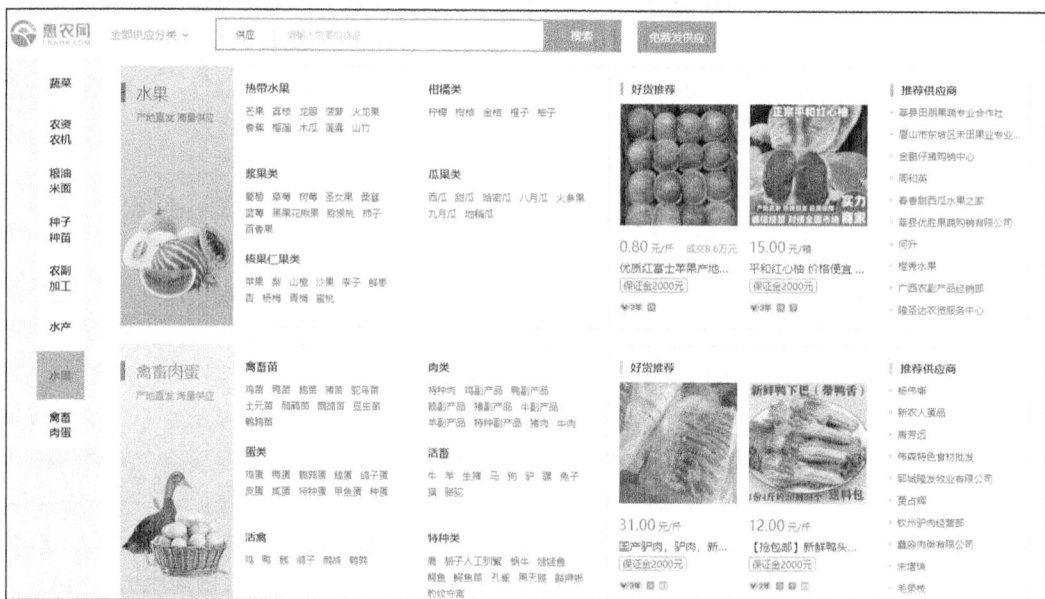

图 1-3　通过农村电商平台了解农产品批发市场的行情

（2）双元性。目前，农村电商的发展呈现出双元性特征，即宏观上的多元性与微观上的单一性。在宏观上，农村电商已经形成了许多颇具典型性的模式，如沙集模式、遂昌模式等，各模式具有不同的特点，呈现出多元发展的态势。而在微观上，绝大多数从事农村电商的企业的商业模式较为单一，仍停留在卖货阶段，即均以有形商品交易为主要业务，在平台打造、资源整合、技术创新以及资本运作等方面缺乏突出表现。

（3）集群效应。农村电商具有明显的集群效应，表现为个别农民获得成功后，会被不断地模仿，使同一地区不断涌现出新的网商。而当这种密集的、同质性高的商务活动集中出现后，一方面会引发一定的竞争，另一方面也很容易形成共同的联盟和完整的产业链条，如沙集模式。

1.2　农村电商的发展

农村电商未来的发展方向和重点在于挖掘国内市场潜力，加快贯通县乡村电子商务体系和快递物流配送体系。农村电商从业人员需要先熟悉农村电商的发展现状与特点，分析现阶段存在的问题，有针对性地提出对策建议，然后理解并落实国家对农村电商发展的支持政策，找到农村电商的发展新机遇。

微课视频

农村电商的
发展

1.2.1 农村电商的发展现状与特点

2014 年至 2022 年的几年时间里，我国农村网络零售额增长了 10 倍多。蓬勃发展的农村电商为推动农业农村现代化提供了新动能。农村电商不断创新，各种新业态新模式持续涌现，并呈现出许多新特点。

1. 全国共同发展

农村电商最早在我国东部沿海地区发展迅速，从 2020 年开始，中部、西部和东北等区域均出现了县域网络零售额正增长的情况。根据中华人民共和国商务部 2023 年的统计数据，在 2022 年一季度，全国农村网络零售额为 4 727.9 亿元，其中，东部、中部和东北地区农村网络零售额同比分别增长 5%、12.6% 和 10.3%。从增速来看，东北地区县域农产品网络零售额比较靠前，这与近年来农村电商在东北地区迅速崛起有直接关系。农村电商以农民直播、达人带货等为发展形态，并不断与特色产业、乡村振兴、县域经济等创新融合，为区域农业和经济发展提供了新动能。

课堂讨论

说说你印象中有哪些农村电商发展迅速的地区，这些地区在发展农村电商方面有哪些特色。

2. 农村电商涌现出新业态新模式

数字网络技术的升级换代，也加速了农村电商的迭代创新。线上线下的融合发展促进了农村电商的业务创新，使得社区团购、乡村旅游直播等新业态新模式涌现出来，短视频和直播正在成为新的"农业生产工具"。越来越多的农民通过网络直播、短视频平台等销售农产品，并为自家农产品、文旅产品、乡村原生态风光"代言"，涌现出的一大批网络新农人助推着农村电商的繁荣发展。从 2015 年开始，快手连续开展了多项与三农相关的活动，在展示广袤大地上的农村新生活和实现农产品销售的同时，描绘出一幅乡村振兴的新画卷。例如，快手联动新华社打造的主题专场直播"@每一个你"，在直播中连麦三农达人，呈现全国各地特色乡村的幸福百态；在第四个中国农民丰收节时，快手发起了"天南地北庆丰收"的主题短视频征集和农产品特卖专场直播，达成 1.5 亿的总销量。

3. 通过农产品标准化打造农产品品牌

农产品标准化是农产品品牌化的基础，品牌是农村电商产业发展的重要标志和结果，更是提高农产品附加值的关键。农村电商产业的发展离不开品牌的支撑。依托电商平台，加强农业品牌打造与价值提升也是促进农业增效、农民增收、农村发展的重要手段。艾媒咨询的数据显示，51.3% 的消费者会购买品牌农产品，品牌农产品消费者开始产生一定的忠诚度。例如，四川省出台了《促进农村电子商务发展的实施意见》等政策文件，鼓励各地根据当地产业发展实际，打造本土电商品牌乃至县域公共品牌，并将制定标准体系作为品牌建设的根基，推动各示范县结合产业实际制定科学合理的农业生产标准，成功打造出"青城山老腊肉""汉源花椒""蒲江猕猴桃""小金苹果""雅江松茸""青神竹编""汶川甜樱桃"等一大批农产品品牌。

4. 农村物流体系进一步完善

电子商务的发展带动了物流行业的高速发展，但由于部分偏远农村远离产业链，居住人口老龄化，快递业务量分散，单一快递公司进村成本高、效率低、盈利难，农村电商仍然存在着"物流最后一公里瓶颈"问题。为此，从2020年开始，国家大力建设县域电商公共服务中心、物流配送中心和村级电商服务站点，进一步降低了物流成本。2022年，我国基本实现了全国快递网点乡镇全覆盖，以及建制村"村村通快递"。另外，消费者对生鲜到家的需求急速增长，前置仓、店仓一体化、社区拼团、门店到家、冷柜自提等新型物流运营模式发展态势良好，农产品冷链物流体系进一步完善，生鲜农产品销量呈现爆发式增长。中国物流与采购联合会冷链物流专业委员会数据显示，2021年我国冷链物流总额超过8万亿元，冷链物流市场规模达4 586亿元，冷链物流总量达3.02亿吨。

1.2.2　农村电商发展的对策建议

农村电商的发展一直受到一些不利因素的制约，如资金和专业人才缺乏、电商基础设施薄弱，以及农村电商生态不完善等。在乡村振兴的大背景下，农村管理者和广大农民可以听取以下一些对策建议，通过有针对性的劳动建设来保证农村电商的高质量发展。

1. 大量培养农村电商专业人才

乡村振兴的基础在于人才，农村电商的发展更是需要大量爱农业、懂技术、善经营的专业人才。各地需要在经济发展的同时，吸引和培养更多的农村电商人才，推动和实现农村发展、农业增收和农民致富。

（1）各地要对农村的本地居民和农业生产者进行移动互联网技术、网络直播和短视频制作等方面的培训，提高农民的网络意识，教会其合理地利用网络，规避网络风险。

（2）各地要建设为农村电商服务的专业机构，建设培养农村电商专业人才的培训基地，通过与学校和企业的合作，培养熟悉农业和电商，并愿意扎根农村的复合型、紧缺型人才。

（3）各地要加深群众对农村电商的认识和理解，成为能够有效提供市场信息的供给者和有效利用市场需求的农业生产者、创作者、传播者，从而在农村电商领域进行创新创业，使农村电商成为网络达人或带货主播。

（4）各地要通过开展线下和线上的新媒体、网络运营、美工、推广等业务指导培训，加强实操，组建农村电商领域的专业团队。

（5）改善农村基本环境，加强对农村电商的宣传，吸引外出就业的大学毕业生和有技术的电商人才回乡发展。

2. 全面加强农村电商基础设施建设

农村电商基础设施薄弱，特别是农村物流体系末端服务能力不足，极大地阻碍了农村电商规模性发展和突破，已经成为农村电商发展的最大短板，需要通过一系列的措施全面加强。

（1）各地要通过修建道路、购买快递车辆、构建大型农产品批发市场和建设农产品仓储保鲜冷链物流设施等方式，改善农村电商物流基础设施，打通农产品"出村进城"的通道。

（2）各地要分别在农村电商发达地区建立一批电商创新示范基地，通过对其他地区的帮助和演示，着力解决农村电商发展不充分不平衡的问题。

（3）各地要鼓励农村地区将直播间作为新型的基础设施进行建设，并以此为切入点，引导在线农产品销售、在线乡村旅游、在线乡村生态文化展示等业态在农村落地，完善农村电商架构，释放农村地区发展潜力。

3. 政策扶持农村电商的良好生态

在农村电商的发展过程中，各地要加强政策的支持，强化农村电商市场主体培育，加大对扎根农村、服务当地百姓的农村电商的支持力度，做好连接市场与电商需求的"连接器"和"赋能者"，鼓励农村电商创新创业，引导农村电商规范化、健康化、高质量发展。

（1）各地要统筹政府与社会资源，发展并健全互联网技术支持的村乡县三级物流体系，应用"统仓共配"的农产品和消费品物流模式，为农村电商和消费者建立双向流通渠道。

（2）各地要建设省级及以上级别的农村电商大数据中心，全面整合农村电商数据，提升农村电商数据协同共享的能力，提高农村电商的数字化水平，拓展数据资源在农村电商全业务场景中的应用。

（3）各地要将大数据应用到农业生产中，根据市场数据来定制农业，推动电商大数据与农业生产深度融合，并通过大数据推动与农村电商相关的产业链、供应链和创新链的协同发展。

（4）各地要着力打造农产品特色，为农产品构建身份信息，通过信息标准化建设帮助农村电商提升竞争力；为农产品品牌打造特色卖点，赋予农产品一定的文化内涵，带给消费者健康美好的品牌形象。

（5）各地要推动休闲农业、乡村旅游等农村电商新业态新模式的发展，将农村电商与农村共享经济、社交电商、直播电商、内容电商、生鲜电商等业态深度融合，保证农村电商的健康发展。

1.2.3 农村电商发展的支持政策

近年来，为了进一步完善农村市场体系，促进农村流通现代化，助力乡村振兴，国家出台了大量涉及农村电商的政策，大力扶持农村电商的发展。农业是全面建成小康社会和实现现代化的基础，农村电商是农业发展的重要方式之一，从"八五"计划（1991年—1995年中国国民经济和社会发展的计划，简称"八五"计划）一直到"十四五"规划，国家就着重规划了针对农村电商发展的政策和措施，而且目标也越来越清晰，如图1-4所示。

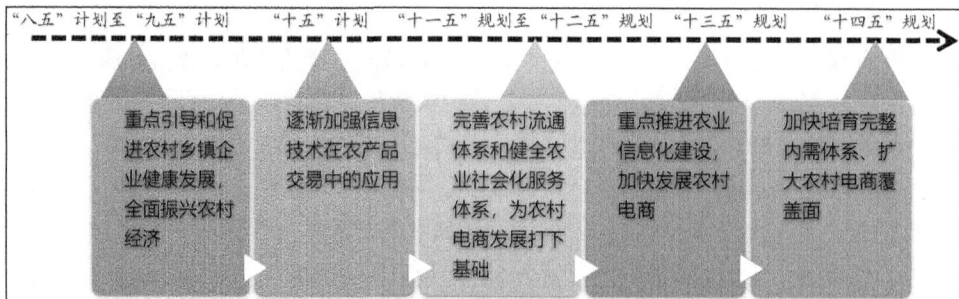

图 1-4　我国农村电商行业政策发展路线历程图

　　我国农村电商政策涉及对农村电商的制度性设计和总体规划，对农村电商的系统性安排与专业化部署，以及对农村电商的配套性安排等方面。

　　（1）国家对农村电商的制度性设计和总体规划。2022 年 2 月发布的中央一号文件（即《中共中央 国务院关于做好 2022 年全面推进乡村振兴重点工作的意见》）对农村电商工作做出了总体安排，集中体现在持续推进农村一、二、三产业融合发展、加强县域商业体系建设和大力推进数字乡村建设 3 个方面，进一步为农村电商发展指明了方向。

　　（2）国家对农村电商的系统性安排与专业化部署。中华人民共和国农业农村部、中华人民共和国财政部、中华人民共和国国家发展和改革委员会发布的《关于开展 2022 年农业现代化示范区创建工作的通知》，针对农村电商发展的目标发布了 2022 年分区分类创建 100 个左右农业现代化示范区的任务。

　　（3）国家对农村电商的配套性安排。中共中央网络安全和信息化委员会办公室、中华人民共和国农业农村部、中华人民共和国国家发展和改革委员会、中华人民共和国工业和信息化部、国家乡村振兴局发布的《2022 年数字乡村发展工作要点》，就针对农村电商的配套性工作进行了安排：聚焦农业多种功能和农村多元价值，做优乡村特色产业；围绕拓展农业多种功能、挖掘农村多元价值，重点发展农产品加工、农村休闲旅游、农村电商等产业；聚焦产业集聚发展，打造现代农业园区载体；聚焦农业生产"三品一标"，推动农业全面绿色转型；

聚焦信息技术与农机农艺融合，推进智慧农业发展。

每个地区都有其独特的经济特点，针对本地实际情况出台的农村电商政策也各有不同。农村电商从业人员除了需要了解国家政策，还需要了解本地政府是否出台了针对本地实际情况的农村电商政策。农村电商从业人员通常可以通过本地政府的门户网站，搜索和查看相关的农村电商政策。

1.2.4 农村电商的发展新机遇

农村电商作为农业经济转型的重要方式和壮大新产业新生态的重要举措，通过改变传统农业产业的供应链、价值链、信息链，让农产品搭上"互联网"快车走出了农村，正迎来前所未有的发展新机遇。

1. 行业机遇

目前，越来越多的电商企业将目光转移到了中小城市，以及非县级的乡镇与农村地区。随着通信技术的提升、硬件终端的升级，以及移动互联网和移动支付手段的普及，大量中小城市和乡镇、农村的消费者接入互联网，这在一定程度上促进了消费市场的升级，也使电商企业能够更好地为这部分消费者提供产品或服务。我国农村市场具有巨大的消费潜力，已成为电子商务未来发展的主战场。

近年来，各大电商企业在线上和线下共同发力布局农村市场，一方面通过"赋能供给侧+助力消费端"激发农村市场的潜能，带动电商品牌下沉和农产品上行；另一方面通过完善商业生态，利用大数据、互联网优势布局农作物种植、畜牧业养殖，实现农产品供应链向前延伸，致力于实现农业产供销全链路数字化升级，为农产品供给提供新增长空间。早在 2013 年，阿里巴巴、京东等电商企业就开始了电商市场下沉的进程，在中小城市和农村进行布局。2014年，阿里巴巴启动"千县万村"计划，投资 100 亿元建立了约 1 000 个县级运营中心和 10 万个村级服务站，聚焦农村电商发展。2015 年，京东打造县级服务中心和京东帮服务店，全面进驻农村地区，着力打通农村电商"最后一公里"。同年，苏宁易购投入 50 亿元进军农村市场，在农村市场开设了约 1 000 家苏宁易购直营店。

2. 政策机遇

近年来，国家颁布了一系列相关政策，既为农村电商发展提供了政策支持，又为农村电商发展带来了机遇。随着农村电商的进一步发展，国家陆续出台了一系列支持农村电商发展的政策，为农村电商的发展提供了包括市场环境、金融、人才、物流、基础设施等方面的支持。这些政策的利好为农村电商的发展带来了前所未有的机遇，能进一步加快农业农村的现代化，全面推进乡村振兴重大战略任务的实施。

3. 技术机遇

除了万物智联、大数据、云计算等电商新技术的发展和应用能够促使农村电商向多样化以及国际化发展外，农业、物流和运营等领域的新技术也为农村电商的发展带来了新的机遇。例如，2022 年，全国 16 个省 1 047 个县共 4 万多家新型经营主体积极推进大豆玉米带状复合种植，并在秋粮生产中落实大豆玉米带状复合种植 1 500 多万亩。这种新种植技术的推广，降低了生产成本，提高了经营效益，不但给农民带来了实惠，也生产出了质量优异的农产品，增加了农村电商推广销售的品种。

4. 人才机遇

人才振兴是乡村振兴的基础，农村电商要发展，离不开一支爱农业、懂技术、善经营的人才队伍。目前，我国政府非常重视人才，在电商专业人才培养方面大力增加投入，建设了很多电商研究与培训基地，通过教育培训打造电商人才队伍。各地通过发展当地的农村电商，带动外流人才返乡，并参与农村创业，推动农村发展、农业增收、农民致富，让新时代的农村在电商发展中迸发出新的活力。农村电商迎来了新的发展机遇，一大批农村电商专家、短视频达人、直播带货达人为农村电商注入了新的活力，成为助力乡村振兴的"兴农先锋"。

1.3 了解农村电商创业

农村电商主要是通过网络平台来交流各种信息资源，拓展农村信息服务和农产品销售业务，以此发展农村经济，帮助农民创业致富。在乡村振兴的背景下，如何加快创业模式的不断创新、构建创业团队和培养创业人才，成为农村电商创业所面临的主要问题。

微课视频

了解农村电商
创业

1.3.1 农村电商创业的典型模式

农村电商创业根据不同的划分标准，有不同的典型模式。下面将从创业的主导力量和创业的具体内容两种常见的方向来划分农村电商创业模式。

1. 按照创业的主导力量划分

按照创业的主导力量的不同，可以划分出4种典型的农村电商创业模式。

（1）返乡青年农村电商创业带动型。很多农村青年在城市学习和务工，开阔了视野，对电商和互联网比较了解，更愿意通过网络信息技术带动周边村民一起创业。这些返乡青年可以通过务工积累或者申请国家优惠的小额贷款等方式获得一定的资金作为创业启动资金，并在父老乡亲的支持下进行农村电商创业。而且，党的二十大报告中也提出，要统筹城乡就业政策体系，支持城乡之间的人才流动，进一步推动返乡青年通过农村电商创业实现自身发展。

课堂讨论

"当代中国青年生逢其时，施展才干的舞台无比广阔，实现梦想的前景无比光明。"这是党的二十大报告中的一句话，结合本地的农村电商创业政策，谈谈广大返乡青年应该如何投身到乡村振兴中。

（2）新型农业经营主体领办型。这种农村电商创业模式是指地方政府带头将当地特色产业作为基础或方向，构建的一种标准化、网络化和品牌化的农村电商创业模式。这种创业模式以相关企业、农民专业合作组织和种植大户为主体，并集中了当地的技术力量、资金和人才等资源，吸引了很多分散的农民参与其中，使得农民可以通过电商直接与大市场对接。这种农村电商创业模式也能辐射到周边与电商相关的其他产业，在优化当地产业环境和软硬件设施的同时，提高当地特色产业的标准化和规模化程度。

（3）农村电商创业平台助推型。这种农村电商创业模式常见的平台包括农业电商服务中心和电商产业园，它以平台作为中心，将优质的农村资源集中到一起，借助农村电商的对外辐射作用，构建经济效益高的电商发展企业集合体。这种农村电商创业模式能够延伸出极长的价值链条，帮助传统企业实现向现代化企业的快速转型。

（4）农村电子商务示范村引领型。这种农村电商创业模式是指对外宣传当地的农业或农产品品牌，当品牌知名度达到一定程度后，开始打造示范村，带动当地餐饮业、旅游业等服务产业的发展，然后融合多种产业向周边行业辐射，促使当地走向互联网发展道路。例如，福建省龙岩市连城县的隔川镇就大力发展电子商务业，其下属的隔田村成功申创省级农村电子商务示范村，依托电子商务平台，积极推动一、二、三产业的融合发展。同时，依托连城·亚琦国际物流商贸城这个巨大的平台，连城县辐射带动商贸物流、电子商务、汽摩汽贸、家具家私等多个领域100多家企业融合发展，集聚效应逐步显现。

2. 按照创业的具体内容划分

如果仅仅是销售农产品，农村电商从业人员可以借助淘宝、京东等电商平台或者抖音、快手等新媒体平台进行农产品分销或售卖。但如果是进行农村电商创业，农村电商从业人员就需要了解、发现和创新农村领域的创业机会，根据具体的内容来进行创业。据此，我们可以划分出7种常见的农村电商创业模式。

（1）农产品网络销售创业。农产品网络销售创业是普通农产品网上销售的升级，其销售农产品的规模更大，产生的经济效益也更高，包括F2B和F2C两种模式。

① F2B（Farm To Business，农产品直供）模式。其是指农村电商从业人员直接与多个农业基地对接，统一采购并在农产品种植和生产时期给予科学指导和多方面的支持，然后将生产出来的农产品直接从产地运送至学校、超市、机关、酒店等。这种创业模式已经在全国范围内得到广泛运用，并且有的已经获得了一定额度的风险投资。

② F2C（Farm To Customer，消费者直供）模式。其是指农村电商从业人员借助淘宝等电商平台，将农业基地与消费者直接对接，采用预售和订购的模式来销售农业基地的农产品。

（2）农特产品微商创业。微商通常是指以网络社交软件为工具，以人为中心、社交为纽带的新商业。只要农村具有地标性的特色农产品，就能够进行农特产品微商创业。适合开展农特产品微商创业的对象包括以下两类。

① 具有农特产品生产基地。地标性的农特产品具有独特的产品价值，而具备生产基地才能保证农特产品的产能和品质，符合物流承运及消费者购买的标准。

② 具有社群营销渠道。懂得社群营销的农村电商从业人员，可以直接在社群中推广农特产品，或者是建立独特的微商运营体系，在农特产品微商平台上同时申请多个单品来运营。

（3）村淘创业。村淘创业的服务对象主要是农村居民，而农村居民缺乏有效的购买产品的渠道为村淘创业提供了条件。村淘创业又分为平台创业和自主创业两种类型。

① 平台创业。其是指通过电商平台创业，以京东农村电商模式和阿里村淘为主要代表，农村电商从业人员需要向电商平台递交申请，当然只有满足一定条件者才有资格申请。

② 自主创业。其是指由农村电商从业人员通过网络集中一定数量的农村居民的需求，统一向电商平台下订单。这种创业方式需要其具备一定的电商运营经验，且能够被农村居民信任。

（4）县域农村电商物流创业。从农村电商的现状来看，国内快递网络在农村仍然有很大的发展空间，除国家在大力发展外，京东、菜鸟等电商平台也在积极推进县、乡、村的物流网络建设，各大物流和快递企业都在加快布局全国农村的物流网络。物流创业则可以通过县级快递服务站的建立，采用双向商流和物流通吃的战略，带动快递企业服务网点的下沉，实现与快递企业在县、乡、村网点的合作。

（5）农村O2O服务平台创业。农村O2O（Online To Offline，线上到线下）服务平台并不是指单一的物流平台或者电商平台，而是指一种综合性的服务平台，能够为农村电商从业人员提供多种服务，从而使他们获得更多的创业机会。例如，日日顺就是一种共享式的物流创业电商平台，在全国拥有上万个村级服务站，除了提供物流服务之外，还提供家电送装、家居维修等综合服务，如图1-5所示。

图1-5 日日顺提供的服务

（6）农村电商培训创业。农村电商的发展离不开农村电商从业人员对相关知识的了解和掌握，这就需要大力开展农村电商的培训工作。因此，农村电商培训也是一个巨大的市场，需要有具备一定互联网思维的人，深入县域和农村进行交流和培训，向农村电商从业人员传授更多的电商知识。

（7）农村旅游平台创业。互联网在农村的普及不仅带动了农产品的销售和服务，也促进了农村旅游业的发展。生产地标性农特产品的农村可以通过搭建农村旅游体验平台，向消费者提供农村旅游和特色产品体验，进而带动农产品和农特产品的销售。另外，生产地标性农特产品的农村还能通过农村旅游平台整合农村旅游资源，以回归自然、体验农村为主导，形成集农村休闲旅游、森林旅游、民俗旅游和农业旅游等于一体的旅游产业，实践好绿水青山就是金山银山的理念。

1.3.2 农村电商创业团队的架构

随着农村电商的发展，很多个人和企业纷纷开展农村电商创业活动。而在这个过程中，个人和企业通常会遇到要不要组建团队或如何组建团队的问题。早期农村电商都是以个人为单位进行农产品的自产自销，这种模式运营成本较低，但效率不高，仅适用于规模极小的个人电商。个人和企业通过组建农村电商创业团队，对团队成员进行专业分工，就可以提升农村电商的运营效率，拓宽农村电商的发展空间，实现更大的目标。

1. 设计团队架构

一个组织架构合理的农村电商创业团队既需要掌握电商战略规划、电商平台网店的运营、网络营销推广等，还需要熟悉行政事务、资金的管理，包括行政管理、财务管理等相关知识和技能。因此，从宏观层面讲，农村电商企业团队的架构中应至少涵盖产品、财务、运营、客服、策划、营销等部门。根据团队获取农产品的方式，农村电商创业团队的架构可分为两种：一种是团队获取农产品并具有主动权，既可以是自己生产农产品，也可以是直接对接农产品生产，代理农产品货源；另一种则是通过订货的方式获取农产品，其品类和货源都可以动态调整。两种农村电商创业团队的架构如图1-6所示。

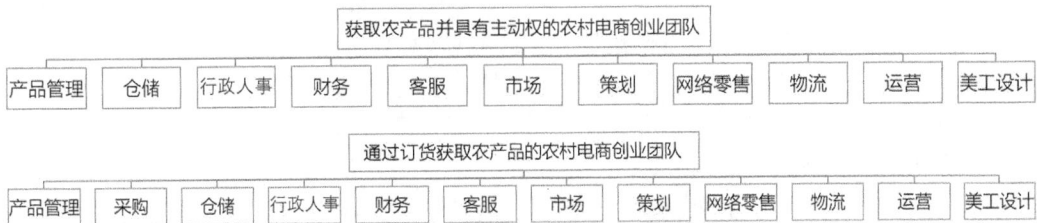

图 1-6 两种农村电商创业团队的架构

当然，无论是哪种农村电商创业团队的架构，都会根据所处发展阶段的不同而有所差异。

（1）运营初期。农村电商运营初期，创业团队需要投入大量资金用于业务开拓，但市场影响力十分有限，因此为了平衡收支，必须压缩成本。在设计团队架构时，应尽量合并相关岗位，降低人力资源成本。表1-1所示为运营初期农村电商创业团队的架构。

表 1-1 运营初期农村电商创业团队的架构

岗位设置	人数/人	主要工作
产品管理	1	采购、保证农产品品质、管理货源、管理包装、管理发货等
仓储	1	管理仓库存放农产品的进出，做好农产品的日常核查和定期盘查
财务	1~2	管理团队财务
客服	1	管理售前和售后，处理售前和售后的各种业务
市场	1~2	产品营销和品牌宣传，开拓和维护销售渠道，管理销售佣金
策划	1	活动策划、应用推广工具、获取流量、撰写推广文案、策划与统筹营销活动
网络零售	1~2	管理网店，接待网络客户，促成网络订单
物流	1	为农产品设计物流方案，控制和管理农产品的物流过程
运营	1	负责电商运营的整体走向，包括运营计划的制订、运营数据的分析、活动效果的评估等
美工设计	1	拍摄、设计农产品的图片、宣传海报等

（2）运营中期。农村电商运营中期，随着农村电商团队业务范围的逐渐扩大，市场影响力逐步增强，原有的团队架构已经不适用了。此阶段农村电商团队的业务量会大大增加，因此需要增加客服部人数以保证能及时接待客户，一般5～8人较适宜。随着自身实力的提升，农村电商创业团队对网店装修、文案、图片拍摄方面的要求也会提高，因此需要分别为运营部、策划部适当增配1～2人。此外，此阶段农村电商创业团队的营销需求会进一步加大，为了让营销工作能够顺利开展，需要为市场营销部增设2～3人。

此外，农村电商创业团队的产品销量也会大大增长，相应地，仓储物流环节的工作量也会增加。因此，农村电商创业团队还应扩大产品部的规模，在订单处理、打包等岗位增派多人，具体人数视团队情况而定。比如，在行政人事、法律事务岗位都可以考虑增加1～2人。

（3）运营成熟发展期。农村电商创业团队进入成熟发展阶段后，一般会有多个业务板块，所涉及的细分市场也越来越多，因此可以考虑采用矩阵式架构，即以具体项目为单位，每个运营单位由营销、客服、内容策划、活动策划等岗位人员构成，各个运营单位的后勤保障由共同的后勤保障中心（分为人力资源、行政、法务、财务、物流管理等部门）负责。

知识链接

农村电商创业团队的建设离不开团队激励。团队激励的方式包括榜样激励、目标激励、授权激励（即给予团队成员一定权限）、尊重激励、沟通激励、赞美激励、宽容激励（即容许团队成员试错）、情感激励（即增进团队成员间的感情）、竞争激励（即在团队内部建立竞争机制以调动团队成员的积极性）等。

2. 明确部门职责

农村电商创业团队设计好架构后，还需要明确各个主要部门的职责，以便有效避免工作推诿，使团队运作更加规范，提高工作效率与工作质量。农村电商创业团队中，部门之间的职能不能重叠，即一事无二管；同时，部门之间的职能不能有空白，即各部门的职能应互相衔接，使团队运转所需的所有职能都有相应的部门负责。农村电商创业团队中主要部门的职责如下。

（1）行政人事部门。行政人事部门的职责主要分为行政和人事两个方面。

① 行政。即包括负责文件的拟、收、发、存的文档管理，负责公章、办公用品、固定资产、车辆使用的管理，负责管理部门例会及日常会议的组织及会议纪要的工作。

② 人事。即包括负责人事资源的总体规划、薪酬体系的制定，负责新员工的招聘和培训，负责员工人事档案的建立、保存和更新，负责员工的升迁、解聘和奖惩等，负责员工社会保险业务的办理。

（2）财务部门。财务部门的职责包括会计凭证的填制、会计报表的编制等；负责每月的报税工作；负责日常资金管理，做到日清月结；负责制定财务制度，并监督执行情况。

（3）运营部门。运营部门负责电商平台的后台管理，包括开通网店、上传产品、管理产品、报名参加电商平台促销活动等，以及分析并优化网店数据（包括分析并优化网店流量数据、网店交易数据、网店服务数据等）。

（4）客服部门。客服部门的职责主要是通过各种方式提升消费者的购物体验，进而提高消费者的满意度。客服部门的具体职责包括为消费者提供咨询解答服务，并向消费者推荐农产品，引导消费者完成在线下单；负责确认订单信息并跟进订单物流情况，确保农产品顺利完好地送达消费者手中；负责消费者评价的处理与响应；负责接收消费者的购物意见与建议，并及时响应；负责处理消费者退换货申请；负责处理消费者投诉，对投诉进行分类并向相关部门反馈；负责执行活动方案，提高复购率。

（5）策划部门。策划部门主要负责农产品的文案和美工工作，具体包括根据目标市场定位，装修网店、设计促销活动页面和产品展示页面；撰写农产品详情页文案、促销活动文案、社交平台文案；拍摄并处理农产品图片和短视频等。

（6）市场部门。市场部门负责对外的合作、推广和宣传工作，包括社交平台营销、搜索引擎营销、网站合作、媒体合作、口碑合作、活动及研讨会等。市场部门的职能包括两点：对外是推广合作；对内是营销分析。二者之间相互协同、交叉，其中，推广合作必须以营销分析的结果为主，以提高推广效果。

（7）产品管理部门。产品管理部门的工作主要包括采购、质量管理和仓储 3 个方面，其中采购和仓储也可以成立独立的部门。

① 采购。采购负责按采购名单筛选供应商，争取与优质的农产品或原料供应商展开合作，并争取最低的采购价格。

② 质量管理。质量管理负责农产品生产质量检查与农产品溯源管理，以获取农产品质量认证，确保农产品的品质。

③ 仓储。仓储负责仓储运营、供应链优化、配送管理。仓储运营是指仓储运营人员负责仓库的布局，农产品的入库、拣选和出库，仓储管理系统的设计和改进等。供应链优化则是指供应链优化人员负责从采购、农产品入库、农产品销售、订单配送到消费者收到农产品的供应链优化，尽可能缩短仓储周转周期以及订单配送周期（包括订单处理、订单分拣、订单包装和快递配送等），从而提高资金周转率和仓储利用率等。配送管理是指配送管理人员负责农产品的分拣和包装、确定快递配送合作伙伴、制定配送标准、设计包装规格、制定订单配送管理规则。

1.3.3 农村电商创业的人才培养

近年来，我国十分重视乡村振兴，《中共中央 国务院关于实施乡村振兴战略的意见》提出，在乡村振兴过程中，要大力培育新型职业农民，全面建立职业农民制度，同时加强农村专业人才队伍建设。新型职业农民正是农村电商所急需的人才，由此可以看出国家对于农村电商专业人才的培养是十分重视的。农村电商创业不仅需要硬件设施的建设，而且专业人才的培养也是必不可少的。

1. 农村电商创业人才需具备的知识与技能

农村电商涉及电商战略规划、电商平台运营、电商资源整合等方面，因此需要多方面的专业人才，包括农村电商运营人才、农村电商战略人才、农村电商技术人才、农业技术人才、农村电商营销人才、综合管理型人才等。

（1）农村电商运营人才。目前，农村电商运营人才是农村电商发展中需求量最大的专业人才之一。农村电商运营人才应熟悉农产品及农村电商运营的特点，了解农村电商主要平台、各平台特点与运营策略，掌握一定的运营方法，具备网店开通、产品管理、交易管理、网店美工（如网店装修、视觉设计、图片处理等）等技能，能够进行电商数据分析，并给出相应的优化建议。

（2）农村电商战略人才。农村电商是一个系统化的工程，涉及农产品选品、市场定位、供应链管理、战略规划等方面，需要具备一定战略眼光的人才从宏观角度思考与农产品、品牌和运营管理方面相关的问题。因此，农村电商战略人才应了解农村电商发展现状与前景，具备互联网新思维和各方面的综合素质；能够解读农村电商相关政策以及农村电商行业数据，具备分析农村电商发展路径的能力。

（3）农村电商技术人才。技术是一项非常重要的因素，没有技术的支持，农村电商的运营就无法正常开展。在农村电商的发展过程中，有实力的农村电商从业人才可以自行建设官方网站、电商平台、购物小程序等，因此发展农村电商需要有掌握网站设计、建设与维护，电商平台网店搭建，小程序或 App 开发等技能的农村电商技术人才。

（4）农业技术人才。农村电商涉及农产品的生产或加工，为了提升农产品的品质，农业技术人才也是必需的。农业技术人才需要掌握一定的农产品生产或加工专业技术，具备一定的研发能力。

（5）农村电商营销人才。农村电商营销人才需要熟悉农产品品牌建设推广策略、各大网络营销平台的营销策略，能熟练运用微信、微博、抖音等进行网络营销。

（6）综合管理型人才。发展农村电商不仅需要有从事具体工作的技能型人才，还需要有管理方面的人才。综合管理型人才能够建立数字化、网络化、智能化、信息化的农业新模式，利用电商技术和手段提高农产品的种植（养殖）、加工、运营和管理水平；了解农产品供应链的构成，熟悉农产品采购策略与注意事项，具备打造农产品供应链的能力；了解农产品品控溯源的意义，能够拟定建立品控溯源体系的方案；具备统筹管理整个电商团队、推动电商项目开展的能力。

素养提升

　　党的二十大报告指出："加快建设农业强国，扎实推动乡村产业、人才、文化、生态、组织振兴。"要高质量全面推进乡村振兴就要引育并重，强力推进乡村振兴人才队伍建设。人才是掌握高级技能、拥有先进技术生产力的代表。生产力要想提高，乡村振兴要想发展，必须拥有越来越多的高素质人才。

2. 农村电商创业人才培训

　　培养农村电商创业人才需要对相关人员进行教育和培训，首先明确培训的对象和内容，然后针对不同的受教群体确定培训方式，针对薄弱环节"对症下药"，加强巩固。在培训过程中要有针对性，要尽可能多形式、多渠道地开展系统化、实操化培训，以全面提高农村电商创业人才素质。另外，在培训结束后要通过评估培训效果来总结培训经验。

　　（1）明确培训的对象。农村电商创业人才培训的对象主要包括返乡大学生、返乡青壮年、大学生村干部、农村青年致富带头人、经济困难未就业青年，以及政府和事业单位有关人员，与农产品种植（养殖）、加工、运输、销售相关的人员，农村专业合作社成员，农村居民，与农村商业相关的人员，农村基层工作人员等，甚至是对农村电商感兴趣的城镇居民。

（2）明确培训的内容。在进行农村电商创业人才培训时，应明确以下重要内容。

① 信息化和数字化基础。农村的信息化和数字化建设通常晚于城镇，所以在培养农村电商创业人才时，要确保农民能够准确及时地知悉国家相关政策及发展方向，并能够通过互联网和媒体及时掌握农业信息及市场需求，以便根据政策及市场的变化调整农业生产。

② 农产品的质量和品质。培养农民提高农产品质量和品质的意识，掌握农产品的种植技巧，并学会辨别农产品的优劣品质，提升农产品的出产质量，从源头把控农产品的品质。

③ 标准化生产。这里的标准化生产是指农产品的种植、产出、物流和销售等一系列生产过程，需要制定一系列管理标准，对各个环节进行实时监督，让农产品真正变为合格的网络产品。标准化生产的优势就是全程透明化，使消费者可以放心购买产出的农产品。

④ 职业化意识。农村电商创业需要创业者抛开传统的以务农为主的本位思想，努力将自己打造成现代"新农民"，充分利用现代化、信息化和数字化手段实现农业的增值创收。

⑤ 安全问题。农村电商的安全问题包括生产安全和农产品安全两项重要内容，进行人才培训时要将提高安全意识作为培训重点。

⑥ 农村和农业基础。农村电商创业者有一部分是对农业有兴趣的城镇居民，我们需要对他们进行农村和农业基础知识培训。

（3）分别进行有针对性的培训。农村电商创业者主要是原先就从事农产品生产的人员、各大高校和职业院校电商相关专业的毕业生和原先从事线下农产品交易的经纪人。我们对这3类人员应该分别进行有针对性的培训。

① 原先就从事农产品生产的人员。这部分人员包括农民，农产品生产基地、农业合作社的员工。他们的优势是对农村、农业和农产品等的熟悉程度很高，在农产品的生产经营方面经验丰富，人脉资源广。他们的劣势在于缺乏电商方面的知识和技能，对计算机等的操作不熟练，以及生产技术较为原始。所以，我们需要对这部分人员着重进行电商技能和农业新技术的培训，包括管理电商平台、利用网络进行农产品营销与服务，以及利用先进技术进行农产品的生产。

② 各大高校和职业院校电商相关专业的毕业生。电商相关专业的毕业生在学校接受了较为系统化的专业知识教育，掌握了较为丰富的理论知识，也具有一定的实践技能，能够运用相关的电商服务工具。此外，他们的综合素质较高，学习能力较强，善于运用新思维与工具处理问题。但是，他们也具有明显的劣势，即欠缺实践经验，对农业、农产品生产经营的认知不充分。对于这部分人员，我们可以重点培训其实践能力，安排其深入农产品生产、经营地进行实地考察，与农民、村干部等多交流，让其参与农产品的生产或加工，提升其对农产品生产或加工的熟悉程度。

③ 原先从事线下农产品交易的经纪人。这类经纪人活动于范围相对较大的乡镇、城市地区，但受制于地理、技术等限制，无法在规模、品牌、资源等方面实现突破。他们的优势是拥有一定的资源，熟悉农产品贸易；劣势是缺乏互联网思维，不熟悉计算机网络操作等。我们在对这部分人员进行培训时，除了需要培训他们电商方面的技能，还需要培训他们的互联

网思维，建立与农产品相关的交流社群，组织农产品生产、品控、包装、设计、销售、物流、平台建设等方面的研讨，让其打开视野，更好地经营农村电商。这部分人员经过一系列培训后，可以从线下经营者转型为线上运营者。

（4）运用多样化的培训手段。农村电商人才的培养是一个系统性的工作，在培养过程中可以采用多样化的培训手段，以丰富培训对象的知识和技能。例如，我们可以在了解农民、返乡大学生、农产品经纪人需求的基础上，开展线下集中培训，并邀请当地相关业内人士等进行授课；我们也可以借助在线教育平台或直播平台，邀请国内相关专业的教师和业内资深人士开展远程教育；我们还可以整合各种资源，依托实际的农村电商项目，与各农村电商平台、高校等展开合作，安排人才参与实际的项目运作，获取项目经验。

（5）评估培训效果。评估培训效果有助于判断农村电商培训活动是否达到预期目标、培训计划是否合理等，为下一步农村电商人才培训计划的制订提供依据。在评估培训效果之前，应首先确定评估方法，考虑以何种方式量化培训效果，如先安排结业考试、根据项目实训结果打分等；然后收集培训考核数据，统计相关指标，如电商后台操作考试通过率等；最后根据这些指标评估培训效果。

案例分析——浙江遂昌：
农村电商的全面探索者

近年来，浙江省丽水市遂昌县抓住互联网发展的时代机遇，依托良好的生态环境、传统的农耕文化和开放的社会环境，将农村电商作为践行乡村绿色生态发展理念的最佳载体，大胆创新创业，创造出以原生态农产品为主，竹炭制品、旅游服务、服装销售等为辅的县域农村电商发展新模式，探索出了一条具有鲜明地域特色的农村电商发展之路。

1. 遂昌农村电商的发展概况

遂昌县位于浙江省西南部，常住人口不足 20 万。农村居民大多分散居住在广袤的山区，信息闭塞、物流不畅成为制约农民致富、实现城乡一体化的瓶颈。近年来，遂昌县紧跟国家政策的指引方向，开始探索农村电商的发展之路。遂昌县首先立足于自身，将农村电商作为战略兴县的"第二条高速公路"来打造，具备了起步较早、环境优美和发展势头猛等优势。2010 年，遂昌县成立了网店协会，随后组建了浙江遂网电子商务有限公司。2013 年，遂昌县成立了浙江赶街电子商务有限公司，并在全县 203 个行政村都设立了赶街网点。通过赶街网点，农民可以在网上销售自己的农副产品，同时也能在网上购买到城里的工业品，实现了"农产品上行、工业品下行"的双向流通，打通了农村资源和城市市场的对接渠道。至此，农村电商的遂昌模式正式出现。

目前，以赶街为代表的农村电商遂昌模式已推广至全国多个地区，建立了农村电商服务网点 12 000 多个，服务覆盖 1 700 多万农民。遂昌县从事农村电商的人员超过 11 000 人，截至 2021 年年底，在淘宝、天猫、京东等主流电商平台上注册登记的网店超过 4 500 家。全县推动外贸企业新开展跨境电商业务 4 个，累计培育了 2 个电商专业村和 1 个淘宝村；累计完成各类农村电商人才培训 12 000 余人次。2015 年，遂昌县先后获得中国电子商务发展百佳县、全国农村电子商务强县创建先行县、全省首批电子商务示范县等荣誉。2020 年，遂昌县成功获评国家电子商务进农村综合示范县，遂昌模式入选浙江省乡村振兴十大模式。

随着网络直播和短视频等新营销形式的加入，遂昌县落实乡村振兴、共同富裕的新要求，推动观念、物流、品牌、平台和服务提档升级、融合聚变，探索形成具有山区特色的电商+产业振兴模式，完成了对农村电商遂昌模式的升级。茶叶、番薯干、笋干、菊米、山茶油等农村主导产业提质增效明显，促农增收动力强劲。据统计，通过网络直销模式销售，遂昌本地农产品价格普遍上涨 20%～30%，升级后的遂昌模式变成了全县农村发展和共同富裕的新模式。

2. 遂昌农村电商发展的具体做法

遂昌模式具有鲜明的农村电商特征，下面我们就通过遂昌县发展农村电商的具体做法，来进一步了解和认识农村电商。

（1）在政府引导下植根农村，打造农村电商创业平台。遂昌县农村电商的发展离不开政府的大力支持，政府通过制定支持政策、培养电商和物流体系、搭建创业平台等方式，为农村电商的发展保驾护航。

① 政府的支持和引导。遂昌县政府先后出台多项政策和文件，并设立农村电商发展专项资金，鼓励农村电商做大做强，激发更多有志青年的创业热情。同时，借助浙江省本地电商平台（阿里巴巴、淘宝网等），为农村设置专门的电商服务站，全面推进农村电商发展。

② 打造电商和物流体系。在全县范围内建立电商的县级营运中心、仓储物流中心和农村电商服务站点，并与中国邮政、顺丰等物流网络对接，打造"线下服务网、农村物流网、交易平台网"的县、乡、村三级电商和物流服务体系，实现"农产品上行、工业品下行"的双向流通。

③ 搭建创业平台。成立网店协会，打造网店会员与供应商"信息共享、资源互补"的服务型公共平台；通过整合电商领域的优质资源，建立农村电商创业平台，并通过知识培训培养大一批农村电商的创业人才，规范农村电商的运营管理，建立起农村电商创业的集群式发展格局。

（2）通过电商激发农村创造力，实现共同富裕。在具体的工作上，遂昌县大力推动生态农业和安全农业、打造联动的农村产业链和产业集群，并通过代办的方式解决农村电商的政商融合问题。

① 实现生态农业和安全农业。遂昌县通过实施生态农产品的电商服务标准和免费质量检测，保证农产品的安全，培育壮大县域特色农业。同时，遂昌县将原生态精品现代农业、农村休闲养生旅游、现代服务业等相关产业与电商紧密结合，在解决农产品销售问题的同时树立了原生态农产品品牌。

② 打造联动的农村产业链和产业集群。遂昌县利用各种机会和方法，广泛开展招商引资工作，主动对接经济发达地区的电商，在学习其先进技术和生产经验的同时招商引资，并通过基础设施建设，吸引县内外电商、运营商入驻，实现电商和快递物流企业的集聚，形成农村电商发展的产业集群。

③ 实现农村电商的政商融合。农村电商发展初期，需要大量基层人员下沉到农村，帮助农村电商解决很多政商对接问题。遂昌县通过编制代办清单、整合硬件资源、打造专业团队等方式，将农需品、便民服务、农村旅游、惠农政策信息法规、政府公共服务、农村金融支持等农村电商从业人员关心的40项民生实事送下乡，推动了农村电商的政商融合。

（3）通过生态农业带动创业就业，实现增收。遂昌县制定了生态发展的核心理念，通过农产品销售带动了创业和就业，实现了本地农民收入的增长。

① 生态农业带动创业就业。遂昌县的农村电商高举生态农业大旗，将大山里绿色、生态、健康的农产品推向全国各地，带动农村本地青年纷纷投身电商创业大潮，促进一大批专业合作社壮大和本地农民就业。

② 促进农民增收。遂昌县农村电商的发展，将"茶叶村""青糕村""笋干村""番薯干村"等一大批区域产业网上销售产品特色村生产的茶叶、青糕、笋干、番薯干等优质农产品，通过电商平台销售到全国各地乃至境外，增加了农民的收入。2022年下半年，国家统计局丽水市调查队公布了该市上半年农村常住居民人均可支配收入，其中遂昌县为 14 116 元，增长了 7.9%，位列全市第一。

3. 案例启示

遂昌县农村电商发展模式，给农村电商从业人员带来了一些关于农村电商发展的启示和建议。

（1）遂昌模式是践行乡村绿色生态发展的现实路径，遂昌县的农村电商为绿水青山通往金山银山搭建了路径桥梁，进而逐步推动了县域经济的转型发展。

（2）在遂昌模式中，政府坚持"引导不主导、扶持不干预"的原则，通过培训人才、搭建平台、指导发展和政商融合等方式，使农民赢得增产增收、企业赢得发展空间、政府赢得节约高效。

（3）遂昌模式不仅着力推动越来越多农产品走出大山，帮助农民创业增收，更将各类惠农政策、信息和法规传递到农民群体中，推动了政府"三农"工作的有效落实。

任务实训

实训一　分析浙江省义乌市的农村电商发展之路

【实训目标】

（1）分析义乌市农村电商的类别。
（2）分析义乌市农村电商的发展机遇。
（3）分析义乌市农村电商的发展趋势。

【实训内容】

完成本实训需要先通过搜索引擎收集义乌市的相关资料，然后结合义乌市的背景资料和本章知识体系，整理、分析义乌市农村电商的所属类别、发展机遇和发展趋势。

（1）搜索义乌市农村电商相关资料。在百度、搜狗、搜狐、360 等搜索引擎，以及义乌市政府门户网站，以"义乌市农村电商"为关键词进行搜索，在搜索结果页中浏览并选择与义乌市农村电商相关的资料，收集并整理可用资料。

（2）分析义乌市农村电商所属类别。根据分类依据，分析义乌市农村电商所属类别，如根据产品流通方向，义乌市农村电商属于输出模式，因为义乌市主要是将农产品输出到其他城市，解决农产品滞销的相关问题，增加农民收入。

（3）分析义乌市农村电商的发展机遇。义乌市农村电商的发展机遇可分为两个阶段：一是农村电商起步阶段，二是打造国际电商之都阶段。前者需要结合义乌市农村电商发展经历分析，后者则需要结合义乌市农村电商发展现状分析，可在义乌市政府门户网站搜索相关内容。例如，在农村电商起步阶段，义乌市抓住了电商行业的发展机遇，结合当地政策以及成熟的产业体系，开展了农村电商。而近几年来，随着农村电商的发展，依托货源丰富的实体市场和便利快捷的物流优势，义乌市抓住了全球化的经济发展趋势，开始将农产品销往全国各地，并逐步朝着成为国际电商之都的目标努力。

（4）分析义乌市农村电商的发展趋势。通过在义乌市政府门户网站搜索到的资料可知，义乌市开启了一系列跨境电商项目，说明义乌市农村电商正朝着国际化方向发展。

实训参考
案例推荐阅读

【实训参考】

扫描右侧二维码可以查看赶街、福建省仙游县和云南省元阳县的农村电商发展案例，大家可以根据参考案例来了解和分析当地农村电商的发展情况。

实训二　了解农村电商的支持政策

【实训目标】

（1）学会在网上搜索国家对农村电商的支持政策。

（2）学会在网上搜索本地政府对农村电商的支持政策。

【实训内容】

下面通过百度搜索引擎，搜索国家和本地政府的网站，并在网站中搜索"农村电商"的相关政策。

（1）通过政府网站搜索。在百度搜索引擎中搜索"中国政府网"，选择并打开网站"中国政府网-中央人民政府门户网站"，单击"政策"选项卡，在打开的页面中选择"国务院政策文件库"选项，打开"国务院政策文件库"页面，如图 1-7 所示，在其中搜索"农村电商"的相关文件。

图1-7　"国务院政策文件库"页面

（2）通过地方政府网站搜索。这里以黑龙江省为例，在百度搜索引擎中搜索"黑龙江政府"，选择并打开网站"黑龙江省人民政府网"，在网站的搜索文本框中输入"农村电商"，打开搜索页面，单击"政策文件搜索"超链接，在其中搜索与"农村电商"相关的政策法规，如图1-8所示。

图 1-8　搜索黑龙江省与"农村电商"相关的政策法规

课后练习

1．名词解释

（1）农村电商

（2）县域电商

2．单项选择题

（1）将农产品信息发布到互联网上，通过互联网将农产品销售出去的过程被称为（　　）。

A．电商营销　　　　　　　　　　　B．农产品电商营销

C．农产品电商销售　　　　　　　　D．农产品上行

（2）根据服务对象的不同，涉及农药、化肥、种子、农膜、农用器械（包括农业运输机械、生产及加工机械）等在农业生产过程中用以改变和影响劳动对象的物质资料的电商是（　　）。

A．农村电商　　　B．农资电商　　　C．农村旅游电商　　　D．农村金融电商

（3）农村电商从业人员直接与多个农业基地对接，统一采购并在农产品种植和生产时期给予科学指导和多方面的支持，然后将生产出来的农产品直接从产地运送至学校、超市、机关、酒店等，这种农村电商创业模式是（　　）。

A．农产品直供　　　B．多渠道销售　　　C．线上多渠道　　　D．点对点直供

（4）在两种农村电商创业团队的架构中，通过订货获取农产品的农村电商创业团队架构中独有的部门是（　　）。

A．产品　　　　　B．仓储　　　　　C．采购　　　　　D．财务

3. 多项选择题

（1）"三农"指的是（　　　）。

A. 农民　　　　　B. 农户　　　　　C. 农村　　　　　D. 农业

（2）农村电商发展的新机遇包括以下哪几个方面？（　　）

A. 行业机遇　　　B. 政策机遇　　　C. 技术机遇　　　D. 人才机遇

（3）农村电商创业团队的架构中，产品部门的职责包括（　　　）。

A. 采购　　　　　B. 仓储　　　　　C. 销售　　　　　D. 质量管理

（4）以下属于农村电商创业团队中需要的人才是（　　　）。

A. 农村电商运营人才　　　　　　　　B. 农村电商技术人才

C. 农业技术人才　　　　　　　　　　D. 综合管理型人才

4. 思考题

（1）农村电商有哪些主要特征？

（2）简述农村电商发展的对策建议。

（3）简述农村电商发展的新机遇。

（4）农村电商创业有哪些典型模式？

5. 技能题

（1）通过网络搜集本地农村电商的资料，制作一个本地特色农产品列表。

（2）搜集本地农村电商创业的信息，将本地农村电商人才培养的相关政策和条款提取出来，制作成表格。

第2章 农产品电商化前期准备

【学习目标】

- 了解农产品电商化的作用。
- 熟悉农产品的类型和质量安全。
- 熟悉农产品市场，掌握农产品市场调研与分析方法。
- 熟悉农产品消费者的需求，掌握农产品消费者画像的构建方法。
- 掌握农产品文案的策划与写作方法，以及图片的拍摄和处理方法。
- 掌握农产品的包装设计方法。

引导案例

2021年，云南省网络交易额超过3 000亿元，其中，农产品网络零售额达到358.24亿元，电商与特色农产品在快速增长的阶段实现了双赢，走出了一条特色农产品的电商化发展之路。

2012年之前，电商企业主要分布在沿海地区和重要城市。云南省的电商发展起步艰辛，物流短缺、基础落后、远离消费城市等各种短板尤为明显。2013年，云南建成了专业电商基地"云南电商谷"，淘宝网的"聚划算"联合云南花卉企业开启"云花"之旅，将鲜花作为机场"伴手礼"推向全国消费者。同年，云南省农业厅联合淘宝特色馆推出"中国特色云南馆"，将野生菌、茶叶、水果等云南特色农产品通过网络推向市场，激发了云南特色农产品网上销售的热潮。

2019年，直播带货催生了一大批有代表性的云南本土直播带货达人。村播计划的开展、互联网新零售达人直播基地的建设，让网络达人在农产品电商化的过程中，得到规范性、团队性支持，在提升带货能力的同时，进一步推动了农产品电商化的进程。

以农产品电商化为契机，云南在农村电商领域开展了舌尖上的味道、绿色食品牌、云南自由贸易试验区、电子商务进农村等一系列项目，进一步对云南本地的特色农产品进行电商化营销。近年来，云南省成功创建了多个淘宝村和淘宝镇，其中，昆明市晋宁区的宝峰村入造"农产品百强"淘宝村。

思考：

1. 云南省是如何优化特色农产品，使其电商化后走上致富道路的？

2. 农产品电商化和农村电商之间有什么关系？农产品电商化是农村电商发展的必经之路吗？

农产品电商化　初级农产品的类型　农产品市场细分
农产品的消费者画像　农产品文案的策划与写作　农产品的包装设计

过去的农产品一直都在一种传统的运营模式下被生产和销售，电商化的农产品注重口碑和品质，电商化是时代发展的必然趋势。在电商化前期，电商商家需要分析市场、进行调研，找到消费者的需求痛点，针对不同的消费者进行营销，在网络中通过精美的文案和包装设计打动消费者，吸引消费者下单。

2.1　农产品电商化基础

农产品电商化通常是指将农产品从传统的营销模式转换为网络营销模式，通俗地说，就是将农产品的生产、销售和物流等生产环节都通过电子商务网络来管理和完成。农产品电商化的主体是农产品，而农产品是农村电商的重要组成部分，农产品电商化对打开农产品市场、促进农民增收、带动农村经济发展起着积极的作用。

2.1.1　农产品电商化的作用

农产品电商化是电子商务在农产品生产和销售领域的延伸与应用，它能加速农业信息的流通、拓宽农产品销售渠道，并创新农产品营销模式。

（1）加速农业信息的流通。农产品电商化可以使农产品供求双方及时沟通，解决我国农业小生产与大市场的矛盾，实现农业生产与市场需求的对接，让供方能依据市场情况调整生产计划、合理定产，从而降低生产方面的风险。同时，农产品电商化能够改善农产品流通状况，提高农产品交易总额，增加农民收入。

（2）拓宽农产品销售渠道。农产品电商化可以实现农产品流通的组织化、规模化，并为供求双方提供直接交易的机会。这不仅能减少中间环节，还能够降低交易成本，使农产品获得价格上的优势。

（3）创新农产品营销模式。农产品电商化可以凭借互联网的优势，高效地对农产品进行营销创新、包装设计等。

2.1.2　农产品的类型

电商化的农产品通常以初级产品为主。《中华人民共和国农产品质量安全法》规定，农产品是指来源于种植业、林业、畜牧业和渔业等的初级产品，即在农业活动中获得的植物、动物、微生物及其产品。"植物、动物、微生物及其产品"是指在农业活动中直接获得的以及经过分拣、去皮、剥壳、清洗、包装等加工但未改变其基本自然性状和化学性质的产品。例如，玉米粉、三七粉就不属于初级农产品，因为这两种农产品都经过精细打粉，已经改变了玉米和三七原有的基本形态。扫描右侧的二维码即可查看常见的初级农产品类型。

2.1.3 农产品质量安全

我国城市和农村居民消费的食品主要来源于农产品，农产品的质量安全状况在很大程度上决定了食品的安全状况。通常情况下，消费者只能通过图片和文字描述来了解农产品的质量，这就更需要农村电商从业人员保证农产品的质量，为农产品电商化做好准备。

同时，农产品质量安全需要由电商平台和政府共同监督管理。

（1）电商平台的监督管理。电商平台应该着重强调和执行日常监管、全程监管和综合监管，并建立起科学的长效管理机制；坚决执行并遵守国家制定的与农产品质量安全相关的政策和法规，依法维护农产品的质量安全。

（2）政府的监督管理。各级政府需要加强对农产品安全工作的考核评估，并建立农产品质量安全的风险管理体系和制定农产品质量安全标准。

知识链接

当前，我国农产品质量认证主要包括无公害农产品认证、绿色食品认证、有机食品认证和农产品地理标志登记，简称"三品一标"。其中，无公害农产品认证主要是对农产品质量安全的高度认可；绿色食品认证既注意安全因素的控制，又强调农产品的品质营养；有机食品认证则注重对影响生态环境因素的控制；农产品地理标志就是标示农产品"产自特定地域、彰显独特品质"。

2.2 农产品市场调研与分析

我国农产品市场的规模庞大，农产品电商化不是简单地将农产品放到电商平台上销售，而是需要通过了解农产品市场的供求发展变化来制定农产品电商化的相关经营决策。因此，农产品电商化前，我们有必要运用一定的科学方法，有组织、有计划地收集、整理、传递和利用农产品市场信息，调研和分析农产品市场，为农产品电商化提供依据、做好准备。

2.2.1 农产品市场环境

环境是农产品市场调研的重要因素。环境包括宏观环境和微观环境。

1. 宏观环境

宏观环境是能对农产品营销产生间接影响的各种因素的总称，主要包括政治法律环境、经济环境、社会环境、文化环境、科学技术环境、人口环境等因素。

（1）政治法律环境。农产品营销的各个环节都需要相关法律法规的规范，同时相关政策法律也影响着农产品市场的发展。自2015年以来，国家出台了许多与农村电商相关的支持政策。农村电商从业人员应该积极关注这些政策，掌握农村电商的最新发展动态，从而更好地制定符合自己实际情况的营销策略。

（2）经济环境。经济环境不仅包括经济体制、经济周期与发展阶段、经济政策体系等内容，而且包括收入水平、市场价格、利率、汇率、税收等经济参数和政府调节取向等内容。经济环境对农产品市场具有广泛而直接的影响，宏观经济直接制约着社会购买力，影响着消费者的收入水平和市场价格。只有个人收入水平不断提高、消费规模逐渐升级，农产品市场才能不断开放，形成规模效应并获得更多发展空间。当前农产品市场的发展前景广阔，消费者对农产品的需求也在不断提升。

（3）社会环境。社会环境是农产品营销所针对的不同国家、地区、民族之间差别明显的消费观念和消费习惯等。农产品营销依赖于社会环境和网络环境，受环境的制约和影响。农村电商从业人员要重视各种社会因素，研究不同区域、不同环境下的消费者的购买观念和行为，了解消费者对农产品营销的反应，做好适当的消费引导，使农产品营销向个性化营销方向发展。

（4）文化环境。文化环境对农产品营销的影响主要来自人文环境影响和网络文化环境影响两个方面。农村电商从业人员应该分析不同国家或地区在不同历史文化背景下形成的网络使用倾向的差异性，并根据当地人文特色和网络文化特色，因地制宜地制定和实施营销策略。

（5）科学技术环境。市场环境的变化与科学技术的发展有着非常紧密的关系，特别是在互联网环境下，数字技术的升级丰富了农产品营销方式，让农村电商从业人员更便于发现和把握市场需求变化；移动网络技术的发展让更多消费者进入农产品营销的环境，扩大了农产品市场规模；数据挖掘技术的进步为农产品营销提供了更精准的预测和判断，为实施全面营销策略奠定了基础，大大增强了营销效果。

（6）人口环境。从农产品营销的角度来看，市场中要有具备现实或潜在需求且有支付能力的消费者，消费者是农产品营销的直接和最终对象。在其他条件固定的情况下，人口决定着市场容量和潜力，人口结构影响着消费结构和产品构成。在互联网环境下，人口环境主要受网民数量、网民结构特征、网民对网络的态度、网民增长趋势等因素的影响，因此农村电商从业人员应该通过对网民数量、网民结构特征等内容的分析做好人口环境的调研。第50次《中国互联网络发展状况统计报告》显示，截至2022年6月，我国手机网民规模为10.47亿人，网民中使用手机上网的比例为99.6%。我国农村网民规模为2.93亿人，占网民规模整体的27.9%，这说明农村市场潜力庞大，农产品电商化拥有较大的市场潜力。并且，在众多网民中，20～29岁、30～39岁、40～49岁网民在所有年龄段的网民中的占比分别为17.2%、20.3%和19.1%，高于其他年龄段群体，这说明农产品电商化的目标人群以50岁以内的消费群体为主。

2. 微观环境

微观环境又称行业环境因素，是与农产品营销联系比较密切的各种因素的总称，包括企业、供应商、营销中介、消费者、竞争者等开展农产品营销的上下游因素。

（1）企业。企业开展农产品营销不仅需要洞察外部环境，还需要内部的合作和支持。不管是企业最高管理层、财务部门、研究与开发部门、采购部门、生产部门、销售部门，还是专门的营销部门，都应该密切配合、协调合作，以保证农产品营销的顺利开展。此外，企业最高管理层对农产品营销的认知态度、农产品的质量和服务态度、农产品营销的渠道选择等都影响着农产品营销的微观环境。

（2）供应商。供应商是提供生产经营所需的原料、设备、能源、资金、劳务等生产资源的企业或个人。企业与供应商的关系既受宏观环境的影响，又受微观环境的影响。当供应商提供的生产资源价格较高时，会直接影响企业的生产成本。

（3）营销中介。营销中介是指协助促销和分销产品给最终购买者的企业或个人。经销商、经纪人、代理商以及仓储、运输、银行、保险、网络服务机构等服务商均属于营销中介，而在农产品电商化后，农产品市场环境中的营销中介更加多样化。消费者可以通过网上购物和在线销售自由地选购产品，生产者、批发商、零售商和网络销售商也可以建立自己的网站营销农产品。农产品电商化使企业间、行业间的分工模糊化，而更多新业务方式的出现也促进了农产品营销过程中中介机构的产生和发展。

（4）消费者。消费者是农产品营销的直接或最终对象，农产品营销一直以满足消费者需求为核心。互联网不仅给农村电商从业人员提供了广阔的市场营销空间，同时也增强了消费者选择农产品的广泛性和可比性。因此在网络购物活动中，不同类型的消费者通常会表现出不同的购买目的、购买需求和购买特点。农村电商从业人员不能控制消费者的购买行为，但可以通过分析消费者的网络消费行为，为消费者提供更贴心的服务，并通过有效的营销策略处理好与消费者之间的关系，从而促进农产品的销售。

（5）竞争者。竞争是产品经济活动中必然存在的。在互联网经济大趋势的刺激下，越来越多的农村电商从业人员加入了网络营销的队伍。而且，网络市场中竞争者的优缺点都可以通过网络呈现出来。随着相似业务的数量越来越多，农村电商从业人员之间不可避免地会形成竞争，竞争可以促进其改进自身的不足。在开展网络营销活动的过程中，农村电商从业人员要学会识别和确认竞争者，分析竞争者的目标和策略，以及资源、团队、能力和反应模式，这些都是应对竞争的好方法。

2.2.2　农产品市场细分

任何一种农产品都不可能满足所有消费者的需求。在进行农产品电商化前，农村电商从业人员需要按照实际需求，根据农产品总体市场中不同消费者的需求特点、购买行为和购买习惯等各方面的差异，将农产品总体市场划分为若干个不同类型的子市场，形成农产品的竞争优势，更有针对性地开展农产品营销。

1. 农产品市场细分的作用

对于农村电商从业人员而言，农产品市场细分不仅有利于发现市场营销机会，从而制定更有效、更有针对性的营销策略，还有利于开发新产品，满足消费者的多样化需求。

2. 农产品市场细分的步骤

农产品市场细分可以按照以下步骤进行。

（1）分析农产品，确定营销目标。农村电商从业人员应了解农产品的生产优势、劣势、特色及功能等，这是进行农产品市场细分的基础。

（2）分析消费者需求。结合市场调研结果，从消费者的实际需求出发，尽可能详细地列出消费者的需求。

（3）细分农产品市场。按消费者的需求划分消费者，并分析消费者的具体需求，然后根据一定标准细分消费者，形成细分市场。

3. 农产品市场细分的方法

农产品市场细分的依据通常是地理、人口、心理和行为等这些影响消费者需求与偏好的主要因素。农产品市场细分能够体现消费者需求的多样性和差异性。

（1）地理细分。地理细分是指按照消费者所处的地理位置、自然环境等细分农产品市场，如根据国家、地区、气候、人口密度、城市规模等差异细分子市场。不同地理环境下的消费者对同一农产品的需求与偏好往往有所区别，因此，农村电商从业人员针对不同地理位置的消费者应采取不同的营销策略。例如，今麦郎食品股份有限公司就以地理位置为标准划分了不同的细分市场，并在不同市场推出了不同产品，如河南"六丁目"、东北"东三福"、山东"金华龙"。虽然地理位置较容易识别，但即使是同一地理位置的消费者，对同一农产品的需求也会有所不同。因此，农村电商从业人员不能简单地只以地理位置细分市场，还应结合其他细分变量综合考虑，选择适合的目标市场。

（2）人口细分。人口细分是指按照人口统计变量，如年龄、性别、家庭规模、收入、职业、受教育程度等细分农产品市场。消费者需求和偏好与人口统计变量关系密切，且人口统计变量的有关数据容易获取。因此，农村电商从业人员可以根据人口统计变量细分农产品市场。例如，老年人讲究养生，喜欢五谷杂粮类的农产品；青年人对口味的要求高，喜欢肉类、生鲜等农产品；青少年讲究营养，需要肉蛋奶制品等农产品。

（3）心理细分。心理细分是指按照消费者的心理因素细分农产品市场。当按照地理因素和人口因素划分农产品市场后，市场中的消费者需求可能仍旧会存在不同，此时就需要根据消费者的个性、购买动机、价值观念、生活品位、追求的利益等，再次细分农产品市场。例如，很多消费者喜欢购买包装精致的农产品，就是出于追求生活品位和用于送礼等不同的购买动机。

（4）行为细分。行为细分是指根据消费者对农产品的了解程度、态度、使用情况等细分农产品市场。消费者的购买行为能直接反映消费者的需求，是市场细分的主要选择标准。一般来说，消费者购买某种农产品是为了满足自身的需要，不同的消费者有不同的需求。因此，农村电商从业人员可以根据消费者购买农产品的需求侧重点细分农产品市场。例如，很多超市的生鲜区会将猪肉分割为肥肉、瘦肉、骨头和内脏等进行售卖，以方便具有不同需求的消费者购买。

课堂讨论

试着对大米这种农产品进行市场细分，看看可以细分为哪些类型。

4. 农产品市场细分的注意事项

受市场的影响，农村电商从业人员可能会盲目按照他人的方法进行农产品市场细分，也可能会被互联网上的信息误导而进行不恰当的细分，这些都会对后续的营销产生负面影响。因此，进行农产品市场细分时应注意以下事项。

（1）切忌模仿他人。农产品营销的模仿性很强，当某一农村电商从业人员在某一细分市场获得成功后，竞争者就会跟着进入这个细分市场，随着竞争者数量的增多，该细分市场的饱和度就会提高，导致供大于求。因此，农村电商从业人员应结合自身实际情况细分农产品市场，而不是直接模仿他人。

（2）切忌盲目听信他人。在互联网时代，由于获取信息的方式更多样，能够获取的信息也更丰富，农产品商家容易被迷惑，听信接收到的信息，而不加分析思考，导致错误地进行市场细分。

（3）切忌不懂变通。如今，消费者的偏好时刻都在变化。因此，农村电商从业人员也需要及时变通，并结合农产品销量、市场占有率等指标分析农产品的生命周期，及时调整市场细分结果。

2.2.3 农产品的目标市场

农产品的目标市场是指农村电商从业人员将要进入的细分市场，或打算满足的具有某种需求的消费者群体。农村电商从业人员在选择目标市场前，需要了解选择的依据及竞争战略。

1. 农产品目标市场的选择依据

目标市场是在细分市场中，根据市场潜力、竞争者状况及自身特点选择的农产品营销市场，但并不是所有的细分市场都能作为目标市场，农村电商从业人员需要根据以下内容进行选择。

（1）市场潜力。市场潜力是指被选定的目标市场的现实需求量和潜在需求量符合获利目标的能力，其会影响农村电商的发展规模。如果目标市场的现实需求量和潜在需求量不大，那么农村电商从业人员的利润空间就会比较小。

（2）供应能力。供应能力是指消费者需要时，农村电商从业人员可以提供产品或服务的能力。农业资源的供应能力会限制农产品目标市场的选择。

（3）竞争情况。竞争情况是指目标市场的竞争情况。农村电商从业人员在选择细分市场时，需要判断自己在该细分市场中是否有竞争优势。如果该细分市场竞争激烈，且自身没有明显的优势，就不应将这个细分市场作为目标市场。如果该细分市场上的竞争者较少，且自身竞争能力较强，那么将就可以这个细分市场作为目标市场。

（4）市场需求。市场需求是指在既定的市场环境中，一类消费者购买某种农产品的总额。这种市场需求数量的变化受消费者对农产品的喜好程度、消费者的购买能力和农村电商从业人员的经营方式的影响。当农产品受消费者喜爱，且消费者购买能力不断提高，农村电商从业人员的经营策略也正确时，市场需求就会增加。在面对目标市场需求时，农村电商从业人员既要预估现实购买数量，又要预估潜在增长的购买数量，以推测较大的市场需求，根据市场需求决定是否选择该细分市场作为目标市场。

2. 农产品目标市场的竞争战略

农村电商从业人员在生产经营活动中，应该根据目标市场的实际情况，结合自身条件，选择合适的农产品目标市场竞争战略。

（1）针锋相对战略。针锋相对战略是指跟随竞争者的脚步，同竞争者争夺同一细分市场，这种战略需要农村电商从业人员拥有资源、成本、质量等方面的优势。例如，A企业与B企业是同一市场中势均力敌的竞争对手，当A企业售卖果干、水果罐头等产品时，B企业往往会紧接着推出这类产品，与A企业争抢同一市场。

（2）填空补缺战略。填空补缺战略是指寻找新的、未被涉足或占领的、消费者重视的细分市场。例如，农村电商从业人员甲选择了一处风景优美的地区养殖禽类动物，但周围地区有好几家养殖场，甲的禽类动物并不好销售，加之农家乐很少，因此，甲选择修建农家乐，为消费者提供游玩、现场点菜和烹饪服务，以期在这一新的细分市场中占得先机。

（3）另辟蹊径战略。另辟蹊径战略是指在意识到无法与竞争者抗衡时，根据自己的条件选择具有相对优势的方向占据细分市场。例如，C企业处于一个市场竞争环境激烈的地区，水果品质好，但自身缺乏运输能力，竞争力较小，因此C企业选择与物流公司合作，通过线上直播等方式售卖水果。

2.2.4 农产品市场定位

农产品市场定位是指针对消费者对农产品某种特征或属性的重视程度，塑造农产品的形象，并通过向消费者传递这种形象，确定农产品在市场中的位置。在进行农产品电商化前，确定农产品市场定位可以更精准地定位目标消费者，从而更有效地制定农产品营销方案。

1. 农产品市场定位的方法

农产品不同于其他产品，因此其市场定位的方法也有所不同。一般来说，农产品市场定位可以根据农产品的质量和价格、用途、特性，以及消费者习惯来进行。

（1）根据农产品的质量和价格定位。在一些消费者眼中，较高的价格意味着较高的产品质量，而现实中很多高质量的农产品的价格却较低。因此，农村电商从业人员可以适当提高优质农产品的定价，为优质农产品塑造高档次、高质量的形象，确定高端的市场定位。

（2）根据农产品的用途定位。同一农产品可能有多种用途，农村电商从业人员可以根据农产品的不同用途定位农产品市场。例如，水果类农产品，可以直接食用，定位为生鲜市场；也可以加工成果干、水果罐头等，定位为干货市场、罐头市场等。

（3）根据农产品的特性定位。农产品的特性包括种源、生产技术、生产过程和产地等。在定位农产品市场时，这些特性都可以作为定位依据，如绿色农产品市场、无公害农产品市场、有机农产品市场等。

（4）根据消费者的习惯定位。根据消费者的习惯定位是指根据农产品目标消费者的习惯来确定农产品的形象，并选择合适的目标市场。

2. 农产品市场定位的竞争优势

定位农产品市场的根本目的在于获得在目标市场的竞争优势，这就要求农村电商从业人员将农产品的优势、特色展示给消费者，使消费者意识到农产品的差异性。具体来说，要想获得竞争优势，农村电商从业人员就要先确定从哪些方面寻求差异化，然后找到农产品的独特卖点。

（1）寻求差异化。农产品差异化一般可以从产品差异化、服务差异化、渠道差异化、人员差异化和形象差异化 5 个方面来体现。产品差异化可以从质量、产地、包装、味道、颜色等方面体现；服务差异化可以从包邮、退货、换货、售前、售后等方面体现；渠道差异化可以从农产品分销渠道等方面体现；人员差异化可以从人员挑选、培训、考核、激励等方面体现；形象差异化可以从名称、标识、标语、环境、活动等方面体现。

（2）找到独特卖点。虽然农产品可以通过差异化与竞争者的农产品区别开来，但并不是所有的差异化都有助于农产品营销。因此，农村电商从业人员应为农产品塑造一个独特的卖点，以吸引消费者购买农产品。

2.2.5 农产品市场的调研方式

消费者是农产品的最终接收对象，因此农村电商从业人员进行农产品市场分析时应做好消费者的需求调研。农产品市场的调研可以通过一定的方法来收集消费者对农产品的意见，包括品牌、产品、服务、支付、配送、性价比等方面的意见。目前，较为常用的农产品市场调研方式是设计调研问卷。调研问卷一般由一系列问题、备选答案及其他辅助内容组成，用于向消费者收集相关资料。

1. 调研问卷的组成

一份完整的调研问卷包括标题、开头、区分对象、主体内容、对象背景、作业记载和编码等内容。

（1）标题。调研问卷标题用于明确调研的主题，帮助消费者了解问卷的大致内容。一般来说，标题可以包括时间、地点、调查对象等，如 2023 年北京市西城区 25～45 岁人群海鲜购买情况调查。

（2）开头。调研问卷开头一般包括问卷编号、封面信、填写说明等内容。编号有助于分类归档问卷，一些简单的问卷可以省略编号；封面信就是标题后的一段话，是调研者致消费者的一封简单的信，主要用于介绍调研的主办单位、调研目的、调研意义和调研内容，拉近与消费者的距离，消除其顾虑，也可用于致谢；填写说明用于明确问卷填写和回收要求，包括填写须知、交卷时间、地点及其他事项说明等。

（3）区分对象。区分对象用于甄别和区分不同的消费者，以问题的形式出现。例如，调查海鲜的问卷中，某一问题为"你是否关心家中购买海鲜的产地"，选择备选答案"是"将跳到下一题，选择备选答案"否"则结束问卷。

（4）主体内容。问卷的主体内容是问卷的重要组成部分，主要由一系列问题和备选答案构成，其质量直接影响着调研的价值。主体内容需要涉及消费者的行为喜好。

（5）对象背景。背景部分用于确定消费者的情况，包括性别、年龄、家庭人员、受教育程度等，以便农村电商从业人员对调查结果进行统计分组。

（6）作业记载。作业记载部分用于记录此次调查的相关信息，包括访问日期等。如有必要，调查者还可在征得农村电商从业人员同意后，记录消费者的姓名、工作单位、电话等，以便审核及进一步追踪调查。

（7）编码。编码是将调研问卷中的调查项目以及备选答案用设计的代码来表示，常用于一些大规模的问卷调查中，可简化调查结果的统计和汇总工作。

2. 设计调研问卷的注意事项

农村电商从业人员设计调研问卷时，需要使用恰当的措辞、合适的问答形式和合理的顺序。设计好问卷问题和备选答案后，需要保证调研问卷的版面美观，并做好测试和修订。

（1）恰当的措辞。问卷的措辞影响着消费者对问题的理解，因此在选择措辞时，应避免使用模糊、笼统和容易引起歧义的词汇，而应选择意义明确的词汇，如"您上一次购买的海鲜是什么？"就比"您最近购买的海鲜是什么？"的意义更加明确。此外，为了便于消费者回忆，问题涉及的时间不能过久，如询问最近一周的情况就比询问最近一个月的情况更合适。需要注意的是，调研问卷的语句要尽量简单，问题要具体，且不带立场偏向，叙述不要采用否定形式，避免答案与问题不一致等。

（2）合适的问答形式。问答形式有开放式和封闭式两种。开放式问答不提供备选答案，消费者可以自由作答，适合答案复杂、数量较多或答案未知的情况。封闭式问答提供备选答案，消费者需要从提供的备选答案中选择与自身贴合的答案，这一形式便于统计处理和分析，但无法获得备选答案之外的回答。常见的封闭式问答有单项选择题、多项选择题、是非题、混合式选择题、排序式选择题和区间式选择题等。设计封闭式问答时，农村电商从业人员需尽量考虑问题的所有可能答案，且保证答案间互不重叠。

（3）合理的顺序。一般来说，调研问卷调查的问题都要遵循一定的规律排列，即按照问题难易程度，由易到难；或按照消费者的思考习惯和思维逻辑——先安排总体性问题，后安排特定性问题；先安排封闭式问题，后安排开放式问题。这样，问题之间就能形成一定的逻辑联系，并能保证各个问题间的自然过渡。

（4）美观的版面。调研问卷的版面要便于消费者阅读和填写，并符合审美标准和习惯。另外，版面布局应相对宽松，问题与答案应显示在同一页面中，调研问卷应易于阅读，字体大小与颜色应适宜等。

（5）做好测试和修订。开展调研前，农村电商从业人员需要测试调研问卷，修订调研问卷存在的问题。农村电商从业人员可以请专业人士测试调研问卷，也可以请潜在的消费者试填。修订好调研问卷后，农村电商从业人员还需要再次进行测试，以保证调研问卷的可行性。

3. 调研问卷示例

了解了设计调研问卷的方法后，农村电商从业人员即可选择一个调研问卷网站设计问卷。目前，调研问卷网站较多，农村电商从业人员可以直接通过搜索引擎搜索在线调研问卷网站，注册网站账号并登录账号使用该网站来设计调研问卷。扫描右侧二维码可以看到某农村电商从业人员针对国内大米市场设计的调研问卷。设计好调研问卷后，农村电商从业人员还需要选择目标消费群体进行

高清大图

国内大米市场
的调研问卷

样本收集、统计分析，得到目标消费群体的整体数据，以便进行营销策略的制定和调整。这一步骤需要花费一定的资金、时间，农村电商从业人员应合理规划。

2.3 农产品消费者分析

在进行农产品电商化之前，农村电商从业人员不能单纯地只分析农产品，还要充分考虑农产品消费者的需求类型和消费需求特征，然后根据消费者数据，绘制消费者画像，才能更加精准地吸引目标消费者，实现农产品电商化的目标。

2.3.1 农产品消费者的需求类型

农产品消费者的需求是指消费者在某一特定时期内，在一定价格水平上愿意且能够购买的农产品数量。在进行农产品电商化前，需要了解和分析农产品消费者的需求，才能更好地营销农产品。农产品消费者的需求通常不单单局限于某一个方面，而是比较多样化，有多种类型。例如，消费者对水果的需求不单单表现在对营养这一基础要求上，还会涉及水果的品质、外形、颜色、大小等多个方面。

（1）对农产品基本功能的需求。农产品是人类食物的主要来源，所以食用和满足人类的温饱就是农产品的基本功能。

（2）对农产品安全性能的需求。农产品质量安全是影响农产品销售的主要因素，绿色、新鲜、营养、健康的农产品更容易受到消费者的推崇和关注。农产品消费者对农产品安全性能的需求主要包括农产品要符合卫生标准（要求在保质期内出售和食用，确保不生产、销售含有损害人体健康成分的农产品），农产品的安全指标要达到规定的标准且农产品最好有保健功能等。

（3）对农产品品质的需求。随着经济的逐步发达和国民收入的提升，消费者对农产品的需求也从温饱向高品质转化，大部分农产品消费者会将农产品的品质放在选购条件的首位，这也造成了同一种农产品有时会呈现出不同价格的现象。例如，图 2-1 所示的两种不同执行标准的大米，"GB/T1354"标准的是以稻谷、糙米或半成品大米为原料加工合格后的普通食用商品大米；"GB/T19266"标准的是黑龙江五常地区的五常大米，是国家地理标志产品，也是地域性的特色农产品。两者在品质和价格上都有差别。

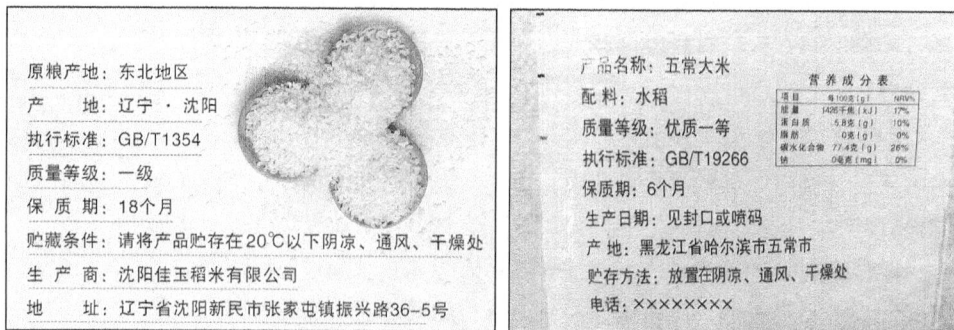

图 2-1 两种不同执行标准的大米

（4）对农产品便利程度的需求。农产品的便利程度是指购买过程和使用过程两个方面的便利性。购买过程的便利性是指消费者可以便捷地购买自己所需的农产品，这点也是农产品电商化的优势之一。使用过程的便利性是指消费者愿意选择方便食用的农产品，例如已经清洗干净的蔬菜或水果，可以直接烹饪或食用，农产品电商化也比较容易满足消费者的这点需求。

（5）对农产品外观的需求。农产品的外观在一定程度上也能体现出该农产品的品质，有完美的形象和包装的农产品更容易被消费者认可。农产品消费者对初级农产品的外观需求通常是大小规整、形状正常、颜色正常。农产品消费者对加工农产品的外观需求则是工艺、包装、颜色以及整体风格要符合大众审美标准，具有一定的设计感。

（6）对农产品情感功能的需求。农产品消费者对农产品情感功能的需求是指消费者购买某种农产品是为了情感上的补偿、满足、追求或依托。例如，鲜花作为一种特殊的农产品，不同的品种能够传递不同的情感，无论是自己消费还是作为一种礼品，均能够给消费者带来心理情感上的满足。

（7）对农产品社会象征的需求。农产品消费者对农产品社会象征的需求是指消费者要求农产品体现和具备一定的象征意义，从而在购买农产品后，能够显示出消费者的身份、地位、尊严等某些社会特性，进而使消费者获得心理上的满足。

（8）对农产品良好服务的需求。农产品电商化后，使消费者通常不容易与农产品生产者或农产品电商从业人员进行面对面交流，因而一旦购买的农产品出现问题，消费者就不容易与农村电商从业人员取得联系，这就需要电商平台为消费者提供良好的产品或服务。农产品消费者对产品或服务的需求通常是客服人员与消费者之间进行广泛的沟通、交流，解决消费者在售前和售后遇到的各种问题。

2.3.2　农产品消费者的消费需求特征

农产品消费者的消费需求是不断变化的，把握农产品消费者的好需求变动，归纳和总结农产品消费者的消费需求特征，是进行农产品电商化前农村电商从业人员的重要工作之一。

（1）普遍性。农产品消费者对农产品的消费需求具有普遍性的特征，这是因为农产品是日常生活的必需品，通常每人每天都会摄入粮食、蔬菜、肉类或鸡蛋等农产品，进而产生普遍性的消费需求。

（2）稳定性。农产品消费者对农产品的消费需求具有稳定性的特征。由于农产品是每个消费者的生活必需品，所以消费者的需求弹性较小，无论是农产品的价格还是消费者的收入发生，基本的消费量都是稳定的。在一定时期内，无论是某个区域还是某个特定个体，对农产品的总体需求都是稳定的。

（3）零散性。农产品消费者对农产品的消费需求具有零散性的特征。零散性是指农产品购买个体的分散性和单次购买数量的少量性。零散性的产生首先是由消费者体量决定的，农产品消费者通常为个人或家庭，因而消耗量不大；其次是农产品容易腐坏，不宜长期贮藏；最后则是农产品市场繁荣，消费者可以随时需要，随时购买。因此，农产品的购买次数较频繁，单次购买数量一般较少。

（4）阶段性。农产品消费者对农产品的消费需求具有阶段性的特征。阶段性是指在生产力发展的不同阶段，农产品的需求结构会发生一定的改变。例如，在社会发展初期，生产力水平较低，农产品短缺，解决温饱问题是消费者对农产品的基本需求；随着经济发展水平和人们收入的提高，消费者不仅要吃得饱，而且还要吃得好、吃得有营养、吃得健康，因此对肉、蛋、奶等农产品的需求量就会大大增加。

（5）季节性。由于农业生产具有季节性的特点，消费者在不同的季节对农产品的需求种类有一定差异。通常消费者对新鲜、口感较好的时令农产品需求性更强，也就是说，农产品消费者对农产品的消费需求具有季节性的特征。例如，夏天西瓜上市，且天气炎热，消费者对西瓜的需求较多；冬天柑橘类水果丰收，消费者对柑橘类水果的需求量则明显增加。另外，不同季节会有一些传统节日和风俗习惯，每到这些日子，消费者对某种农产品的需求将增多。例如，中秋节吃月饼，消费者对一些用于做月饼馅的农产品需求量就会增多；端午节吃粽子，消费者对用于制作粽子的糯米、芦苇叶子、红枣、豆沙、蛋黄等农产品的需求量也会增多。

（6）地区性。农产品消费者对农产品的消费需求具有地区性的特征，主要表现在不同地区的消费者在生活习惯、收入水平、购买特点和产品需求等方面的差异上。例如，我国南方居民和北方居民在农产品方面的消费习惯就不同，表现出显著的地区性，南方居民习惯吃米饭，而北方居民喜欢吃面食，他们对两种农产品的消费就会产生较大的差异。

（7）可诱导性。可诱导性是指农产品消费者的需求受外在因素的影响而产生购买某种农产品的欲望。农产品消费者易受到广告、促销宣传以及朋友的介绍等外在因素的影响，产生购买行为。在农村电商的运营过程中，农村电商从业人员经常会利用这一特性，采用广告宣传、促销活动、详情页文案展示等，引导消费者下单。例如，消费者一般对沁州黄小米的营养成分和食用价值不了解，如果告诉消费者沁州黄小米是中国的"四大名米"之一，含有大量的蛋白质、脂肪及维生素，营养价值高、品质好，且色香味俱全，那么，消费者的购买欲望就会变得强烈。图 2-2 所示为电商平台制作的沁州黄小米宣传页。

图 2-2 电商平台制作的沁州黄小米宣传页

2.3.3 农产品消费者画像

消费者画像是一种将消费者属性、行为等信息用图像直观地展示出来，以方便农村电商从业人员进行消费者定位的有效工具。消费者画像是实际消费者的虚拟代表，能够将产品或品牌的目标消费群体通过数据展示出来，从而进行数据的统计分析，为实现农产品电商化做好准备。

1. 消费者画像的基本要素

消费者画像一般是将一类有共同特征的消费者聚类分析后得出，并非针对某个具象的特定个人。消费者画像是消费者信息的标签化。通过消费者画像，农村电商从业人员可以描绘出消费者的个人信息，找出拥有共同兴趣爱好、共同特征的消费者群体，从而更精准地进行营销，提供更优质的农产品和服务。构建的消费者画像，应保证具备基本性、同理性、真实性、独特性、目标性、数量性、应用性和长久性等要素。

（1）基本性。基本性指消费者画像应该基于一定的数据调查，如情景访谈、数据统计等。

（2）同理性。同理性指农村电商从业人员在设计消费者画像时，要从消费者的角度思考问题。

（3）真实性。真实性指消费者画像要符合现实生活中消费者的真实形象。

（4）独特性。独特性指消费者画像中的目标消费者具有各自的特点，彼此间相似性不大。

（5）目标性。目标性指消费者画像中包含与产品相关的高层次目标，以及用来描述该目标的关键词。

（6）数量性。数量性指消费者画像中的数量级明确，以便于农村电商从业人员制订营销计划。

（7）应用性。应用性指消费者画像可以作为一种工具，被实际应用到营销决策中。

（8）长久性。长久性指消费者画像能长久适用。

2. 构建农产品消费者画像

构建农产品消费者画像可以按照获取消费者数据、分析消费者数据、了解消费者喜好、构建消费者标签库、标记消费者和输出消费者画像报告的顺序进行。

（1）获取消费者数据。农产品消费者数据通常包括消费者属性数据，如姓名、性别、手机号、地区、年龄、身高、职业、爱好、关注领域等；消费者在购买农产品过程中产生的业务数据，如订单数、消费金额、购买产品品类等；消费者在购买农产品过程中的行为数据，如购买次数、购买频率等。消费者数据可以通过以下几种渠道获取。

① 内部管理系统。农村电商从业人员可以从内部的各种管理系统的数据库中查询和采集与消费者相关的数据信息，如农产品采购和管理系统、客户服务管理系统、仓储管理系统、财务管理系统等。

② 专业数据机构。许多专业数据机构会定期向公众发布研究报告，如中经视野出品的《中国农产品市场·战略咨询报告 2023》、艾瑞咨询发布的《2022 年中国乡村数字经济发展专题研究报告》等，这些报告专业性、权威性都很强。

③ 社会调研。农村电商从业人员可以通过开展社会调研（如设计调研问卷等）来采集与消费者相关的数据，如制作消费者满意度调研问卷以调查消费者的满意度，就能得到较为准确的消费者满意度数据。

④ 网络平台。当前一些网络平台会提供海量的大数据信息供商家查看，如各种电商平台、搜索引擎等。图 2-3 所示为淘宝网提供的数据查询分析工具——生意参谋的界面。农村电商从业人员也可以利用一些数据采集工具（如八爪鱼采集器等）获取网页中需要的数据。

（2）分析消费者数据。获取消费者数据后，需要根据这些数据分析农产品消费者的特征和需求，从而有针对性地推广农产品。

图 2-3　淘宝网提供的数据查询分析工具——生意参谋的界面

①　消费者属性数据。农村电商从业人员可以通过数据分析平台，如百度指数、微信指数、百度统计、易观千帆、SimilarWeb 等获取消费者属性数据，从而定位目标消费人群。

②　消费者行为数据。消费者行为数据指消费者在产品查询、浏览、选择、购买、使用、复购等方面的数据，可以体现出消费者和产品的互动模式，以及影响消费者购买产品的因素。消费者行为数据可以通过电商平台关联的数据分析平台获得，农村电商从业人员通过分析消费者行为与农产品销售之间的关系，可以更精准地推广农产品。

③　新增消费者数据。新增消费者是指从未购买过产品的消费者。农村电商从业人员在分析新增消费者数据时，需要分析新增消费者的来源渠道、数量、交易时间，找到新增消费者的兴趣点，聚焦该兴趣点开展农产品营销。

④　存量消费者数据。存量消费者是指一段时间后，依然关注农产品的消费者。存量消费者数据直观地反映了农产品对消费者的吸引力。存量消费者数据指标包括日活跃消费者数量和月活跃消费者数量，即一日或一月内关注该农产品的消费者数量，可以用来衡量消费者黏性及衰退周期。

⑤　消费者存留率。消费者存留率是指同一时间段内新增消费者存留下来的数量占总的新增消费者数量的比例，研究的是某一时间点的一批消费者在后续的几天、几周、几个月内的生命周期情况，直接反映了不同来源渠道消费者的质量。

（3）了解消费者喜好。分析农产品消费者还需要了解消费者喜好，只有农产品符合消费者喜好，农村电商从业人员才能有效地将农产品销售给消费者。而要了解消费者喜好，农村电商从业人员可以从购买角度和竞争角度切入。

①　购买角度。农村电商从业人员可以通过分析消费者购买农产品的购买行为、浏览记录、复购率等相关信息，了解消费者的购买偏好，进而了解消费者感兴趣的、更愿意购买的农产品。例如，分析消费者的浏览记录，农村电商从业人员可以了解消费者感兴趣的农产品；对比消费者浏览过的农产品和已购买的农产品，农村电商从业人员可以推测影响消费者购买农产品的相关因素；分析消费者的复购率，农村电商从业人员可以了解消费者对农产品品牌的忠诚度等。

②　竞争角度。农村电商从业人员可以分析竞争者的农产品包装、农产品营销手段、农产

品选择等，通过观察消费者对竞争者的态度，分析消费者对农产品的喜好，从而选择更合适的营销方案。例如，对比竞争者中品质相当、包装不同的农产品的销量，分析消费者对农产品包装的偏好；对比采用不同营销手段的竞争者的知名度、消费者忠诚度等，分析消费者更喜欢的营销手段，再结合自身实际情况，制定合适的营销策略；分析目标市场中不同竞争者的农产品的特点，确定自身农产品的主要卖点。

（4）构建消费者标签库。消费者标签是对消费者信息和特征的抽象概括，用于描述消费者特征，区分消费者群体。消费者标签库则是包含完善消费者标签的标签库。构建消费者标签库需要基于消费者的数据信息定义消费者标签，然后通过 4 种基础维度来完善标签体系。表 2-1 所示为构建消费者标签库的 4 种基础维度。

表 2-1　构建消费者标签库的 4 种基础维度

维度	含义	功能	标签示例
生命周期	消费者所处的生命周期阶段	明确消费者所处的生命周期阶段、掌握阶段特征和运营重点	首次购买消费者、活跃消费者、忠诚消费者、沉默消费者、流失消费者
消费者价值	消费者给产品带来的收益或消费者的商业价值	区分消费者的商业价值、决定运营投入和运营重点	低价值消费者、高价值消费者、一般价值消费者
活跃特征	消费者使用产品时的行为、时间、渠道特征	了解消费者产品使用特征、明确运营时机和针对性策略的制定	上午消费者、下午消费者、夜间消费者、促销活动消费者、优惠券消费者
消费者偏好	消费者的品类、品牌、活动、商家、功能等的偏好	了解消费者需求和偏好，以便针对性提供内容、提高转化率	水果消费者、蔬菜消费者、生鲜消费者、绿色产品消费者、产地直销消费者、有机消费者

（5）标记消费者。构建完消费者标签库后，农村电商从业人员可以根据标签库，将消费者标记到不同的标签下，从而清晰地展示出消费者画像。在标记消费者时，一些基于基础数据的消费者标签可以简单标记，如性别标签、地区标签等；而一些标签需要消费者在满足某一条件时才可标记，如只有消费满 5 次或者金额满 1 000 元以上的消费者，才能被标记为会员消费者。

（6）输出消费者画像报告。使用不同标签标记完消费者后，农村电商从业人员就可以通过标签绘制真实的消费者画像，以帮助其制定合适的产品策略和运营规则。此外，农村电商从业人员还可以通过一类消费者共同拥有的标签，绘制消费者群体的消费者画像，输出完整的消费者画像报告。

例如，在制作茶叶电商的分析报告前，农村电商从业人员需要先获取茶叶电商消费者的相关数据，如性别分布、年龄分布、喝茶原因、茶叶选购渠道、偏好品类、选择袋泡茶原因、获取茶叶信息渠道等；然后构建消费者标签库，如消费者偏好品类的待选标签有绿茶、红茶、养生茶、乌龙茶、花草茶、白茶等；最后通过不同标签将消费者分类，绘制消费者画像。扫描右侧二维码即可查看茶叶电商的消费者画像。

高清大图

茶叶电商的消费者画像

2.4　农产品的品牌化建设

党的二十大报告提出，要"加快建设农业强国，扎实推动乡村产业、人才、文化、生态、组织振兴""发展乡村特色产业，拓宽农民增收致富渠道"。而要高质量推进乡村振兴，农村电商从业人员就需要深化品牌理念，把品牌意识转化为高质量发展的工作要求，贯穿于乡村振兴的全过程。同样，要实现农产品的电商化，农村电商从业人员就需要加大农产品的品牌化建设力度、提高农产品的品牌化建设水平，让农产品真正变为合格的网货。

微课视频

农产品的品牌化建设

2.4.1 农产品命名

农产品命名是品牌化建设的主要内容之一，朗朗上口、有个性、有特点且容易被人记住的品牌名才是一个出色的品牌名称。要实现农产品电商化并获得很好的发展，农村电商从业人员就需要让农产品品牌名称扎根到消费者的心中。

素养提升

2022年7月29日，《国家发展改革委等部门关于新时代推进品牌建设的指导意见》提出，要深入实施农业生产"三品一标"（品种培优、品质提升、品牌打造和标准化生产）提升行动，加强绿色、有机和地理标志农产品培育发展，打造一批绿色优质农产品品牌。而推进这项工作的关键则是要培养和锻造一支"懂农业、爱农村、爱农民"的高素质人才队伍，要围绕综合素养和专业能力提升，以农业产业化发展的用人需求为导向，为专业技术型人才提供成长空间，让致力于品牌农业建设的人才获得更多必备的知识和技能，更好地助力品牌农产品、地理标志农产品的打造。

（1）消费者群体或人名。这种农产品命名方法是指以农产品的消费者群体或有鲜明特点的人名为诉求对象，通过突出农产品的针对性以获得目标消费者群体的认同。这种定位方法将消费者与品牌直接联系起来，更容易让消费者产生品牌归属感，如"辣妹子""川香秋月""杨队长"等。

（2）与农业相关。这是指在农产品的命名中带入与农业相关的事物，让消费者一眼就能看出产品的本质，带给消费者天然、绿色和健康的感觉，如水果的产品名称为"××果园""××果品"等，以及和农业地理环境相关的名称，如"×湖人家""自然××""××村""××坡"等。

（3）品质。品质命名是指以农产品优良或独特的品质作为诉求点，向注重农产品品质的消费者推广品牌。这种命名方法的实质是将品牌与农产品品质或特征关联起来，再结合消费者的品质认知定位品牌，如"××优果""好果××""五谷鸡蛋""纯粮××"等。

（4）地理。地理命名是指直接使用农产品的原产地名称命名品牌。这种命名方法能够直观地将农产品与原产地联系起来，提高消费者对农产品的接受程度。其一般模式是"产地名称+产品类别"，如"西湖龙井""库尔勒香梨""赣南脐橙""宁夏枸杞"等。这种命名方法体现了品牌的独特地域价值，一般这种有特色的农产品品牌都已注册地理标志，受《中华人民共和国商标法》的保护，是一种极为珍贵的无形资产。现在农产品品牌不能直接用地理位置命名，但可以在品牌名称中凸显地域特征，如五常大米品牌"龙禾源"，通过嵌入黑龙江的"龙"字，向消费者提示产品的产地；而"依米兰香"则更是巧妙地将"依兰"地域名通过和米香互换位置，成功地将原产地融入品牌的名称中。

（5）品种特色。品种特色命名是指一个大类的农产品里的有特色的品种，既可以成为一个品牌，也可以注册商标。例如，"鸡心芥菜""红富士苹果""糖心苹果""云上血桃"等。品种特色的命名模式为"品种特色+品类名字"，如"糖心苹果"就是很甜的苹果，这是口感特色+品类名字；"云上血桃"则是有云上血桃的传奇故事，这是文化特色+品类名字。

2.4.2 农产品卖点的归纳总结

电商平台的农产品种类繁多，农村电商从业人员如果想使农产品从众多相似产品中脱颖而出，就需要归纳总结出能够吸引消费者关注、满足消费者需求、与竞争者直接区分的卖点，这是品牌化建设的另一项内容。

1. 卖点的含义

卖点是指产品具备的独特的、其他产品没有的特点，即卖点应满足人无我有、人有我优、人优我特的条件。并且，卖点应落实到营销战略中，转化为消费者能够接受、认同的利益，达到树立品牌形象、促进农产品销售的目的。农产品的卖点并不单一，可以是农产品的外观、口感、味道等，也可以与农产品的营养价值等有关，但一般能够与同类农产品区别开来的卖点只有一两个。

2. 农产品卖点的类型

农产品通常具备多个卖点，吸引消费者的也不止一个卖点，而这些卖点可以分为新卖点、独家卖点和超级卖点等不同的类型。

（1）新卖点。新卖点就是与同类农产品的卖点不同的、从崭新的角度挖掘的卖点。新卖点能让消费者耳目一新，更容易快速获得消费者的关注和认可；应当为消费者呈现一种颠覆性的认知，并能够填补消费者认知上的空白。例如，电商平台销量较多的一种黑玉米，营养价值和口感与普通玉米差别不大，但含有丰富的花青素，且内外均呈黑紫色，因此电商就以"黑色"作为新卖点，吸引消费者关注，如图2-4所示。

（2）独家卖点。独家卖点是某个产品本身所拥有的、其他品牌产品不具备的卖点，如独家秘制的食材、产品独有的功能、领先的技术等。独家卖点可以让农产品与同类农产品区别开来，成为农产品的标识。例如，新疆维吾尔自治区的水果在电商平台的销量就独树一帜，俗话说"吐鲁番的葡萄哈密的瓜，库尔勒的香梨甲天下……"这是由于新疆维吾尔自治区的气温高，日照时间长，昼夜温差大，所以生产的水果甜度高、水分足，受到全国人民的喜爱，而将地理位置作为独特卖点也就加强了新疆水果的品牌化建设，如图2-5所示。

图 2-4　新卖点

图 2-5　独家卖点

（3）超级卖点。超级卖点指与同行相比有极强竞争力的卖点，只有竞争力明显高于同行的卖点才能称为超级卖点。例如，柑普茶（又名新会柑普洱茶）是用广东新会大红柑或小青柑和云南西双版纳勐海县普洱茶作为原料制作的一种茶，这种茶不仅具有甘醇香甜的茶香，还具有新会柑的果香。柑普茶因为具有其他茶没有的特点，因此具有很强的竞争力，成了普洱茶中的特色茶。

3. 农产品的常见卖点

归纳总结农产品的卖点需要站在消费者的立场上，从农产品产地、新鲜程度、口感、环境、外观等方面入手，提炼农产品的特点，并用简洁、生动、令人印象深刻的语言加以描述。

（1）产地。很多农产品具有地域性，带有较强的自然或人文色彩，农村电商从业人员在提炼农产品卖点时，可以首先考虑从产地入手，给农产品加上产地标签，如烟台车厘子、郫县豆瓣酱等，借助产地特产本身的影响力，提高农产品的辨识度，让消费者一眼就能识别出农产品。

（2）新鲜程度。新鲜是很多农产品吸引消费者的重要因素，让消费者感知农产品的新鲜程度可以从时间和空间两个维度来进行。从时间上看，新鲜就是时间短，如水产品的"才捞上船，立即下锅煮"及水果的"从枝头到舌头不超过 12 小时，新鲜看得见"等，这些都是通过时间展现农产品新鲜的卖点。从空间上看，新鲜就是距离短，如水果的"现买现摘，20 公里到家"，就是通过空间展现产品新鲜的卖点。

（3）口感。口感是消费者在购买农产品时会特别关注的因素，因此以独特的口感为卖点能很好地吸引消费者的注意力。口感是感官的感受，农村电商从业人员在将其描述为卖点时要做到生动形象，必要时需配上图片或视频，让消费者能想象出农产品上佳的口感，进而产生食欲，产生购买行为，如图 2-6 所示。

图 2-6　口感卖点

（4）环境。环境是指农产品的生长环境，如光照、降水量、空气等级、湿度等。不同的农产品对环境的要求不同。例如，葡萄适合生长在光照强度大、昼夜温差大的环境中，这样才能更充分地形成与积累糖分。环境卖点需要说清楚环境的具体特征，如光照、温度、土壤条件等，以及该环境提升了农产品的哪些品质，最好能使用具体的数字，给人以客观、有理有据的感觉，从而增强说服力，如图2-7所示。

（5）外观。消费者在网购农产品时，并不能实际品尝农产品，往往会通过图片上农产品的外观来判断农产品的品质。因此，外观也是影响消费者购买决策的重要因素。农村电商从业人员挖掘农产品的卖点时，以外观为切入点，从侧面表现农产品的优良品质，同样能勾起消费者的食欲，如图2-8所示。

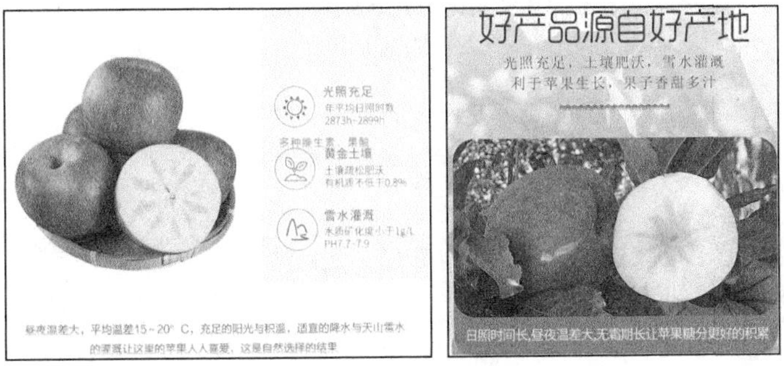

图 2-7　环境卖点 　　　　　　　　　　　图 2-8　外观卖点

（6）认同。从认同入手挖掘卖点是指农村电商从业人员站在消费者的角度去分析农产品能带来的好处，然后用精练的语言表达出来，引发消费者认同。例如，原生态种植的大豆，能带给消费者的想象有：营养丰富，富含蛋白质、氨基酸等；食用方法多样，可煮粥、炖汤、打豆浆、焖炖；等等。

（7）口碑。农产品电商化通常会导致消费者无法看到实物，因而无法亲自辨认农产品的品质；另外，一部分农产品生产非标准化，不同的农产品之间品质存在较大差异。因此，口碑是消费者购买农产品的重要参考依据。很多消费者有从众心理，拥有好口碑的农产品往往能更快地赢得消费者的信任。因此，农村电商从业人员在挖掘卖点时，应尽量展现农产品的好口碑，包括消费者的正面评价、好评数量等。

（8）权威。除了消费者的口碑，相关机构的权威性证书也能有效证明农产品的品质。农村电商从业人员如果取得了与农产品相关的检测报告、质检认证证书等权威认证，就可以将其作为卖点展示，以增强农产品的吸引力。例如，农村电商从业人员向消费者展示产品的专业检测证书，通过证书中相关的数据和说明佐证农产品在某些方面确实具有优势。

（9）情怀。消费者在购物时除了关注农产品的价格或质量，农产品背后的价值理念、情怀等也是打动消费者的重要因素。从情怀切入，传递某种正能量，容易让消费者在情感上产生认同，进而产生购买行为，甚至成为忠诚客户。例如，褚橙就是由于背后浓浓的情怀而被称为"励志橙"的，励志情怀则成为褚橙的一大核心卖点。

（10）人物和达人。农村电商和乡村振兴领域诞生了许多网络达人和先进个人，将这些有意义、有价值、有故事的人物塑造成农产品的代言人，不仅可以让消费者心存好感，以此来获得忠诚消费者，还可以打造农产品的品牌，提高农产品的知名度并提升农产品的核心价值。例如，以川香秋月和蜀中桃子姐为代表的网络达人，在网络中收获大量粉丝关注的同时，也售卖各种农产品，将淳朴开朗、自立奋斗的个人形象作为农产品的卖点，带动了本地农产品的销售，实现了农村的共同致富，如图 2-9 所示。

图 2-9　以人物和达人为卖点的农产品

2.4.3　农产品文案的策划与写作

电商平台是通过有价值的信息向消费者展示农产品及品牌，而农产品文案就是这些信息的载体之一。一方面，农产品文案可以传递信息，告知消费者农产品的卖点，以及消费者购买后获得的利益；另一方面，农产品文案能起到引导作用，通过有吸引力的文字吸引消费者注意并提升消费者的购买积极性。

1. 农产品文案的类型

农产品文案主要包括文字、图片、视频等，是一种特殊形式的文案，常应用在网店中，作用是推销农产品。

（1）主图文案。主图文案是展示农产品形象的文案，如图 2-10 所示。这种文案一般出现在电商平台的搜索结果页面，以及一些站外活动推广页面，是消费者了解农产品信息的首要途径。农村电商从业人员要提高农产品的点击率，就要重视主图文案。

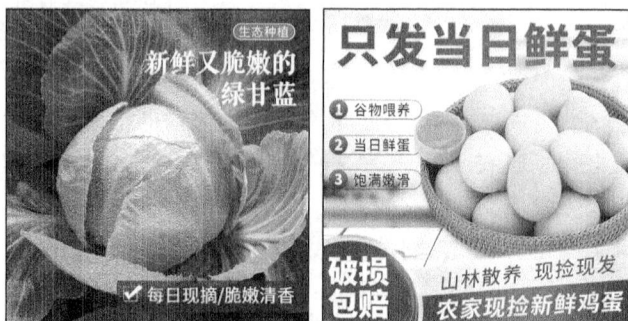

图 2-10　主图文案

（2）详情页文案。详情页文案就是详细介绍农产品相关信息的文案。消费者在购买农产品时，会通过详情页文案中的图片和文字具体了解农产品，并决定是否购买，因此详情页文案应做到图片美观、文字简洁。详情页文案（见图 2-11）可以使用实地拍摄的图片展示农产品的品相、包装、生长环境等，并通过对农产品的品种、特点、产地、质量等的文字介绍，引起消费者的购买兴趣，提高农产品销量。

图 2-11　详情页文案

（3）营销推广文案。营销推广文案的主要作用是利用文案推广农产品，快速提高农产品或品牌的知名度，并产生一定的经济效益。营销推广文案一旦被大量转载，推广效果会非常明显。目前，搜索引擎、电商平台、新媒体平台、短视频平台和直播平台中都有大量的营销推广文案，如图 2-12 所示。

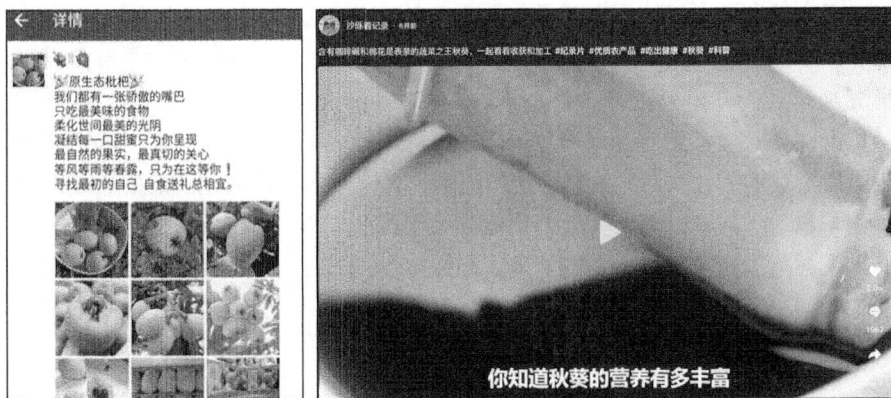

图 2-12　微信和短视频平台中的营销推广文案

2. 农产品文案的写作思路

在策划和写作农产品文案时，农村电商从业人员首先可以利用标题吸引消费者关注，然后在农产品文案正文中，通过详细描述农产品的卖点和特色激发消费者的购买欲望，再借助消费者评价或权威机构颁发的证书，进一步赢得消费者的信任，最后通过一些促销手段引导消费者下单。

（1）吸引眼球。在互联网时代，消费者的阅读习惯越来越碎片化，浏览信息时往往一两秒内就会决定是否继续阅读，能吸引眼球的标题才更有可能吸引消费者点击阅读，才有机会让农产品文案正文被更多人看到。因此，农产品文案标题的首要职责是勾起消费者的好奇心，吸引消费者点击阅读。例如，某篇介绍乌洋芋的文案，其标题"上过《舌尖上的中国》的乌洋芋！"就以知名纪录片《舌尖上的中国》作为吸引点，让消费者好奇到底是什么样的乌洋芋才能上这档制作精良的节目。

（2）激发购买欲望。在以推荐农产品为主要内容的农产品文案中，正文部分最重要的作用就是激发消费者的购买欲望。在写作农产品文案时，农村电商从业人员要站在消费者的立场去思考消费者关心什么、农产品能给消费者带来什么好处。农产品文案只有真正突出农产品的特色，与同类农产品形成差异化优势，才能打动消费者，使消费者产生购买欲望。例如，介绍乌洋芋的文案就以乌洋芋富含花青素、营养价值高、口感绵密细滑来与其他同类农产品形成差异化优势，让消费者产生兴趣。

（3）赢得消费者信任。很多消费者对农产品产生兴趣后往往不会立马产生购买行为，而是存有疑虑，毕竟农产品文案写得再好，也只是一种主观方面的描绘，没有客观、可靠的证据作为支持。因此，农产品文案在激发起消费者的购买欲望之后，最好能展示一些来自第三方的评价、认证等，如其他消费者的好评、权威机构的认证证书，或承诺给予售后保障等，以赢得消费者的信任，提高农产品销量。

（4）引导消费者下单。对于非必需的农产品，部分消费者在心动以后也只是将其收藏或加入购物车，等待促销活动或与其他同类农产品进行比较后再购买。如果农产品文案能给消费者一个立即购买的理由，如买立减、买立送等，让消费者产生一种机不可失的感觉，就能很好地促使消费者下单。

3. 策划与写作农产品主图文案

主图文案中的图片可以展示农产品的真实情况，文字能补充介绍农产品。在策划和写作主图文案时，农村电商从业人员可以通过直击痛点、使用数字和采用逆向思维 3 个技巧增强文案的吸引力。

（1）直击痛点。痛点是尚未被满足而又被广泛渴望的需求。在主图文案中点明消费者的痛点并告知消费者购买此农产品能解决这一问题，可以很好地刺激消费者的购买需求。

（2）使用数字。数字是电商文案中使用频率很高的元素，因为数字通常能直观地呈现信息，具有客观性等。在主图文案中巧妙地运用数字展现销量，可以引起消费者的从众心理，激发消费者的购买行为；也可以运用数字直接展现优惠活动，或农产品的各种参数，吸引消费者注意，进而提高农产品的销量。

① 用数字展现销量。在电商环境中，消费者通常更喜欢购买人气高的农产品，销量越高的农产品越容易获得消费者的信任。因此，在主图文案中用数字展现销量，可以增强消费者的信任，如图 2-13 所示。

② 用数字展现优惠活动。在主图文案中用数字展现农产品的优惠活动，如满减、折扣、优惠券等，可以直观地让消费者了解自己能够得到的利益，如图 2-14 所示。

③ 用数字展现农产品参数。在主图文案中用数字清楚地标注农产品的大小、质量等参数，可以方便消费者选购，有利于快速促成消费者的购买行为，如图 2-15 所示。

（3）采用逆向思维。逆向思维是反向思考司空见惯的、似乎已成定论的事物或观点的一种思维方式。例如，部分消费者认为外观差的农产品品质就不好，而像刺角瓜，虽然长相丑陋，但果肉汁水饱满、味道清甜，写作主图文案时就可以采用逆向思维，在突出其卖相不好的同时强调其口感味道的清甜。

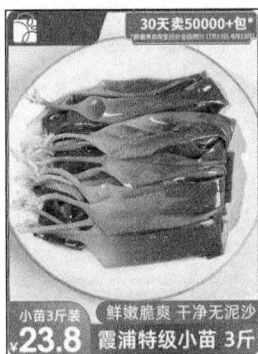

图 2-13　用数字展现销量　　　图 2-14　用数字展现优惠活动　　　图 2-15　用数字展现农产品参数

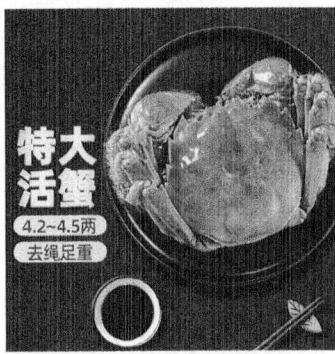

4. 策划与写作农产品详情页文案

农产品详情页是农产品信息的主要展示页面，策划与写作吸引力强的详情页文案是激发消费者购物欲望的主要手段。策划与写作农产品详情页文案有一定的规律可循，通常内容为激发消费者兴趣、展示农产品卖点、体现农产品价值、展示农产品品质、打消消费者疑虑、借助情感打动消费者等。另外，农产品详情页文案也可以利用逻辑引导消费者购买农产品。

（1）激发消费者兴趣。激发消费者购物兴趣的直接方法是突出农产品的实用价值，即让消费者看到农产品能够带给他们的利益。这个利益应该是消费者关心的、需要的。采用这一方法写作详情页文案时，农村电商从业人员需要站在消费者的角度思考，深入分析消费者的购物行为，从中提炼出消费者关心的问题，再将这个问题以醒目的形式展示在详情页上方，如海报图、视频等形式。例如，山东羊角蜜甜瓜具有"形似羊角"的特点，强调该水果外形特殊能够激发消费者继续浏览详情页文案的兴趣。图 2-16 所示为激发用户兴趣的详情页文案。

（2）展示农产品卖点。卖点是促使消费者产生购物行为的主要因素。卖点越符合消费者的购物需求，就越能激发消费者的购物欲望。一般来说，卖点应该体现出农产品的独特性和差异性。独特性是指农产品独一无二、不可复制的特点，差异性是指农产品与同类农产品之间的区别。比较简单的展示农产品卖点的方法是将卖点凝练成一句话作为主打广告语，并展示在农产品详情页文案中。

（3）体现农产品的价值。农产品的价值分为使用价值和非使用价值两种，详情页文案中会同时体现这两种价值。

① 使用价值。农产品的使用价值是农产品的自然属性，是农产品具有的共同属性。例如，大米、面、蔬菜等农产品的使用价值是充饥，盆栽、花草等农产品的使用价值是观赏等。

② 非使用价值。非使用价值也叫存在价值（有时也称为保存价值或被动使用价值），它是指消费者在知道某种资源的存在（即使他们永远不会使用那种资源）后，对其存在赋予的价值。农村电商从业人员通过挖掘农产品的非使用价值，设计符合消费者需求的非使用诉求，可以提升农产品的价值，给农产品赋予更加丰富的内涵。农产品的非使用价值可以从农产品

的品牌价值、历史文化内涵、消费群体的身份和社会地位等方面挖掘。

（4）展示农产品品质。农产品品质包括农产品的口感、生长环境、生产方法、细节、包装等内容。在展示农产品品质时，农村电商从业人员应该注意展示方法，不要直接使用烦琐的文字，可通过简单直白的图片搭配文字讲解，让消费者对内容一目了然。农村电商从业人员在展示细节、包装等信息时，通常以图片为主、文字为辅，注重详情页文案的整体视觉效果，突出农产品本身。例如，在详情页文案中可以通过展示茶叶产区、采摘时间、汤色口感、耐泡指数等内容，展现出西湖龙井茶的品质，如图 2-17 所示。

图 2-16　激发用户兴趣的详情页文案

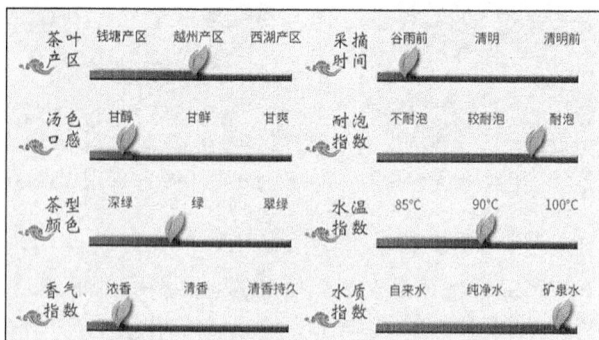

图 2-17　展示西湖龙井茶品质的详情页文案

（5）打消消费者疑虑。打消消费者疑虑其实是为了增强消费者对农产品的信任，以进一步激发消费者的购物欲望。首先，要展示品牌实力，这是一种很好的打消消费者疑虑的方式，具体包括实体店铺展示、工艺生产流程展示。其次，要展示消费保障、消费者评价等消费者普遍比较关心的内容，如退换货政策、好评率超过 95%等。最后，对消费者所困惑的或容易产生疑虑的内容，如食品安全性等问题要提供解答，农村电商从业人员可以通过展示产品资质证书或质检证书来证明农产品的安全性，以打消消费者疑虑。

（6）借助情感打动消费者。借助情感打动消费者一般可以通过讲农产品的故事来增强详情页文案的感染力，只要能够讲好故事，就能调动消费者的情绪，让他们在阅读的过程中潜移默化地认同农产品的价值。

（7）营造购物紧迫感。营造购物紧迫感是指通过限定产品的销售时间、销售数量等方式刺激消费者，将消费者的心动彻底转化为行动，从而促使消费者产生购物行为，如在特定时间抢购、限制产品数量等。

（8）利用逻辑引导消费者。一般来说，优秀的详情页文案都有一定的逻辑。合理的逻辑可以让消费者更好地接收信息，并引导消费者产生购买行为。农村电商从业人员可以参考以下详情页文案逻辑。

① 介绍品牌（也可放到最后）。

② 展现焦点图，引起消费者的阅读兴趣。

③ 展现场景图，激发消费者的潜在需求。

④ 详细介绍农产品，赢得消费者的信任。

⑤ 介绍为什么购买该类型农产品，及购买该类型农产品的好处。

⑥ 介绍不购买该类型农产品的影响。

⑦ 对比同类型农产品，包括价格、口感和包装等。

⑧ 展现消费者评价或第三方评价，提升消费者信任度。

⑨ 展现农产品的非使用价值。

⑩ 发出购买号召，促使消费者购买农产品。

⑪ 介绍购物须知，包括发货和退换货措施等。

⑫ 关联推荐其他农产品。

5. 策划与写作农产品营销推广文案

优秀的营销推广文案可以宣传品牌、推广农产品，达到促进农产品销售、为农产品品牌积累人气与粉丝、提升品牌形象的目的。

（1）宣传文案。一篇优秀的宣传文案能产生很大的影响力，达到让消费者了解品牌和产品，进而认识和认可品牌和产品的目的。宣传文案主要包括标题、正文两个要素，农村电商从业人员要注意这两个要素的写法。

① 标题。宣传文案的标题应该尽量简练，能够快速勾起消费者的好奇心和阅读欲望，并能直接展示出农产品的卖点，让消费者可以快速确定自己对文案内容及对应的农产品是否感兴趣。

② 正文。宣传文案的正文在内容和形式上并没有具体的要求，但是要想使宣传文案能被消费者关注和传播，就需要有针对性地进行设计。从原则上来说，有价值的、发人深省的、容易让消费者产生认同感的、有趣的、有创意的、真实的内容更受消费者的欢迎和青睐。

（2）促销文案。促销文案是营销推广文案的一种类型，是为了促进产品的销售，在特定的时间范围内，利用打折、优惠等营销手段制作的文案，是一种非常特殊且功能性很强的文案。图2-18所示的海鲜农产品的宣传海报中就有典型的促销文案，先通过标题"吃海鲜 来这里"提升消费者的购买兴趣和关注度，然后通过副标题"节假日满50元立送啤酒2瓶"告诉消费者优惠信息，这就是典型的促销文案。促销文案的写作重点是促销信息，具体可通过以下方式体现促销感，吸引消费者关注。

图2-18 促销文案

① 错觉折价。直接打折容易给消费者一种销售的产品是折价产品（往往是滞销货）的感觉；而错觉折价是让消费者在享受折扣的同时，告诉消费者购买的是正价产品，只不过是在搞促销，有所让利。例如，"花100元买130元产品""满200元返100元"等。

② 积分抽奖。积分抽奖要求消费者的消费额达到一定的金额才能兑换对应积分，获得的积分可以换取抽奖机会或兑换礼物。积分抽奖能让消费者产生实惠心理，并愿意一直在同一网店消费，以累积积分，从而带来长期收益。这种方式充分利用了消费者追求实惠的心理，效果往往不错。

2.4.4 农产品的图片拍摄和处理

农产品电商化需要农村电商从业人员在电商平台中用图片对农产品进行视觉化呈现。拍摄和处理好的精美农产品图片能直观、生动、形象地展示农产品的外观、形状、品质、口感等特点，以此吸引消费者注意并引导其消费。另外，拍摄的农产品图片也可与文字结合，通过精心设计的版式，提升农产品文案的吸引力。

1. 农产品的图片拍摄

农产品的图片通常采用实地拍摄的方法，可以直观、真实地展示农产品。并且，实地拍摄的图片更容易引起消费者的好感，增加点击率。在拍摄农产品图片时，农村电商从业人员需要选择合适的拍摄器材，然后按照步骤拍摄农产品，同时掌握一定的拍摄技巧。

（1）拍摄器材。农产品图片的拍摄器材主要有手机、单反相机和无人机 3 种，这些器材也被用于拍摄短视频。该内容将在第 5 章中详细讲解。

（2）拍摄步骤。在拍摄农产品图片前，农村电商从业人员需要根据农产品的特点，选择合适的拍摄背景，并根据环境光源选择恰当的方式补光，然后选择合适的距离、角度、焦距拍摄。

① 选择背景。在拍摄农产品图片前，农村电商从业人员应根据农产品的颜色，选择合适的背景颜色。一般来说，农村电商从业人员常选择白色或浅色，也会选择能与农产品形成较大反差的颜色。

② 补光。拍摄农产品图片应选择自然光源，光线不足则可借助台灯、补光灯等人工光源补光。

③ 调整距离。在拍摄时，农村电商从业人员应选择合适的拍摄距离，一般为 6～10cm，可根据实际情况酌情调整。例如，拍摄细节图时，可以拉近拍摄距离；拍摄产品包装时，为完整展现包装，可拉远拍摄距离。

④ 选择角度。在拍摄农产品图片时，农村电商从业人员需要选择合适的拍摄角度，一般选择 90° 或 45°。

⑤ 调节焦距。拍摄前还需调节相机焦距，以保证拍摄的图片清晰、真实。

⑥ 拍摄农产品。所有准备工作完成后，就可以拍摄农产品图片了。为避免多种因素导致拍摄效果不佳，农村电商从业人员可以从多个角度拍摄多张图片，以便后期挑选。

（3）拍摄技巧。在拍摄农产品图片时，农村电商从业人员要注意展现农产品的形状、品质、色彩，以优质的卖相打开农产品销售市场，增加农产品销量。要展现农产品，农村电商从业人员可以从以下 6 个方面入手。

① 单个农产品。单个农产品的拍摄要求构图简洁，可单独拍摄农产品本身，也可选择一些饰品搭配拍摄。在拍摄单个农产品时，一般采用素色背景，以减弱背景的距离感，增加画面景深，突出农产品本身。如果想直接突出农产品，可以选择白色或淡色的背景；如果想选择较为艳丽的颜色作为背景，那么就要注意背景与农产品的颜色搭配问题，要选择反差较大或同一色系的颜色。

② 农产品细节。农产品细节能够体现农产品质量，而农产品质量是消费者十分关心的问题，此时可以通过拍摄农产品细节，增强消费者的购买意愿。在拍摄农产品细节时，农村电商从业人员应打开微距模式，或将镜头拉到足够近的距离，以展示农产品细节，增加画面景深。

③ 农产品组合。当需要出售多种农产品时，可以按照一定的构图方法，将农产品作为一个组合进行拍摄，并排列成一定的形状，以突出农产品的整体感。例如，方形具有均衡感，三角形具有稳定性，弧形则更有创意，能够在画面中加入品牌，如图 2-19 所示。

图 2-19　不同形状的农产品组合图片

④ 展示农产品的新鲜程度。消费者在选购农产品并做出购买决策时，会受到农产品的新鲜程度的影响。而农村电商从业人员将农产品与水组合拍摄，则能给消费者留下农产品天然、绿色的印象。但需要注意的是，农村电商从业人员在拍摄前应将农产品清洗干净，且保持光线明亮，使拍摄出来的农产品显得更加水润有光泽，如图 2-20 所示。在拍摄时，农村电商从业人员可以将水与甘油按 10∶1 的比例混合，并将其喷洒到农产品表面，形成均匀的水雾。

⑤ 农产品场景。在拍摄农产品图片时，农村电商从业人员还可以将农产品置于某种场景中，如农产品烹饪场景、食用场景（见图 2-21）等，以展示农产品的烹饪方法、美味，激发消费者的购买欲望。此外，农村电商从业人员还可以展示农产品的生长环境，如果园、菜地等，证明农产品天然、原生态。

图 2-20　农产品与水的图片

图 2-21　农产品食用场景的图片

⑥ 创意拍摄。创意拍摄能增加消费者对农产品的想象空间，增强农产品的趣味性，提高消费者的购买欲望。

2. 农产品的图片处理

拍摄的农产品图片可能存在失真、模糊、过暗、过亮、主次不分等问题，这些图片素材往往需要经过处理才能在电商平台使用。

（1）使用 Photoshop 处理农产品图片。下面在 Photoshop CC 2020 中处理农产品图片，并进行亮度/对比度、色阶、曲线、曝光度和自然饱和度等的调整，其具体操作如下。

① 打开 Photoshop CC 2020，选择【文件】/【打开】菜单命令，打开"打开"对话框，选择"蓝莓.jpg"文件（配套资源：\素材文件\第 2 章\蓝莓.jpg），单击"打开"按钮，打开该图片。

② 选择【图像】/【调整】/【亮度/对比度】菜单命令，打开"亮度/对比度"对话框，在"亮度"右侧的数值框中输入"60"，拖曳"对比度"下方的滑块，设置对比度为"–15"，单

微课视频

使用 Photoshop 处理农产品图片

击"确定"按钮，如图 2-22 所示。

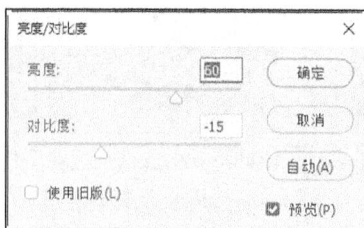

图 2-22　设置亮度/对比度

③ 选择【图像】/【调整】/【色阶】菜单命令，打开"色阶"对话框，在"输入色阶"栏下的第 2 个数值框中输入"1.15"，单击"确定"按钮，如图 2-23 所示。

④ 选择【图像】/【调整】/【曲线】菜单命令，打开"曲线"对话框，设置"输出"为"141"、"输入"为"123"，单击"确定"按钮，如图 2-24 所示。

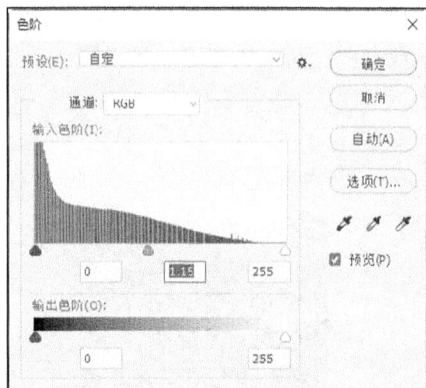

图 2-23　调整图片色阶

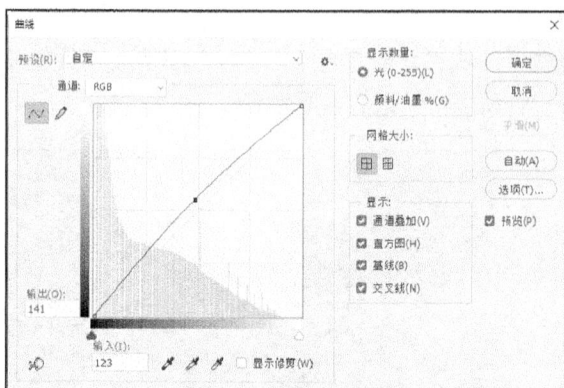

图 2-24　调整图片曲线

⑤ 选择【图像】/【调整】/【曝光度】菜单命令，打开"曝光度"对话框，设置"曝光度"为"+0.28"，单击"确定"按钮，如图 2-25 所示。

⑥ 选择【图像】/【调整】/【自然饱和度】菜单命令，打开"自然饱和度"对话框，设置"自然饱和度"为"+20"、"饱和度"为"+15"，单击"确定"按钮，如图 2-26 所示。

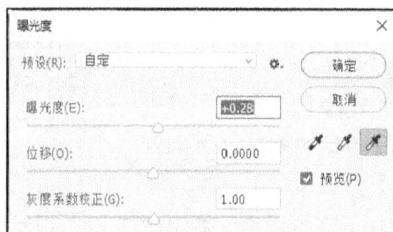

图 2-25　调整图片曝光度

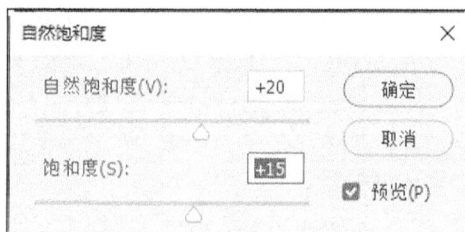

图 2-26　调整图片自然饱和度

⑦ 选择【文件】/【存储为】菜单命令，打开"存储为"对话框，选择图片保存的位置，更改"文件名"为"蓝莓效果图.jpg"，选择"保存类型"为"JPEG(*.JPG;*.JPEG;*.JPE)"选项，单击"保存"按钮。打开"JPEG 选项"对话框，单击"确定"按钮，保存图片。（配套

资源：\效果文件\第 2 章\蓝莓效果图.jpg）

（2）使用美图秀秀处理农产品图片。使用手机拍摄的图片可以直接通过手机上的图片处理工具处理。下面使用美图秀秀 App 裁剪"草莓.jpg"图文件，并为其调色，添加滤镜、文字、边框等，其具体操作如下。

① 打开美图秀秀 App，在首页选择"图片美化"选项，选择需要处理的"草莓.jpg"文件（配套资源：\素材文件\第 2 章\草莓.jpg），打开图 2-27 所示的图片编辑界面。

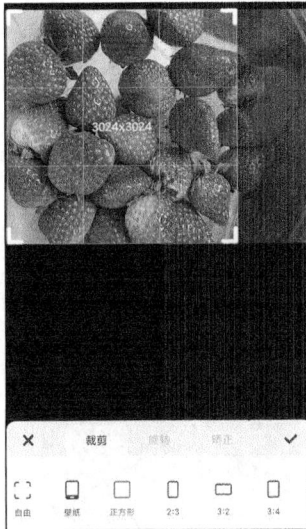

② 单击界面下方的"编辑"按钮，打开"裁剪"界面，在下方选择"正方形"选项，然后选择裁剪范围，如图 2-28 所示。单击✔按钮，确定裁剪效果。

③ 单击界面下方的"调色"按钮，打开"光效"界面。单击"亮度"按钮，拖曳滑块将"亮度"调整为"+10"；单击"对比度"按钮，调整"对比度"为"+30"；单击"高光"按钮，调整"高光"为"+40"；单击"暗部"按钮，调整"暗部"为"-15"，如图 2-29 所示。

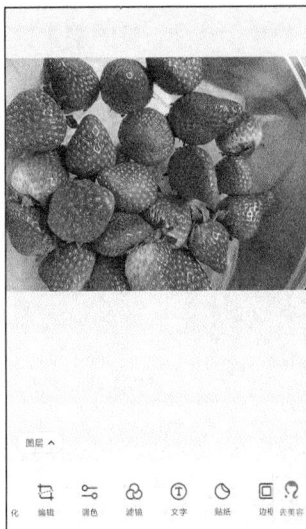

图 2-27　图片编辑界面　　图 2-28　裁剪为正方形　　图 2-29　调整草莓图片光效

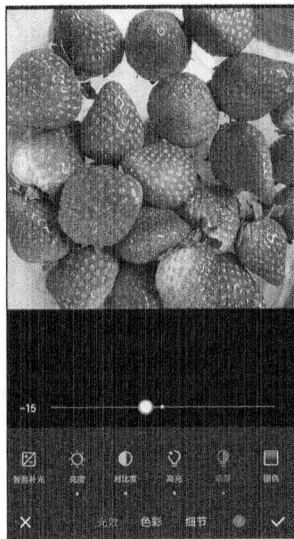

④ 在界面下方单击"色彩"选项，打开"色彩"界面。单击"饱和度"按钮，调整"饱和度"为"+10"；单击"色温"按钮，调整"色温"为"+5"，如图 2-30 所示。单击✔按钮，确定调色效果。

⑤ 单击界面下方的"文字"按钮，打开文字样式选择界面，单击"被食物治愈的周末"水印样式，在图片编辑界面中将自动添加该水印样式；然后单击该水印样式，打开文字编辑界面，更改文字为"谁能拒绝美味的草莓呢？"；单击"样式"选项卡，设置文字颜色为深红色、描边颜色为黄色，如图 2-31 所示。

⑥ 设置文本和描边的"透明度"均为"60"；单击"字体"选项卡，选择第 4 排第 1 列字体选项，更改字体样式，如图 2-32 所示。

⑦ 单击界面右侧的按钮，打开"水印"界面。拖曳文字右下角的按钮，放大文字，旋转放大后的效果如图 2-33 所示。单击✔按钮，确定添加文字水印。

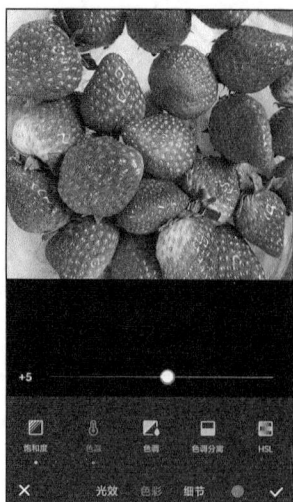

图 2-30　调整草莓图片色彩　　　图 2-31　设置文字颜色　　　图 2-32　更改字体样式

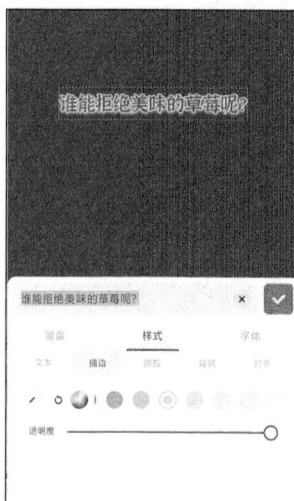

⑧ 单击界面下方的"边框"按钮，在打开的界面中，单击"简单"选项，选择第 1 排第 1 列的边框样式，单击✔按钮，添加边框后的效果如图 2-34 所示。

⑨ 单击右上角"保存"按钮，保存编辑完毕的草莓图片（配套资源：\效果文件\第 2 章\草莓.jpg）。保存完毕后将打开图 2-35 所示的界面，此时可将编辑完成的图片分享到美图秀秀社区，单击右上角⌂按钮可返回美图秀秀 App 首页。

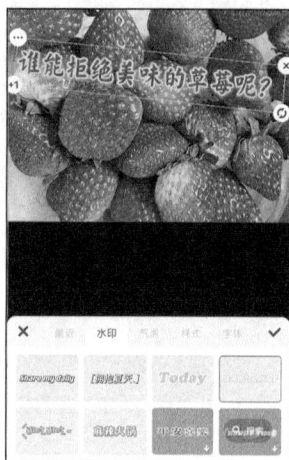

图 2-33　旋转放大后的效果　　　图 2-34　添加边框后的效果　　　图 2-35　保存后的界面

3. 农产品的图文排版

农村电商从业人员在电商平台及新媒体平台（尤其是微博、微信等）宣传和营销农产品时，不仅要放置农产品图片，还要有文字内容，这就涉及图文排版的问题。通常，农村电商从业人员可以选择专门的图文排版工具，如 135 编辑器、秀米编辑器、i 排版编辑器、96 编辑器和易点编辑器等，在这些工具中排版农产品的图文内容，再将排版完的图文内容直接复制粘贴到相关平台中予以发布。

（1）文字排版。文字是图文内容中消费者接收信息的主要载体，因此文字排版十分重要。这就要求排版时选择合适的文字颜色、文字字号和文字间距。

① 文字颜色。适宜的文字颜色能够使消费者在阅读时保持良好的心情。排版时可以结合内容的整体风格和情感色彩设置文字颜色，或直接从色号为#7f7f7f、#595959、#3f3f3f的常见颜色中选择任意一种。一些比较重要的关键性文字，如标题、农产品名称或品牌等，可以采用暖色系的颜色（如橙色、红色等）突出显示。同时，整体文字风格应尽量简单、清新，避免出现多种文字颜色。

② 文字字号。文字字号是指文字的大小，通常以手机用户能够看清楚为下限。通常，正文内容字号可以设置为14px～16px，而正文标题字号可以比正文内容字号稍大。

③ 文字间距。文字间距包括文字与文字的字间距、行与行的行间距和段落与段落的段间距。其中，字间距为1px或2px时阅读体验较为舒适；行间距为1.5～2倍时阅读体验较为舒适、空间利用率较高；段间距则需要结合整体版面设置。

（2）图片选择。选择的农产品图片应当与文案主题相关且具有一定的契合度。另外，我们将图片放在正文中时还要遵循两个原则：一是图片的统一性，即图片的形状要保持一致（所有图片都为矩形、圆形或不规则图形），与正文版面的风格一致；二是图文间距要合适，一方面要保证文字与图片的间距适合消费者阅读，另一方面要保证在连续展示多张图片时，图片与图片的间距要合适，不能使消费者产生多张变一张的错觉。

另外，建议选择JPG格式的图片，因为该格式的文件较小，更便于手机用户查看。进行图片排版时，排版人员还要尽量在文案两侧和正文前后留白，并且选择居中对齐的对齐方式，以优化消费者的阅读体验。

（3）图文排版的基本操作。虽然图文排版的编辑器很多，且编辑器中的样式、模板有所不同，但在这些编辑器中排版图文的方法基本一致。下面以135编辑器为例，排版《红宝石介绍》图文，其具体操作如下。

微课视频

图文排版的
基本操作

① 在浏览器中搜索"135编辑器"，打开135编辑器官网，然后打开"红宝石介绍.docx"文件（配套资源：\素材文件\第2章\红宝石介绍.docx），复制文字，并将其粘贴到135编辑器的编辑区中。选择所有文字，在上方工具栏中更改字体为"黑体"。

② 选择"红宝石介绍"，在左侧搜索框中输入"粉色"，按【Enter】键搜索样式，对该文字应用编号为"103703"的样式，并更改字体为"黑体"。

③ 选择"红宝石介绍"下方的第一段文字，对该段落应用编号为"103699"的样式，更改字体为"宋体"、字号为"16px"，如图2-36所示。

④ 在上方工具栏中单击"段前距"按钮 ，在打开的下拉列表中选择"10"选项；单击"段后距"按钮 ，在打开的下拉列表中选择"10"选项；单击"行间距"按钮 ，在打开的下拉列表中选择"2"选项。设置文字间距后的效果如图2-37所示。

⑤ 选择"姓名由来"以及下方的第一段文字，对其应用编号为"103693"的样式，更改"姓名由来"的字体为"黑体"、下方第一段文字的字体为"宋体"、字号为"16px"、段前距和段后距均为"10"、段间距为"2"。单击"居中对齐"按钮，将文本居中对齐。

⑥ 单击样式中下方的图片，选择右侧浮动工具栏中的"换图"选项，打开"多图上传"对话框，选择"本地上传"选项，单击"普通图片上传"按钮，打开"打开"对话框，

选择"红宝石 1.jpg"图片文件（配套资源：\素材文件\第 2 章\红宝石 1.jpg），单击"打开"按钮。

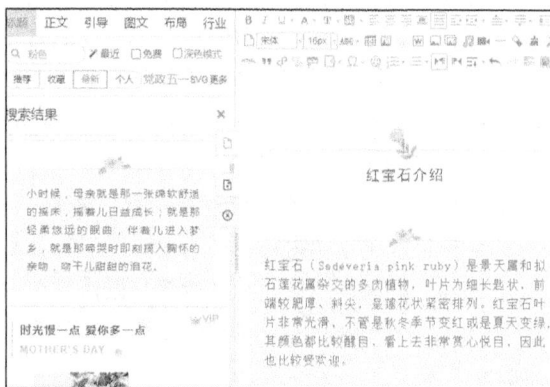

图 2-36　应用样式并设置字体格式

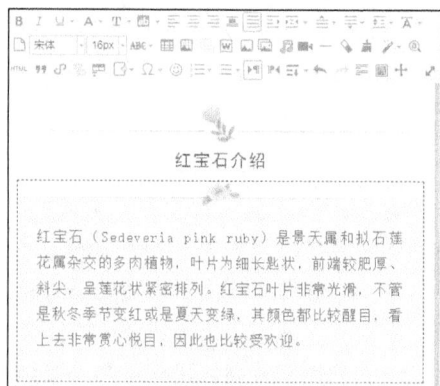

图 2-37　设置文字间距后的效果

⑦　返回"多图上传"对话框，单击"开始上传"按钮，上传"红宝石 1.jpg"图片，如图 2-38 所示。然后单击"确定"按钮，替换样式中的图片。

⑧　将文本插入点定位到该图片前，选择右侧浮动工具栏中的"前空行"选项，该图片与前一段文字之间将增加一行空行。设置空行后的效果如图 2-39 所示。

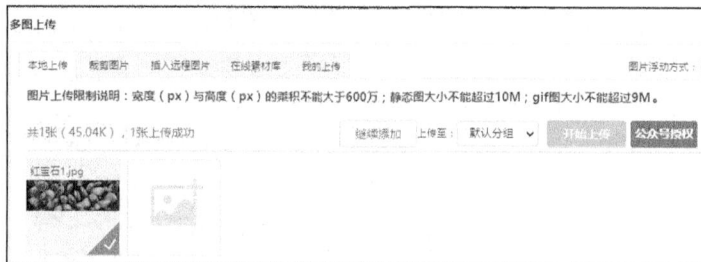

图 2-38　选择图片

图 2-39　设置空行后的效果

⑨　选择"植株形态"以及下方的第一段文字，对其应用编号为"103693"的样式，并按照"姓名由来"及其下方文字段落格式更改本段文字格式，然后将图片更换为"红宝石 2.jpg"图片文件（配套资源：\素材文件\第 2 章\红宝石 2.jpg），并在图片前方增加一行空行。

⑩　选择"养护"，对其应用编号为"103706"的样式，更改字体为"黑体"，将文本插入点定位到"土壤"前，按【Enter】键插入空行。再将文本插入点定位到"土壤"的前一行，选择编号为"103692"的样式插入。

⑪　再次插入编号为"103692"的样式，删除下方的相关文字，将"土壤""浇水""光照""温度""施肥"相关文字填入样式中。

⑫　删除样式中多余的与红宝石无关的文字。选择"土壤"，更改字体为"黑体"、字号为"18px"。选择"土壤"相关的文字段落，更改字体为"宋体"、字号为"16px"，单击"两端对齐"按钮，将文字两端对齐；单击"首行缩进"按钮，设置首行缩进；设置段前距和段后距均为"10"、段间距为"1.5"。设置字体格式后的效果如图 2-40 所示。

⑬　按照"土壤"相关文字格式，将"浇水""光照""温度""施肥"设置为相同字体。

依次选择"土壤""浇水""光照""温度""施肥"对应的图片,分别将其更改为"红宝石3.jpg""红宝石4.jpg""红宝石5.jpg""红宝石6.jpg""红宝石7.jpg"(配套资源:\素材文件\第2章\红宝石3.jpg、红宝石4.jpg、红宝石5.jpg、红宝石6.jpg、红宝石7.jpg)。设置文字格式并更换图片的部分效果如图2-41所示。

图2-40　设置字体格式后的效果

图2-41　设置文字格式并更换图片的部分效果

⑭ 选择剩余的文字,对其应用编号为"103691"的样式,删除"活动对象"相关文字,更改"繁殖""注意事项"的字体为"黑体"、字号为"20px",为两个段落文本设置与"土壤"相关段落相同的字体格式。

⑮ 将文本插入点定位到最后一行,插入编号为"103685"的样式,删除样式中的文字,并依次更改图片为"红宝石8.jpg""红宝石9.jpg""红宝石10.jpg"文件(配套资源:\素材文件\第2章\红宝石8.jpg、红宝石9.jpg、红宝石10.jpg)。

⑯ 按两次【Enter】键,单击上方工具栏中的"单图上传"按钮,打开"打开"对话框,选择"红宝石11.jpg"文件(配套资源:\素材文件\第2章\红宝石11.jpg),插入该图片后的效果如图2-42所示。

⑰ 单击"红宝石11.jpg"图片,选择右侧浮动工具栏中的"编辑美化"选项,打开"编辑图片"对话框,单击左侧的"裁切"按钮,打开"裁切"界面,在右侧选择裁切范围,单击"应用"按钮,确定裁切,单击"完成编辑"按钮,完成图片的编辑美化,如图2-43所示。

图2-42　插入图片后的效果

图2-43　编辑美化图片

⑱ 将文本插入点定位到"红宝石9.jpg"图片前,然后调整"红宝石8.jpg"图片与"红宝石9.jpg"图片之间的距离。将文本插入点定位到最后一行,插入编号为"103684"的样式,将文字更改为"关注我们 了解多肉知识",并更改字体为"黑体"。

⑲ 单击页面右侧的"手机预览"按钮,打开图2-44所示的预览界面,用户可通过滚

动条预览全文，然后单击"关闭"按钮，关闭预览界面。再依次将文本插入点定位到相应样式中，选择右侧浮动工具栏中的"前空行"选项或"后空行"选项，增加空行，调整间距。

⑳ 单击页面右侧的"保存同步"按钮，打开"保存图文"对话框，在"图文标题"和"图文摘要"文本框中输入相关内容，单击"上传封面图"按钮，上传"红宝石封面图.jpg"文件（配套资源：\素材文件\第 2 章\红宝石封面图.jpg），打开"裁剪图片"对话框，单击"保存/上传"按钮，勾选"开启留言"复选框，单击"保存文章"按钮，保存该图文内容，如图 2-45 所示。

图 2-44　预览界面

图 2-45　保存图文内容

㉑ 单击页面右侧的"生成长图"按钮，打开"生成长图/PDF"对话框，保持默认设置，单击"导出"按钮，生成长图（配套资源：\效果文件\第 2 章\红宝石介绍.jpg），打开"新建下载任务"对话框，设置文件名和文件存储位置，单击"下载"按钮，下载长图。

2.4.5　农产品的包装设计

农村电商从业人员还需要为农产品设计包装。精美的包装不但能突出农产品本身的特色，吸引更多消费者的关注，还能实现农产品的增值，提高农产品的品牌价值。

1. 农产品包装的功能

农产品的包装是指农产品最外层的包装。在设计包装时，农村电商从业人员除了考虑农产品的保护、存储外，还必须重视信息传达的准确性和农产品的美观度、便携性等。

（1）传达农产品信息。包装要能显示农产品的特色或风格，如在包装上印制农产品本身或农产品产地的图片、使用农产品本身的颜色、加上品牌 Logo 等。

（2）迎合目标消费群体的喜好。好的包装应该充分考虑目标消费群体的喜好，从外观上打动消费者。特别是作为礼物赠送时，包装的精美程度更是影响消费者购买的关键。但包装通常与农产品的价格水平相匹配，大众消费的农产品应选择简单、实用的包装；价格较高的农产品的包装则应更加精致。图 2-46 所示为芒果礼盒包装，里面不仅有芒果，还有防撞防摔的保护部件。

（3）保护农产品，提高便携度。作为农产品包装的最外层，包装同样具有保障农产品运输的作用。好的包装一般会设计提手，使消费者更方便携带，如图 2-47 所示。

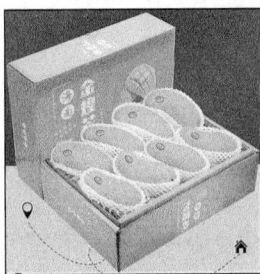

图 2-46　芒果礼盒包装

图 2-47　设计了提手的农产品包装

2. 包装文字设计

文字是最直接的信息传达工具。好的包装文字设计能提高包装的信息传达能力和美观度，加深消费者对农产品的印象。

（1）包装文字的分类。根据性质和功能的不同，包装文字可分为品牌文字、品牌标语以及说明文字。

① 品牌文字。品牌文字是品牌名称、产品名称、企业标志等的总称，是具有形象记忆特征的标志性文字，也是代表品牌形象的文字。品牌文字一般放在包装上较醒目的位置，具有较强的视觉冲击力，能快速提升消费者对农产品的好感度，促使消费者购买农产品。

② 品牌标语。品牌标语即包装的广告文字，可以帮助农村电商从业人员实现品牌与消费者的联结，突出农产品的卖点。品牌标语的视觉强度应尽量不超过品牌文字，要做到简单、易读。品牌标语一般设计在包装的正面，位于品牌文字附近，其字体应与品牌文字相呼应，二者搭配应和谐不突兀。

③ 说明文字。说明文字一般位于包装的背面，是对农产品的细致说明，也是农产品功能与使用方法的详细解释，应遵循相关的行业标准和规定。说明文字的内容主要包括农产品用途、使用方法、功效、成分、质量、体积、型号、规格、生产日期、生产厂家信息、保养方法和注意事项等。

（2）包装文字的设计原则。包装文字既要能充分传达农产品信息，又要与包装图形和颜色达到和谐统一，需要遵循以下原则。

① 包装文字要符合包装的整体设计要求。文字的字体、大小、表现方式都要与包装的整体设计相契合，切忌片面突出文字，字体也应不超过 3 种。

② 包装文字应具备艺术性和易读性。包装文字的艺术性要求文字排列优美紧凑、疏密有致。包装文字的易读性是指包装文字的大小、粗细得当，易于辨认。农产品包装中如果文字较少，可将文字设计得更有艺术性；如果文字较多，则应从阅读效率入手，使文字便于阅读。

③ 包装文字要契合农产品的特点。文字是为介绍农产品、宣传农产品而设计的，因此不仅要具备感染力，还要与农产品的特点相契合。例如，使用书法或古风字体的文字就能体现农产品天然、质朴的特色。

④ 包装文字排版要美观。良好的文字排版能增加包装的美观性，农村电商从业人员设计

时应该将所有的文字按照主次关系分段，运用字体变化等手段适当突出重点信息，保证消费者能看清、看懂所有文字。

（3）包装文字常用字体。包装文字字体的变化能增强包装的设计感，常用规范字体、书法字体和图形字体3种字体。

① 规范字体。规范字体又称印刷体，有英文和中文之分。英文印刷体有 Times New Roman、Excelsior 等，中文印刷体有黑体、宋体、仿宋体、楷体等。印刷体具有横细竖粗、结体端庄、疏密适当、字迹清晰等特点。品牌文字或说明文字常用规范字体，农产品包装上的规范字体如图 2-48 所示。

② 书法字体。书法字体指具有书法风格的字体，如隶书、行书、草书、篆书和楷书等。书法字体具有较强的文化底蕴，字体优雅，字形自由多变、顿挫有力，力量中掺杂着浓浓的文化气息，如图 2-49 所示。

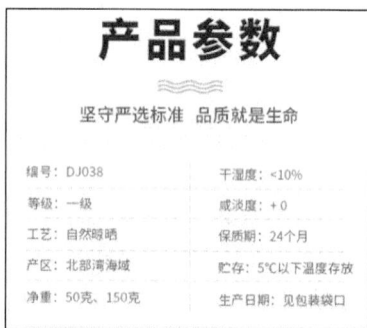

图 2-48　农产品包装上的规范字体

图 2-49　农产品包装上的书法字体

③ 图形字体。图形字体是指将文字与图形融合在一起而形成的一种新的字体形态，它不但具有文字的表述作用，还具备图形的美观性。相对而言，图形字体比规范字体更具特色。

3. 包装图形设计

图形是构成农产品包装视觉形象的主要部分，能提高包装的美观度，加强包装的品牌宣传效果。

（1）包装图形的类型。农产品的包装设计中往往存在多种类别的图形，大致可分为以下几种。

① 原材料图形。对于某些采用特殊原材料加工成的农产品而言，有必要在农产品包装上展现原材料图形，以突出原材料，帮助消费者了解原材料信息，如图 2-50 所示。

② 产地信息图形。对于有地方特色的农产品而言，产地是农产品品质的保证和象征。产地信息图形能赋予农产品包装浓郁的地方特色，是较为常见的一种包装图形。图 2-51 所示为农产品包装上的产地信息图形，该图中的和田雪枣包装上就展现了与产地相关的雪山、骆驼和民族服装等地方特色图形。

③ 成品图形。很多农产品需要消费者购买后经过加工才能食用，在这类农产品的包装上使用农产品成品图形，有助于消费者了解农产品的功能。例如，面粉的包装上呈现了使用面粉制作的面包，不仅展示了产品的功能、特性，还容易让消费者产生使用面粉制作美食等相关情景的联想，增强购买冲动。

图 2-50　农产品包装上的原材料图形

图 2-51　农产品包装上的产地信息图形

④ Logo 图形。Logo 图形是农产品品牌在流通与销售过程中的标志，可以促进农产品的形象宣传，加深消费者对农产品品牌的印象。

⑤ 人物图形。在销售包装中使用人物图形，图形中人物的动作、表情有助于加深消费者对农产品的认知。对于使用先进人物和网络达人作为代言人的农产品，更需要在销售包装的醒目位置展现代言人图形，借助代言人的影响力吸引消费者关注，提高消费者对农产品的信任度。

（2）包装图形设计注意事项。农村电商从业人员在设计包装图形时要注意两点：一是不能喧宾夺主，抢占消费者对农产品或品牌名称的注意力；二是要对农产品的目标消费群体、同类农产品的包装等加以分析，并形成自己的特色。例如，海鲜类农产品就可以选择与大海、沙滩等相关的图形图片设计包装；民族特色农产品则可以运用当地民俗的色彩和图形设计包装。

案例分析——攀枝花市依托本地的地域文化设计水果包装作为农产品电商化卖点

四川省攀枝花市是全国有名的特色水果产地之一，随着农村电商的发展，该地的优质农产品需要通过电商平台销售。为此，攀枝花市需要依托本地的地域文化对水果包装进行专门的设计，并以此作为农产品电商化卖点，一方面提升水果的附加值，增加其在市场上的竞争力；另一方面则通过现代艺术设计与地域文化特色融合的包装，增强水果的艺术美感，弘扬优秀的地域文化，实现水果品牌化、专业化、电商化和国际化，以及绿色可持续发展的最终目标。

1. 攀枝花市的水果电商化前的包装现状和地域文化

攀枝花市位于四川省西南部、四川省和云南省的交界处，以山地为主，有多个少数民族。攀枝花市资源丰富，气候独特，土地资源领域广阔，农业综合开发水资源丰富，拥有天然优良的条件。攀枝花市的年平均气温常年保持在 20℃左右，全年日照时数在 300 天以上，非常适合种植水果，如攀枝花芒果、大田石榴、米易雪梨、米易早春枇杷、黄草樱桃、红格脐橙等，很受全国乃至境外市场的喜欢。

（1）水果包装现状。随着电商的发展，攀枝花市建立了芒果研究中心、特色农产品物流园区、水果出口产品基地等，希望通过农产品电商化，增加各种特色水果的营销渠道，建设攀枝花市水果品牌。经过调查研究，我们发现在农村电商的发展过程中，农产品的包装设计对其网上销售的开展以及品牌的建设等都有着举足轻重的影响。但遗憾的是，攀枝花市的水果包装设计到现在为止还处在初级阶段，各个方面都不完善。

① 品牌众多、杂乱，知名品牌较少。攀枝花市的水果品牌建设处在初级阶段，各个方面的发展相对缓慢，品牌影响力低，资金缺乏，导致了企业对水果包装的轻视，大部分水果包装的外观体现不出攀枝花市的特色，图案单一，且设计不具代表性，没有统一的标识。

② 包装简单，无法体现农产品内涵。包装内部大多用廉价的卫生纸包裹隔断，存在不卫生、不安全等隐患，起不到包装的实质作用。基本上所有水果包装都使用实物作为外观，首先拍摄照片，经简单处理之后，加标题，附上水果特性，这种手法毫无设计感，既不能抓住消费者的眼球，又降低了自身的价值。

③ 品牌意识缺乏，管理不够规范。进行包装时，农村电商从业人员没有对水果品种进行分类，没有对水果大小好坏进行区分，以致水果卖不上好的价钱，且容易出现假冒现象。

（2）攀枝花市地域文化。地域文化是由一系列能够代表地方特色的图形、色彩等视觉语言符号构成的，如四川的雪山、甘肃敦煌的壁画、贵州的扎染蓝印花布等。各个地域所呈现的文化特色，为农产品的包装设计提供了丰富的设计元素。富有地域文化特色的包装设计可以将现代化与地域性相统一，从传统文化中汲取营养，使消费者感受到浓郁的地域文化气息，培养消费者的审美意识，既是对优秀民族文化传统的继承与发展，也是提升民族品牌竞争力的有效手段。

① 攀枝花市是多民族杂居地区，各个民族独特的喜好以多元化的视觉特点和个性鲜明的表现形式呈现出来，所构成的地域文化特色有着寓意深刻的象征性。

② 攀枝花市是南丝绸之路的一环，从古至今马帮运货的历史形成了浓郁的商业性特色。

③ 全国著名的攀枝花钢铁厂被誉为"方寸之地崛起象牙微雕钢城"，攀钢集团不断更新理念和技术创新，"艰苦奋斗、永攀高峰"很好地诠释了"攀钢精神"。

④ 攀枝花市是资源型城市，曾经建设了我国在二十世纪最大的水电站——二滩水电站，创造和发扬了勇于拼搏、乐于奉献、不怕苦、不怕累、敢于创新的攀枝花精神。

⑤ 攀枝花市的气候加上丰富的物产，常年水果飘香，花开四季，被誉为"阳光花城、康养胜地"，其康养文化产业潜力巨大。

2. 攀枝花市的水果地域文化包装设计

下面以攀枝花市的芒果包装设计为例，在图案、色彩设计上以攀枝花市的特色山水、地域文化为依据，融汇攀枝花市有代表性的芒果图片，整合设计出一套具有统一标识的、符合电商营销特点的外观包装。

（1）发掘代表性地域文化元素。攀枝花市历史悠久，商业和旅游资源都十分丰富，自然景观和人文历史景观星罗棋布。总的来说，攀枝花市是一个集奇山、秀水、密林、繁花、峡谷、温泉、地理、人文等于一体的休闲度假胜地，有着深厚的文化底蕴。其最有代表性的莫过于"攀钢""木棉花（攀枝花市的市花）""二滩水电站"，因此这 3 种元素都可以作为攀枝花市的地域文化元素的代表被运用在设计包装中。

（2）增加包装设计感，创新元素的表现形式。确定需要使用的地域文化元素后，农村电商从业人员还需要考虑包装形式来加以表现。现存农村电商市场上的农产品包装大多采用照片处理、组合，这里对攀钢、木棉花和二滩水电站进行矢量化处理，使用攀钢大门和二滩水电站的形象剪影，以及木棉花作为边框元素，这样包装上的地域元素显得简洁明了。相比于图片的堆积，简单的矢量图形更会给人以视觉上的美感。

（3）改进包装材质，实现绿色包装。过去，农产品大都采用聚乙烯、聚丙烯膜等材料制成的包装，其不仅污染环境，随着电商化的物流时间的增加，甚至会污染农产品。随着"绿色""环保"的包装理念日益兴盛，材料来源广泛、具有极强可回收性和价格优势，且运输和存放方便的纸质包装成为国际农产品包装的主流类型。所以，此次芒果包装设计使用可降解、可回收、绿色环保的纸质材料，符合社会的发展主流，同时也有益于出口海外。

3. 案例启示

在更加国际化、竞争日趋激烈的农村电商领域，农产品的包装设计在很大程度上可以重塑农产品的品牌形象，并作为农产品电商化的一个卖点，提升农产品在市场上的竞争力。目前，农产品包装的一个重要趋势就是将农产品与地域文化相结合，以地域文化为基石，充分挖掘和利用各种农产品背后区域性的特色文化，从图形元素、包装造型、包装材质等各个方面提升农产品包装设计的格调。这样，农村电商从业人员既能够发扬我国优秀的传统文化，又可以带动地方产业的发展，做好农产品电商化的前期建设，为农村电商的发展打下基础。

任务实训

实训一 为沃柑撰写宣传文案

【实训目标】

（1）掌握农产品文案的策划与写作。

（2）能够撰写农产品文案。

【实训内容】

某农村电商从业人员自产自销的沃柑具有以下特点。

（1）该沃柑种植于云南省的哀牢山，生长期长达 14 个月，种植地拥有 2 500 多小时光照和 1 200 多毫米雨水的优越条件，海拔 1 200～2 600 米，昼夜温差在 10℃左右，因此品质较高。

（2）该沃柑属于晚熟的一种杂交柑橘品种，果实中等大小、呈扁圆形。相比于普通的橘子，它的果皮薄、汁水浓、囊壁薄，内含果粒饱满，颗颗分明。

（3）该沃柑含有丰富的维生素 C、柠檬酸、葡萄糖和果糖等多种营养成分，同时含有丰富的膳食纤维，果胶含量也较高。

（4）该沃柑由专业人员管理，坚持原生态种植，没有使用化学药剂。

（5）该沃柑食用方法多样，包括榨汁，做蛋糕、奶冻、果酱等。

现准备将该沃柑放到电商平台上售卖，需要为其写作宣传文案，提升对消费者的吸引力。

（1）撰写文案标题。在文案的标题中可以设置悬念，刺激消费者的好奇心，吸引消费者点击文案。例如，标题可以设置为"沃柑界'新宠'！比橙子清甜、比橘肉细腻，喜茶新品也用它"，该标题分别利用"沃柑界'新宠'"和"喜茶"（知名奶茶品牌名称）作为吸引点，以前者设置悬念，以后者提升消费者认同。

（2）撰写文案正文。文案正文部分要合理选择切入点，简明直观地介绍沃柑的各种卖点。就沃柑而言，农村电商从业人员可以选择以下切入点写作正文。

① 口感。口感是消费者在购买沃柑时比较关心的因素，农村电商从业人员在文案正文中可以采用生动直观的文字将沃柑的口感描述出来，并配以诱人的沃柑细节图片，激起消费者的食欲。

② 生长环境。不同的生长环境会造就不同品质的农产品，农村电商从业人员在文案正文中可以向消费者介绍沃柑生长环境的特点，以及生长环境对沃柑品质的影响。

③ 种植方法。食品安全是消费者十分关注的问题，该沃柑采用原生态种植方法，属于绿色食物，这一点对于消费者来说颇有吸引力，农村电商从业人员在文案正文中可以加以强调。

④ 食用方法。沃柑的食用方法有很多，很多消费者往往会直接食用，农村电商从业人员在文案正文中介绍沃柑的特殊食用方法，可以带给消费者更多的新鲜感，让其产生跃跃欲试的冲动。

⑤ 产品功效。文案正文部分除了需要对沃柑展开详细介绍，还需要激发消费者的购买欲望，这一点可以采用介绍沃柑功效的方式来实现，通过叙述沃柑能带来的利益让消费者感到物有所值。

⑥ 消费者好评。很多消费者在选购产品时会参考第三方的评价、认证等来判断产品是否值得购买，因此农村电商从业人员可以在文案正文中展示消费者的好评。

（3）添加文案结尾。在消费者完成文案正文的阅读后，为了强化消费者的购买心理，引导其购买沃柑，农村电商从业人员可以在文案正文叙述完成后添加结尾，强调新鲜、低价等信息，并添加购买链接或二维码。

【实训参考】

扫描二维码可以查看沃柑写作的宣传文案，大家可以根据参考案例来撰写宣传文案。

实训参考

为沃柑撰写文案

实训二　拍摄并处理毛桃图片

【实训目标】

（1）掌握图片拍摄技巧。
（2）了解图片拍摄步骤。
（3）掌握图片处理方法。

【实训内容】

小毛和朋友在某地承包了一片土地，种植了包括桃、李、杏等在内的果树，并开了一家集休闲娱乐、宴席承包于一体的农家乐，还经常在朋友圈发布与农家乐有关的消息。近日，农家乐内种植的毛桃结果了，小毛有意拍摄几张毛桃挂果的照片，发布到朋友圈宣传农家乐，以期为农家乐带来更多消费者。

（1）选择拍摄器材和处理工具。本实训中毛桃图片主要发布在微信朋友圈，以吸引消费者注意。因此，直接使用手机拍摄即可，处理工具则使用手机上下载的美图秀秀 App。

（2）拍摄毛桃图片。本实训中，小毛和朋友可直接拍摄毛桃的实际生长环境，展示已挂果的毛桃。在拍摄过程中，需要调整拍摄距离、拍摄焦距，并选择合适的拍摄角度。

（3）处理毛桃图片。小毛和朋友可使用美图秀秀调整图片的大小、亮度、对比度、高光、饱和度等，以优化图片效果。

【实训参考】

扫描右侧二维码可以查看拍摄和处理的毛桃图片，大家可以根据参考案例来完成实训。

课后练习

1. 名词解释

（1）农产品

（2）卖点

2. 单项选择题

（1）水果类农产品，可以直接食用，定位为生鲜市场；也可以加工成果干、水果罐头等，定位为干货市场、罐头市场等。这种农产品市场的定位依据为（   ）。

A. 农产品用途   B. 农产品质量和价格

C. 农产品特性   D. 消费者习惯

（2）在设计调研问卷时，消费者需要从提供的备选答案中选择与自身贴合的答案。这种问答形式是（   ）。

A. 开放式问答   B. 封闭式问答   C. 规定式问答   D. 标准式问答

（3）鲜花作为一种特殊的农产品，不同的品种能够传递不同的情感，无论是自己消费还是作为一种礼品，均能够给消费者带来心理情感上的满足。这是农产品消费者哪一种类型的需求？（   ）

A. 对农产品品质的需求   B. 对农产品社会象征的需求

C. 对农产品情感功能的需求   D. 对农产品良好服务的需求

（4）烟台车厘子、郫县豆瓣酱等，借助品牌本身的影响力，提高农产品的辨识度，让消费者一眼就能识别出该品牌的农产品。其主要卖点是（   ）。

A. 品质   B. 外观   C. 产地   D. 口感

3. 多项选择题

（1）以下哪些产品属于初级农产品？（   ）

A. 鱿鱼   B. 活虾   C. 五花肉   D. 生猪皮

（2）同一农产品可能有多种用途，农村电商从业人员可以根据农产品的不同用途定位农产品的市场，如苹果可以定位为（　　）。

A. 有机　　　　　　B. 生鲜　　　　　　C. 无公害　　　　　　D. 果蔬

（3）以下哪几项属于农产品规范管理中与产地相关的内容？（　　）

A. 不能在特定农产品禁止生产区域种植、养殖、捕捞、采集特定农产品和建立特定农产品生产基地

B. 农业生产用水和用作肥料的固体废物，应当符合法律法规和国家有关强制性标准的要求

C. 农产品生产者应科学合理地使用农药、兽药、肥料、农用薄膜等农业品

D. 农产品生产者可以选用优质特色农产品品种，采用绿色生产技术和全程质量控制技术，生产绿色优质农产品

（4）宏观环境是能对农产品营销产生间接影响的各种因素的总称，主要包括（　　）等因素。

A. 政治法律　　　　　　　　　　B. 经济环境和文化环境

C. 社会人口　　　　　　　　　　D. 科学技术环境

4．思考题

（1）如何监督和保证农产品的质量安全？

（2）如何为某种农产品的消费者画像？

（3）简述农产品卖点的归纳总结方法。

（4）哪些卖点更适合林业类农产品？

5．技能题

（1）毛桃是一种比较常见的水果，没有太多的特色，如果要将其在电商平台上销售，分析目标市场，试着为其命名，并归纳一个独家卖点（可以为其赋予情怀或撰写一个情感故事）。

（2）选择一种本地的特色农产品，搜索和拍摄大量图片，为其撰写详情页文案，并将图片插入到详情页中。

第3章 农村电商平台

【学习目标】

- 认识综合性农村电商平台。
- 认识垂直性农村电商平台。
- 认识新媒体农村电商平台。
- 认识其他类型的农村电商平台。

引导案例

湖南省常德市石门县是一个柑橘生产大县,也是著名的柑橘之乡,平均每年产出柑橘40万吨以上,年产值超过7亿元。石门县不仅在全国各地区有超过40 000多家固定的柑橘经销商,而且作为柑橘国家标准化示范区和出口示范区,还将柑橘销往加拿大、德国、东南亚等20多个国家和地区。

但在很长一段时间里,大多数柑橘种植农民不了解市场供求信息,往往以家庭为单位将柑橘卖给收购商,销售价格较低。而收购商则包括村、镇、县等多个中间层次,其中还有中间商赚取差价,加上运输等费用,提高了柑橘的单价。这就导致了这样一种现象:消费者购买的柑橘单价高,而柑橘种植农民的收入较低。

随着我国电子商务的全面发展,石门县政府根据当地实际情况制定了农村电商发展方案,通过建立电子商务示范点,为柑橘种植农民普及电子商务知识,搭建农村电商平台,从而推进农村电商的发展。柑橘种植农民通过农村电商平台不但可以实时获取柑橘市场的各种信息,了解国家农业政策,而且可以实现信息交流与共享,降低信息不平衡带来的影响,促进柑橘销售。同时,针对石门县柑橘季节性强、产量高的特点,电商平台可以通过创建柑橘信息共享模块来提升柑橘的影响力,降低生产成本,大大增加柑橘种植农民的收入。另外,农村电商平台通过第三方在线交易平台交易,也能够保证交易的安全性,切实保障农民的自身利益。

在电商平台的推动下,石门县的柑橘在市场上越来越受欢迎,已成为各大超市、水果市场的首选销售产品。柑橘电商化、品牌化建设也带动了石门县柑橘产业的新发展,使柑橘种植农民的收入逐年增加。石门县也发挥柑橘的品牌优势,发展与柑橘相关的旅游业,带动全县农村经济发展,推动农民共同富裕,推进乡村振兴。

【本章要点】

综合性农村电商平台　抖音电商平台　传统农资企业电商平台　农业服务型电商平台

随着我国互联网的快速发展,尤其是国家实施乡村振兴计划以来,我国农村电商发展迅速。近年来,农村电商大力推进农村电商平台建设,通过农村电商平台向外输出农村资源,使得更多的农产品走出农村,帮助越来越多的农民致富。农村电商平台主要服务于农村的资源,拓展农村信息服务业务、服务领域,服务于"三农",其受益者之一是农民。

3.1　综合性农村电商平台

综合性农村电商平台是指具备与农业或农产品相关的板块,或者开辟了与农业相关服务的综合性农村电商平台,如淘宝网、京东商城、拼多多等。这些农村电商平台都在农村电商领域进行了大量的投资,也吸引了很多农村电商从业人员入驻,直接面向消费者并提供与农产品相关的服务,知名度高、流量大。

微课视频

综合性农村
电商平台

3.1.1　淘宝网

淘宝网由阿里巴巴集团在 2003 年 5 月创立,是一个拥有庞大消费群体的网购零售平台。自创建后,随着规模的不断扩大和用户数量的快速增加,淘宝网逐渐拆分出一淘网、天猫等多个平台,并逐渐由原本的个人对个人网络集市模式变成了集个人对个人、团购、分销、拍卖等多种电商模式于一身的综合性零售商圈。淘宝网为淘宝会员打造了非常全面和完善的网上交易平台,操作比较简单,非常适合想要开设网店销售农产品的个人。图 3-1 所示为淘宝网首页。

1. 平台农村电商支持策略

截至 2022 年 8 月底,淘宝网过去 3 年的农产品销售额已突破 5 400 亿元,同时正在助力打造 100 个 10 亿级农业品牌。淘宝网将农村战略列为未来三大核心战略之一,并为乡村振兴叠加农村电商相关策略,共同助力农村电商步入快速发展期。

(1)农村淘宝。农村淘宝创建了一种专门针对农村的供销模式,以一个村为单位向平台申请,审核通过之后,农村电商从业人员就可以入驻农村淘宝,成为农产品特产向外出售的一个窗口,并获得多方面的扶持。

图 3-1 淘宝网首页

① 信贷扶持。蚂蚁金服集团给予农村电商的优质从业人员授信支持，并提供一系列金融支持方案。

② 培训扶持。淘宝网开展了农村电商人才培养计划，针对推进知识下乡、搭建农村在线学习平台、培养农村淘宝讲师 3 个领域，培养农村电商基础人才。

③ 宣传扶持。农村淘宝可以通过广播、电视、报纸、杂志等公共媒体进行宣传，迅速提升农村淘宝从业人员在当地的知名度，增加曝光度。

④ 营销推广扶持。淘宝天天特价将推出针对农村电商从业人员的专场活动，包括定期特色农村淘宝推广、专门活动板块、地方政府联合推广等方式，帮助农村电商从业人员快速开拓市场，与消费者建立互相信任的感情。

⑤ 物流扶持。菜鸟网络全程跟进，提供物流支持，高效便捷。

⑥ 技术支持。农村淘宝会有专属的账号操作相关技术的支持。

⑦ 优惠政策。建设农村淘宝服务站合伙人店内的计算机、门头、室内软装修由阿里巴巴负责提供；提供创业贷款支持 1 万元，并享受阿里巴巴集团相关奖励扶持；农村淘宝订单佣金、代购产品成交后，农村淘宝合伙人可获得按照订单金额一定比例计算的服务费用。

（2）村播计划。直播带货已经成为农村电商的一种新型运营方式，不但缩短了消费者的购买决策链路，打通了线上线下的消费场景，而且提高了进店转化率和成交量。2019 年，淘宝网启动了以"农民做主播、平台做桥梁、直播做'农具'"为核心的"村播计划"，宣布将在全国 100 个县培育 1 000 名月入过万的农民主播，并同时深入农产品原产地，帮农产品打开新市场。2021 年淘宝直播发布的数据显示，自 2019 年淘宝网"村播计划"启动以来，淘宝直播平台累计已有 11 万农民主播开播超过 230 万场，带动农产品销售超 50 亿元。

（3）举办多样促销活动。淘宝网不仅举办农村电商平台共有的促销活动，如"双十一""双十二""6·18"等，还举办淘宝网的特殊促销活动，如"全民淘宝节""99 划算节""阿里年货节"等。这些促销活动起到了刺激消费、促进农产品上行，以及助力农村电商的作用。

2. 平台适销的农产品

淘宝网中销售的农村电商产品以农产品为主，数量超过了 3 000 多种。阿里研究院 2022 年发布的《"数字兴农"：从阿里平台看农产品电商高质量发展》显示，农产品品类销售额前 10 位的分别为纯牛奶、普洱茶、混合坚果、大米、鸭肉零食、牛肉、鲜炖即食燕窝、酱类调料、鸡肉零食和鲜花速递。根据以上数据可以分析出，以下 3 种农产品在农村电商平台上很受消费者欢迎。

（1）加工农产品。加工农产品是指用物理、化学和生物学的方法，将农业的主、副产品制成的各种食品和其他用品，包括食品加工、饲料加工、榨油、酿造、制糖、制茶、纤维加工的产品等，如纯牛奶、鸭肉零食、鸡肉零食、鱼肉零食、酱类调料都属于加工农产品的范畴，如图 3-2 所示。

（2）耐储运农产品。耐储运农产品是指农产品具有耐储的基本自然属性和在经营中可以常年销售、常年储备的农产品，一般指大多数土产品、畜产品、干果干菜等，如普洱茶、坚果、大米等都属于耐储运农产品的范畴，如图 3-3 所示。

图 3-2　加工农产品

图 3-3　耐储运农产品

（3）生鲜农产品。生鲜农产品主要包括蔬菜、水果、花卉、肉、蛋、奶以及水产品等日常生活必需品，通常被分为果蔬、肉类和水产 3 种类型，易腐易损是生鲜农产品的主要特征。受益于国家在冷链物流方面的持续投入和政策引导，淘宝网不断加大投入力度，所以冰鲜牛肉、鲜炖即食燕窝等生鲜农产品在淘宝网销量较高。

3．开店及入驻条件

农产品大多为食品类，在淘宝网中销售通常需要办理工商营业执照和食品经营许可证。另外，在淘宝网中开店还需要缴纳保证金、服务费、实时划扣技术服务费和技术服务年费等费用。在淘宝网开店的流程比较简单，通常包括以下步骤。

（1）选择开店身份。开店身份主要有普通商家（想创业、发展副业的企业或个人）、达人商家（抖音、快手、bilibili、微博等平台的主播/达人/艺人/UP 主）、大学生商家（在校大学生）和品牌商家（自有或独有品牌、有商标注册证、知名品牌推荐开天猫店、新创品牌推荐开淘宝店并进行品牌认证）4 种。

（2）选择网店主体类型。选择网店主体类型包括设置类型、登录淘宝账号、填写店铺名称和确认协议等操作。网店主体类型包括个人商家（适用于个人，需提供中华人民共和国居民身份证、个人支付宝）、个体工商户商家（营业执照类型为"个体工商户"，需提供营业执照、法定代表人身份证正反面照片、个人或企业支付宝等资料）和企业商家（营业执照类型为"×××公司/企业/农民专用合作社"等，需提供营业执照、法定代表人身份证正反面照片、企业支付宝等资料）。网店店主若没有淘宝账号，通过手机验证码登录之后会自动生成淘宝账号。

（3）支付宝认证。支付宝认证需要注册支付宝账号（需要绑定银行卡），或者按照系统提示的流程完成。

（4）登记主体信息。登记主体信息是收集商家的个人和经营信息，如果是个人商家，需登记个人证件图、经营地址、姓名、证件号等信息；如果是企业商家，则需登记营业执照图、营业执照证件号、营业执照有效期、法定代表人证件图、法定代表人证件号、法定代表人姓名、法定代表人证件类型等信息。

（5）实人认证。实人认证需要商家通过淘宝/千牛 App 扫码进入人脸识别系统（登录的淘宝账号需要跟申请的淘宝账号一致）进行真人拍照认证。如果是个人开店，需信息登记的证件持有人本人刷脸认证；如果是企业开店，则需信息登记的法定代表人证件持有人本人刷脸认证；非法定代表人认证，需网店实际经营人上传身份证件图片后完成刷脸认证。

完成以上操作表示在淘宝网开店成功，网店店主就可以在网店中销售农产品了。

3.1.2 京东

京东成立于 1998 年，业务主要分为零售、数字科技、物流 3 大板块。其中，零售板块主要基于京东商城。目前，有超过 3 亿多消费者在使用京东商城提供的产品或服务。京东商城划分了家电、服饰、美妆、超市、生鲜等多个专业板块，农产品则主要集中在生鲜板块。京东生鲜专注于为消费者提供水果蔬菜、海鲜水产、肉禽蛋奶、速冻冷饮等生鲜食材，并拥有国内领先的生鲜电商冷链宅配平台，冷链配送覆盖全国 300 多个城市，可实现生鲜产品次日达。图 3-4 所示为京东生鲜板块首页。

图 3-4　京东生鲜板块首页

1. 平台农村电商支持策略

从 2015 年开始，京东全面启用和推进落实农村电商策略，通过品牌打造、自营直采、地方特产、众筹等模式，扶助农村电商发展，推进乡村振兴，帮助更多农民致富。

（1）奔富计划。2020 年，京东启动实现乡村振兴的"奔富计划"，已累计带动农村实现3 200 亿元产值，帮助数百万农民增收。2022 年，京东发布了实现乡村振兴的"奔富计划"全景图，其中包含"乡村振兴·京东千县名品""'一基三化五流动'乡村数智化服务体系""强村行动"等支持农村电商发展的重点项目。

① 乡村振兴·京东千县名品。该项目的核心内容是助力农村电商打造优质农产品品牌，大力帮扶以宿迁霸王蟹、修文猕猴桃、弥勒阳光玫瑰葡萄等为代表的地标农产品营销，提升其品牌力和竞争力。

② "一基三化五流动"乡村数智化服务体系。该体系用于全面推进农村产业数智化、治理现代化与生活智慧化，已帮助陕西白水苹果、四川眉山柑橘、广西梧州蜂蜜等实现农村产业链数智化升级。

③ 强村行动。该项目主要是通过农资降本和农业服务两大举措，助力农民降本增效。根据京东最新发布的乡村振兴"奔富计划"全景图，"强村行动"已带动江苏、山东、河南等 8 个省区市上万农民降本增效，在亩产提高 10%～20%的同时，每年每亩节省 50～100元成本。

（2）设置农村专业频道。为了配合农村电商支持策略的实施，京东平台开设了农资频道、京东特产等板块，为广大农民和农村电商从业人员提供生产和销售方面的帮助。

① 农资频道。农资频道板块可以为农民提供种子、农药、化肥、农具等农资产品的电商服务，为农资企业构建一个品牌建设、产品展示、营销推广并与消费者交互的平台，如图 3-5所示。

图 3-5　农资频道板块首页

② 京东特产。京东特产板块是利用京东商城、物流、金融和技术等资源全面对接政府、集体和个人农村电商从业人员，推广营销地方特色农产品的平台，如图 3-6 所示。

图 3-6　京东特产板块首页

2. 平台适销的农产品

2022 年，京东发布的《2018—2022 地标农产品上行趋势报告》(以下简称《报告》)梳理了 2018—2022 年上半年全国各省区市地标农产品上行的趋势特点、品类结构变化和市场分布等情况。《报告》显示，地标农产品是农产品上行的新增长点。近 5 年来，地标农产品成交额年均增长 36%，高于农产品整体增速 4 个百分点；地标生鲜农产品成交额年均增长 41%，高于生鲜农产品整体增速 7 个百分点。

（1）以黑龙江大米、云南普洱茶、新疆水果和宁夏枸杞等为代表的地标农产品在该省农村电商平台的成交额中占比超九成，同时也成为农产品产地的一张特色名片。其中，黑龙江大米占黑龙江上行农产品成交额的 93%，新疆苹果与梨的成交额占新疆上行农产品成交额的 92%，云南普洱茶成交额占云南上行农产品成交额的 88%，宁夏枸杞成交额占宁夏上行农产品成交额的 84%。

（2）猪牛羊肉、禽肉蛋品、蔬菜等地标农产品成交额年均增速高于一般农产品，其中，地标猪肉产品近 5 年成交额年均增长 313%；水果品类中，木瓜、荔枝、椰青、香蕉、枣和蓝莓成交额年均增长超过 100%；水产品类中，鱼类、水产礼盒成交额年均增长超过 100%。

（3）内蒙古羊肉、宁夏滩羊肉、海南荔枝是 2022 年上半年京东商城成交额最高的地标农产品，黑龙江五常大米、海南芒果、山东红富士苹果、宁夏枸杞和山东樱桃的销量紧随其后。

课堂讨论

对比淘宝和京东两个电商平台的适销农产品，从支持策略的角度分析导致二者产生区别的原因。

---

3. 开店及入驻条件

在京东开店销售农产品需要《食品生产许可证》《全国工业产品生产许可证》《食品卫生许可证》等证明。

（1）其他资质证件。无公害农产品认证证书适用于声称获得无公害农产品认证的农产品；农产品地理标志登记证书适用于标记农产品产地的农产品；绿色食品认证证书适用于声称获得绿色食品认证的食品；有机食品认证证书适用于声称获得有机食品认证的食品。除了以上证件外，在京东销售农产品，不同类型的农产品需要缴纳的保证金也不同。

（2）个人入驻条件。根据京东的入驻规定，个人入驻用户需要符合的条件包括个人入驻用户所售产品或者所提供的服务一定要符合京东对产品或服务质量的要求；入驻时需要与京东商城签署在线服务协议，同时要遵守京东的所有规则及相关要求；个人入驻用户要在第一时间开通京东钱包，否则产品将无法上线进行销售；根据个人想要开通的经营类目缴纳入驻费用。

（3）POP 店铺。POP 店铺是京东的主要网店类型，相当于在商场包柜台模式，具备足够的自主经营权，入驻门槛相对较低。入驻 POP 店铺的流程如图 3-7 所示。

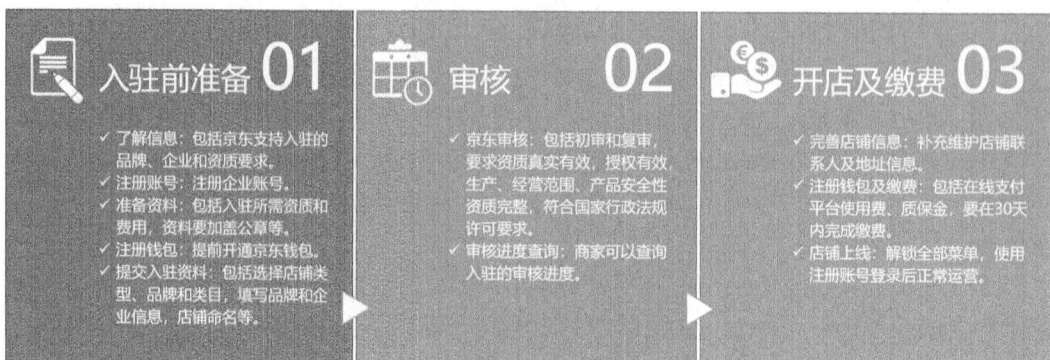

图 3-7　入驻 POP 店铺的流程

3.1.3　拼多多

拼多多成立于 2015 年，是一个专注于拼团购物的第三方社交电商平台。消费者在拼多多上通过发起和朋友、家人、邻居等的拼团，可以以更低的价格，拼团购买优质产品。截至 2023 年，有超过 8.8 亿多的活跃消费者在使用拼多多提供的产品或服务。拼多多也划分出手机、视频、百货等多个类别板块，农产品则主要集中在食品板块。拼多多食品专注于为消费者提供地方农货、茶叶、坚果蜜饯和粮油速食等农产品。

同时，拼多多推出了实惠、安心、便民的买菜服务——多多买菜，采用社区团购模式，助力农产品上行，如图 3-8 所示。在供应商端，多多买菜遵循"从田间直达餐桌"的原则，农产品由国内外超过 1 000 个农产品产区或供应商供货，包括蔬菜、水果、肉蛋、米面、粮油、乳品等品类，确保了农产品的较高性价比；同时采用以销定采的模式，即通过采集消费者订单需求来确定农产品采购量，再通过集约配送来降低物流成本。

图 3-8　多多买菜页面

1. 平台农村电商支持策略

拼多多对农村电商的支持力度较大。拼多多早期以销售农产品为主，并提出了"农地云拼+产地直发"的运营模式,将分散的农业产能和分散的农产品需求通过农村电商平台进行拼合。随着内容电商、直播电商等模式的不断创新落地,拼多多凭借技术优势,帮助农村产业转型升级,通过各种方式有效连接产地和消费者,打通农产品上行通道,带动农村电商快速发展。

(1)直播带货推动农产品上行。2021年,拼多多发起"家乡好物直播"乡村产业振兴计划,以直播模式带货,在很大程度上解决了农产品产量大、上行难的问题。根据统计数据,截至2022年年初,拼多多上单品销量超10万单的农产品达到6 000余款,同比增长43%,单品销量超100万单的农产品多达50余款。拼多多"家乡好物直播"先后在云南、湖北、四川等地进行直播带货,将四川丑柑、元谋洋葱、荔浦芋头、大娄山方竹笋、西盟山林百花蜜、诺邓火腿、定西土豆等多地的地方特色农产品推荐给全国消费者,带动了农产品的销量。

另外,拼多多率先探索"市县长当主播、农民多卖货"的农村电商直播带货新模式。截至2022年8月,拼多多助农直播已超过200场,超过400位市、县、区等各级主要负责人进入助农直播间"直播带货",推荐本地农产品,提升了农产品的销量。

(2)物流科技助力产销对接。由于部分优质农产品产地交通不便,加之农产品易坏易腐的特点,农村电商对运输条件有较高的要求。因此,拼多多大力推进和建设农村物流快递网点,从农村电商平台、物流设施和冷链仓储3个方面入手,打造了智慧和有效的农产品数字化专用物流体系。

(3)"百亿农研"助力农产品销售线上化。2021年8月,拼多多推出公益性质的"百亿农研"计划,持续重投农业领域,大力发展农村电商,深耕农业产业链,通过直播、助力种植等方式帮助农民增收,极大地推动了农产品的标准化、品牌化、规模化建设。"百亿农研"不仅降低了农产品在农村电商平台销售的难度与成本,同时也降低了农产品在农村电商平台销售的创业门槛,为农民提供了更多致富机会。一大批有资源有见识的农村或城市年轻人投入农村电商的领域中,成为"新新农人",他们更注重农产品品牌化、标准化的推广,并善于通过电子商务效应提升农产品的附加值,通过在农村电商平台上的创业活动带动农产品市场的繁荣,也为拼多多的农村电商支持策略提供了更多支撑。2022年8月,拼多多第二季度财报显示,平台营收实现314.4亿元,同比增长36.42%;净利润为88.96亿元,较2021年同期的24.146亿元增长268.44%,"百亿农研"初见成效。

2. 平台适销的农产品

中华人民共和国农业农村部数据显示,2022年上半年,农产品通过农村电商平台销售额达2 900亿元,同比增长12.4%。作为农产品重要交易平台的拼多多,也销售了大量农产品。以2022年拼多多"农货节"为例,累计拼单量超过10万单的农产品就超过了1 500款,同比增长率近230%。以阳光玫瑰葡萄为代表的水果和山西黄小米为代表的其他农产品位居"农货节"畅销榜前列,这也从侧面说明这些农产品适合在农村电商平台上销售。

(1)水果。2022年拼多多"农货节"发布的水果畅销榜单显示,阳光玫瑰葡萄、周至猕猴桃、云南天山雪莲果、会理软籽石榴、攀枝花芒果、洛川苹果、大荔冬枣和福建平和红心柚子等优质水果销售火热,如图3-9所示。其中,阳光玫瑰葡萄首次登上拼多多"农货节"的榜单。

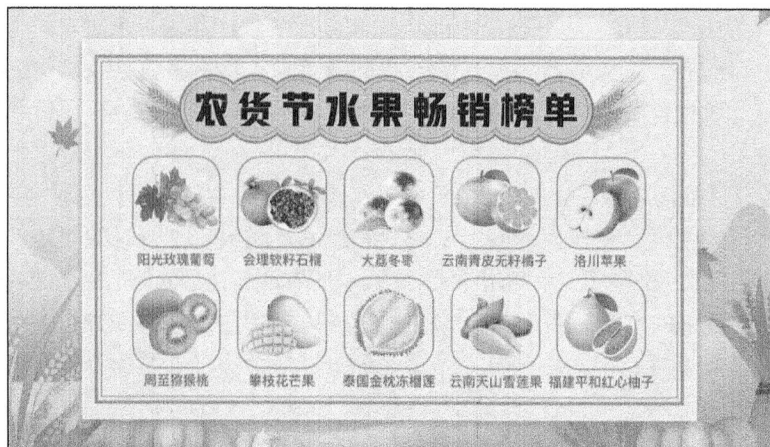

图 3-9　拼多多"农货节"水果畅销榜单

（2）其他农产品。不仅是水果，其他农产品也在拼多多获得了很高的销量。2022 年拼多多"农货节"发布的非水果类农产品畅销榜单显示（见图 3-10），山东潍坊贝贝南瓜、河北张家口糯玉米、河北五得利面粉、山西小黄米、安徽枞阳土鸡蛋、山东青岛大虾、辽宁盘锦大米等诸多优质的原产地农产品陆续在拼多多上迎来属于它们的销售主场，实现了农村电商平台、农村电商从业人员、消费者与农产品价值的共赢。

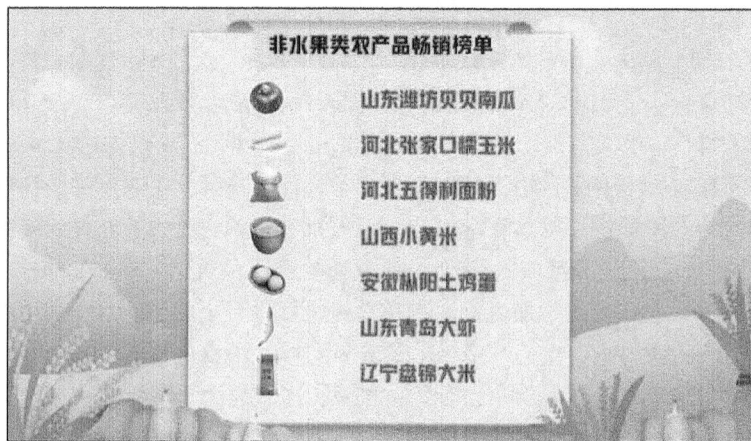

图 3-10　拼多多"农货节"发布的非水果类农产品畅销榜单

3. 开店及入驻条件

在拼多多上开店入驻的流程比较简单（见图 3-11），但入驻条件和资质会因网店类型的不同而有所区别。

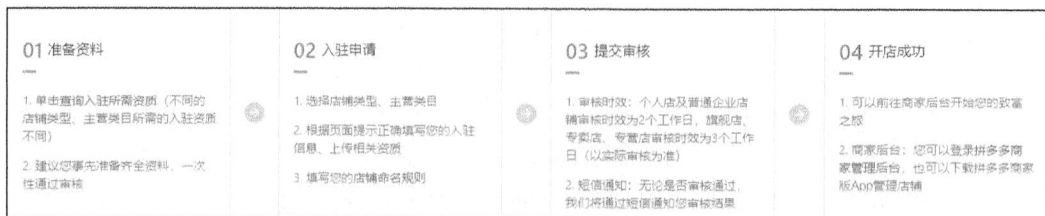

图 3-11　拼多多开店的入驻流程

（1）个人店。个人店入驻门槛较低，其资质要求是提供中华人民共和国居民身份证，或者提供中华人民共和国居民身份证加个体工商户营业执照等证明，审核在 2 个工作日内就会完成，十分快速，缴存完保证金后就可以开始运营商店。

（2）企业店。企业店有多种网店类型，类型不同入驻所需资质也不同，但通常都需要提供管理人和法定代表人的中华人民共和国居民身份证、企业三证（包括企业营业执照、组织机构代码证和税务登记证，三证合一的营业执照不需要上传组织机构代码证和税务登记证），或者商标注册证、食品经营/流通/生产许可证、商标注册证、授权书等。另外，不同类型的网店需要缴存的保证金也不同，如果售卖的是部分特定产品，还需要缴存特殊网店保证金，如在农产品涉及的食品类中，海鲜/水产就需要缴存额外的保证金。

课堂讨论

对比淘宝网、京东和拼多多 3 个电商平台，说说各自适合销售的农产品有什么特色。

3.2　垂直性农村电商平台

以淘宝网、京东和拼多多为代表的综合性农村电商平台具有整体流量大的优势，但平台内竞争激烈，新开设的网店需要耗费大量精力和资金来提升流量。而垂直性农村电商平台则专注农产品批发，不但汇集了全国各地的批发商和货源，而且提供了各种蔬菜水果等农产品的市场行情、产地等信息，且注册登记、开店入驻、发布产品都比较简单，是农村电商从业人员进入农村电商领域的好帮手。

微课视频

垂直性农村
电商平台

知识链接

垂直性平台是指所销售的产品有很多，但这些产品都属于同一个类型。垂直性农村电商平台则是指只销售农产品的农村电商平台，如一亩田、惠农网和农商通等，这些农村电商平台有海量的全国农产品供需资源，都以大量农产品批发为主，主要消费群体也都是各地农产品批发商和农产品种养殖大户，但现在也在拓展零售市场。

3.2.1　一亩田

一亩田成立于 2011 年，是一个基于移动互联网技术、深耕农产品产地、提高农产品流通效率的互联网农村电商平台。到现在，一亩田已经发展为全国最大的农产品电商平台，在售农产品近 1.2 万种，农产品来源于 2 500 余个县，用户数量达 3 500 万。图 3-12 所示为一亩田App 的首页和行情页面。

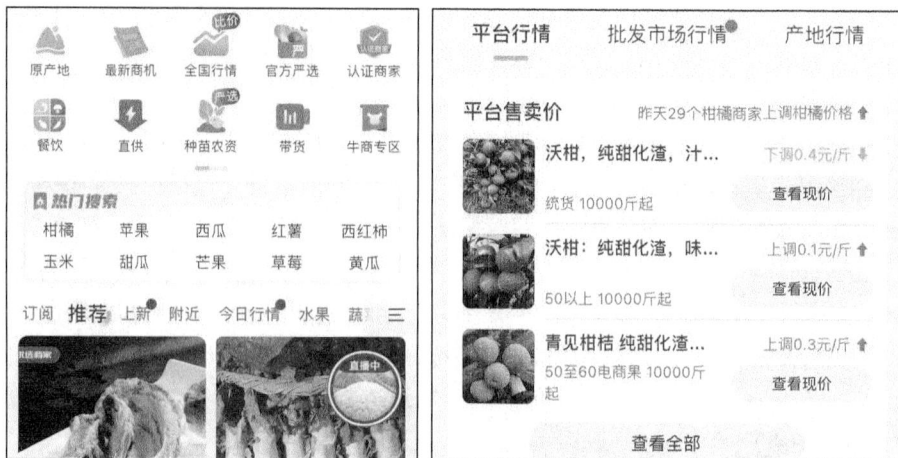

图 3-12　一亩田 App 的首页和行情页面

一亩田采取 B2B（Business To Business，企业对企业）电商业态，主要为具备一定规模的农产品经营主体提供交易撮合服务，平台供应商主要有农村合作社、经纪人、种植大户、家庭农场等。一亩田采购商有农产品批发商、加工企业、超市、餐饮连锁企业、B2C（Business To Consumer，企业对消费者）企业、出口贸易企业。作为农产品在线交易平台，一亩田每年有近千万级的农业相关消费者通过平台搜索、查看各类农产品，并通过便捷、安全的在线交易系统完成询盘、下单、收货、评价的全过程。一亩田也一直在建设全国最大的数字化农产品批发代卖服务网络，目前已经覆盖全国 64 个城市 104 个市场的 7 000 多个档口，日均在售货物量近 3 000 吨，且还在持续增长，为所有的农产品产地生产者搭建起直通批发市场的销售渠道。

在乡村振兴的战略背景下，一亩田启动了培养农村人才的"灯塔计划"，为全国 11 个省、22 个县开展了近 60 场，超 5 000 人次的培训。一亩田开展了"育苗计划"，用免费流量去扶持平台的新商家，帮助其解决线上经营初期的推广获客难题，尽快培养其自主经营的能力。

另外，在一亩田开店入驻只需要缴纳 1 000 元的保证金，完成实名认证后就可以获得货源供应。一亩田的销售对象主要是一些批发商，出货量大且比做零售更容易出手，如果货源充足，农村电商从业人员可以考虑通过一亩田进入农村电商领域。

3.2.2　惠农网

惠农网是由湖南惠农科技有限公司推出的 B2B 网站，主要为农民服务，为农产品的采购与销售提供渠道。目前，惠农网农村电商平台囊括水果、蔬菜、禽畜肉蛋、水产、农副加工、粮油米面、种子种苗、苗木花草等类目，涵盖 2 万多个常规农产品品种，覆盖全国 2 818 个县级行政区。图 3-13 所示为惠农网首页。

在惠农网中，农村电商从业人员不仅可以开设网店销售农产品，还可以发布农产品采购信息。同时，惠农网还会发布最新的农业政策和新闻，以及中华人民共和国农业农村部提供的全国农产品的市场行情，并为农村电商从业人员提供关于农村电商知识、农技知识方面的培训。惠农网的模式和一亩田很相似，开店入驻的门槛比较低，需要缴纳 2 000 元保证金，同时消费者一般都是批发商等，销货速度比零售更快。在惠农网网页上，农村电商从业人员还能看到各种农产品的产业行情，从中看出农产品的涨跌情况。

图 3-13　惠农网首页

3.2.3　农产品集购网

农产品集购网是一个大宗农产品现货交易的移动电商平台，会收集和展示所有批发市场、田间地头的农产品价格、供应规模、需求方向等信息，提供农产品线上交易和产业分析等综合服务。农村电商从业人员可以在农产品集购网 App 上查看并发布农产品的供需信息，经过平台匹配后获得相关联系信息，用户自行沟通之后可以进行农产品交易。图 3-14 所示为农产品集购网 App 的相关界面。

图 3-14　农产品集购网 App 的相关界面

农产品集购网 App 上的农产品服务涵盖白糖、油脂、玉米、大豆、豆油、棕榈油、豆粕、粳稻、棉花、小麦和早籼稻等。农产品集购网 App 也是重要的白糖交易平台，不但开展白糖批发、白糖采购、白糖现货销售等业务，而且有很多大型糖业供应商入驻，开展供应优质白砂糖、绵白糖、赤砂糖等业务。农产品集购网 App 还内置有免费找货助手、仓储管理、企业白条、仓单融资等功能，向用户发布即时大宗农产品行情信息，可供用户通过手机轻松补仓，买卖大宗农产品。另外，农产品集购网 App 还能进行农产品行业综合研究分析，为合作加盟商提供更多深入优质服务。

3.3　新媒体农村电商平台

随着互联网的飞速发展，人类的生活已经和数字化网络融合在一起。这是一个崭新的新媒体时代，新媒体的内容涵盖面广，其表现形式也日趋多元化。新媒体与电商的融合，不仅让农村电商有了更多的营销方式，还为农村电商品牌塑造提供了机会。更重要的是，很多新媒体进入农村电商领域后，通过直接建设自己的农村电商平台连接媒体消费者与农产品商家，带给消费者更多的消费渠道，实现了农产品上行目标，并在推进乡村振兴中发挥着越来越重要的作用。

微课视频

新媒体农村
电商平台

3.3.1　抖音

抖音是以短视频和直播为主的新媒体平台，也是进行短视频设计和制作的首选平台之一。抖音的"短视频+直播"是一种具有高互动性、高参与度的商业模式，以方便快捷、画面感强、转化率高的优势逐渐代替了其他传统销售模式，其成功的关键就是通过短视频吸引平台流量，从而快速提升直播带货收益。短视频能快速吸引消费者，形成口碑引发次生传播（类似于二次传播），并实现全面传播，进而吸引粉丝到直播间观看，插入产品链接引导消费者消费（也可通过将粉丝导入其他平台，然后进行转化成交），最终获得收益。

抖音中丰富多元的乡村类短视频和直播内容，生动展示了农特产风味及原产地风貌，吸引了更多有需求的消费者下单。抖音电商发布的《2022 丰收节抖音电商助力乡村发展报告》显示，过去一年，抖音"三农"相关短视频播放了 2 873 亿次，电商直播间里讲解农产品的时长累计达到 3 195 万小时。图 3-15 所示为从抖音官方网站中搜索到的农特产品介绍的短视频。

另外，抖音还发挥全域兴趣电商特质，通过平台的手机端拓展出含商城、搜索、网店橱窗等多个电商渠道，为各地农产品提供增量市场。消费者可以在其中购买产品，农村电商从业人员则可以开设网店并销售农产品，如图 3-16 所示。《2022 丰收节抖音电商助力乡村发展报告》显示，2022 年，抖音商城带动的农特产品销量同比增长了 527%，搜索和网店橱窗带动的农特产品销量同比增幅也都在 300% 以上。

图 3-15 从抖音官方网站中搜索到的农特产品介绍的短视频

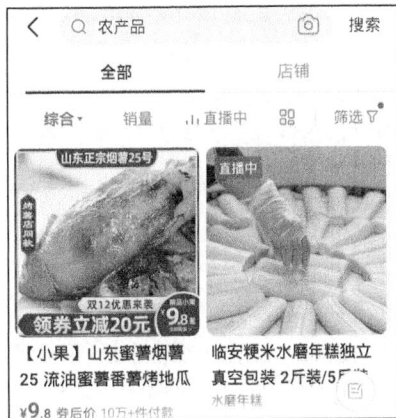

图 3-16 抖音 App 中销售的农产品

1. 平台农村电商支持策略

抖音大力支持农村电商，将自己打造成连接品质农产品和消费者的重要纽带，在满足消费者需求的同时也实现了农产品的销售上行，为实现乡村振兴做出了巨大贡献。

（1）"山货上头条"助力地标农产品打造品牌。"山货上头条"是抖音乡村助力计划中的一个重点项目，开始于 2021 年 10 月，通过实地调研、产业梳理等，帮助地方挖掘农产品特点，整合抖音等多个新媒体平台的优质创作者，打造农产品品牌，助力当地农产品走出大山，被更多的消费者知晓和购买，从而带动农村产业发展。到 2022 年 10 月，"山货上头条"项目已经扶持了 69 个地标农产品产业化发展，覆盖了 8 个省份 146 个县市，"#山货上头条"助农话题累计点赞、评论、分享了近 9 000 万次。在"山货上头条"的定向扶持下，很多地标农产品都得到了推广和发展。

（2）四大助农模式。在农村电商领域，抖音不仅具备销售农产品的功能，还在助农、兴农方面提供了强有力的支持，并梳理出特色助销、产业融合、品牌打造和人才助力四大助农模式。

① 特色助销。这种助农模式是抖音针对农村地区的特色农产品进行内容生成、平台资源倾斜等一系列措施，帮助特色农产品获取流量、拓展销路，提高农产品的上行质量与效率，进而助力农村电商发展。"山货上头条"项目就是特色助销模式的典型。

② 产业融合。这种助农模式是抖音根据农村当地的产业、农产品、地貌地形等情况，将其与电商产业相融合并加以拓展，从而带动农村当地"吃、住、行、游"的多产业发展，在扩大农村当地宣传效果的同时，推动农民增收，促进农村相关产业协同发展。例如，广东江门的一名"80 后"赶海姑娘，从 2018 年起开始将自己真实的赶海、放鱼饵、捞龙虾、晒鱼干等生活经历拍摄成短视频并发布到抖音中，被大量网友关注，成为拥有 400 万粉丝的短视频达人，如图 3-17 所示。成为短视频达人后，她开始在直播间把家乡海鲜分享给各地网友，还建立起一整套标准化农产品电商销售流程，帮助周边渔民卖海货，甚至吸引了外地务工的年轻人返乡就业。抖音也随之积极推动当地电商人才培训，助力当地渔民上线推销自家海货产品，带动了当地配套物流、运输、电商企业的建立，实现了就业和创业，充分体现了电商和多产业之间的产业协同。

③ 品牌打造。这种助农模式是抖音通过把控农产品的品质、提升农村电商从业人员的品

牌意识、突出宣传农产品的卖点等方式,打造出一批有特色且具备一定地域特征的农产品品牌,从而增强农产品的市场竞争力,达到助农和助推乡村振兴目的的一种运营模式。例如,平和蜜柚、连城红心地瓜干、延边大米、北海海鸭蛋、洛川苹果等地标农产品,抖音通过品牌打造将这些农产品和品牌的知名度不断推至新高度。

④ 人才助力。这种助农模式是指抖音依托自身平台优势,通过为农村电商从业人员营造良好的创业环境、提供精准的电商运营培训等方式,在培育本地新农人的同时吸引更多人才返乡创业。例如,甘肃省民勤县的一本地小伙,2020 年大学毕业就毅然回到家乡做起了抖音直播带货,他一边完成抖音的培训,一边帮助当地农民销售特色农产品。通过两年的努力,他在抖音上已经积累了 60 多万名粉丝,不仅把家乡的人参果、西红柿、板栗南瓜、民勤蜜瓜等特色农产品销售了出去(见图 3-18),带动了家乡的经济发展,还让村里很多外出务工的年轻人看到了回乡创业的希望。

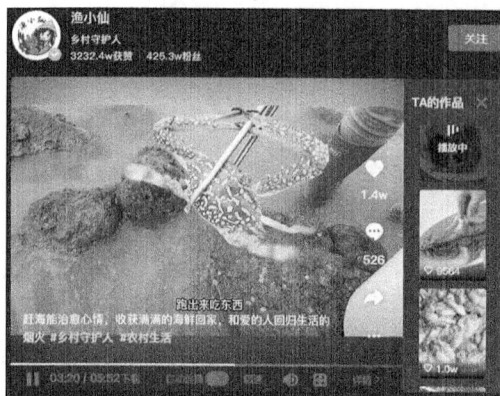

图 3-17　赶海短视频

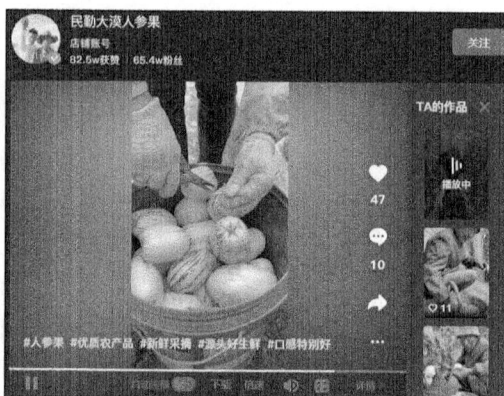

图 3-18　人参果采摘短视频

2. 平台适销的农产品

抖音电商发布的《2022 丰收节抖音电商助力乡村发展报告》显示,抖音电商平台上销量领先的农产品种类分别为大米杂粮、鲜花绿植、橘橙类、茶叶、花生及制品,此外苹果、芒果、腊肉香肠、猕猴桃和石榴等农产品也很受消费者喜爱,如图 3-19 所示。

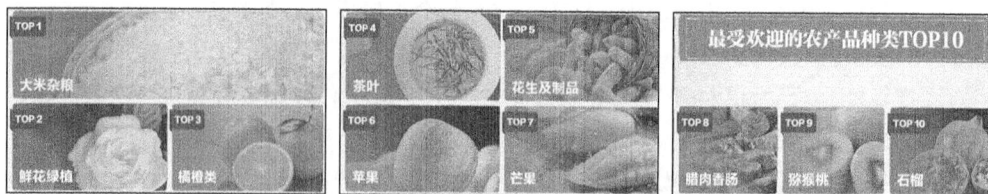

图 3-19　抖音电商平台上受欢迎的农产品种类

3. 开店及入驻条件

在抖音开设的网店通常被称为抖音小店、在抖音开店的流程比较简单,如图 3-20 所示。

开设个体抖音小店的资质要求是提供中华人民共和国居民身份证,个体工商户营业执照等证明,并在抖音注册账户进行账户验证。另外,不同的经营农产品类目缴纳的保证金也不同。

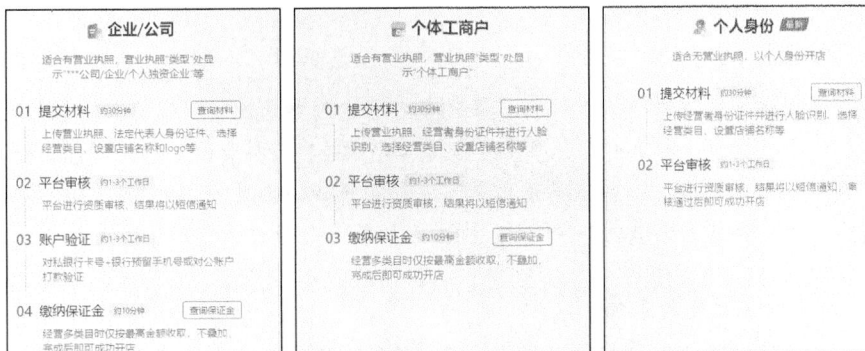

图 3-20　在抖音开店的流程

3.3.2　淘宝直播

　　大多数新媒体农村电商平台都提供了直播入口，在直播带货这种新的电商运营模式下，消费者可以直接在平台上观看感兴趣的直播，并实现边看边买。农产品与直播的联合，既为农产品打开了新的销售渠道，又为消费者提供了新的农产品选购空间。淘宝直播在各大直播平台中是流量较多、品类较多的平台，也是农产品直播带货的平台之一。淘宝直播通过现场展示的方式提供产品的销售和服务，以提高产品销售额或品牌知名度。在淘宝 App 和天猫 App 中都内嵌了淘宝直播入口，消费者可以通过 App 首页、点淘等进入淘宝直播界面，查看各式各样的直播，点击一个直播即可进入直播间观看直播内容，并在直播间点击产品链接进行选购，如图 3-21 所示。

图 3-21　淘宝直播

除淘宝直播外，快手、抖音和拼多多也是农村电商常用的新媒体直播平台。在快手中，农副产品很受消费者欢迎，农产品的带货转化率较高；抖音的直播卖货能力非常强，宝山蓝莓、寿光羊角蜜瓜、靖宇松子和榛子等都在抖音的带动下成为热门农产品；拼多多直播带货则在拼多多的 AI 算法和大数据技术的帮助下更好地实现了农产品变现。

1. 平台农村电商支持策略

淘宝直播既能打通线上线下的消费场景，又能提高进店转化率和成交量，已经成为产业发展和乡村振兴的"助推器"。在淘宝网的大力支持下，淘宝直播平台有超过 10 万的农村电商从业人员开展助农直播，场次超过 200 万场，覆盖我国 31 个省区市，带动农产品销售额超过 50 亿元。

（1）"村播计划"助力乡村经济振兴。淘宝网的"村播计划"启动于 2018 年，主要内容是大力培养农民主播，同时通过淘宝直播的形式深入农产品原产地，帮助农产品打开销售市场。

① 农民做主播。"村播计划"不仅帮助农村地区培养了大量的新农人主播和优秀电商人才，还有效地解决了很多地方各个年龄段、层次、专业的本地人才的就业问题。例如，一些专业主播在淘宝直播平台开展公益性的电商直播培训课程，向农民传授直播技巧，并带动了农民在果园里、菜棚里直播的热情，在提高农产品销量的同时，拓展了相关的物流、打包、售后等工作，带动了地方就业。

② 平台做桥梁。"村播计划"可以利用淘宝网的网络购物、网络推广、广告宣传等优势帮助农产品建立起好口碑。淘宝直播客户端还开辟了农产品专栏，利用自身的平台优势最大限度地为"村播计划"引入丰富流量资源，搭建起高速直达的销售平台。

③ 直播做"农活"。农村经济从直播带货这一销售模式中得到了振兴，农民不但在直播中展示出质朴纯真的个性和言语，而且将田间地头、菜果大棚作为现场直播间，为农产品带来新的销售渠道。通过淘宝直播平台的动态视频、线上直播等形式，不仅快速打通了市场供需通道，帮助农民卖出优质农产品，而且将农村朴素秀美的自然风光、个性鲜明的民族风情等文旅资源展示出来。

党的二十大报告指出："全面推进乡村振兴。发展乡村特色产业，拓宽农民增收致富渠道。"农村电商从业人员应认真学习党的二十大精神，将推进乡村振兴作为己任，运用直播这个"新农活"，向更多的消费者宣传和推广农产品，扩大特色农产品的传播范围，增强传播效果，并培养敏锐的互联网思维和电商市场敏感度，探索农业新业态，为传统农业转型注入新活力，成为引领农民、发展农村、托起农业的"新农人"。

（2）淘宝直播助力年轻人回乡直播创业。在广大农村，手机成为"新农具"，数据成为"新农资"，直播成为"新农活"。助农直播成了帮助农民解决农产品销售问题的重要途径之一。为了进一步推动乡村发展，淘宝直播积极培育农村电商直播人才，特别是鼓励年轻人回乡直播创业，为乡村振兴注入新动力。淘宝直播全方位助力"大国农匠"全国农业技能大赛，通过比赛选择和培养直播人才，在大赛全程给予淘宝直播全站千万级的活动曝光资源，并以百万级的流量给予参赛选手支持，平台后续将定向扶持优秀参赛选手。另外，淘宝直播还将给予农村主播大量业务交流、直播培训的机会，不断提升其直播业务能力和带货能力。

2. 平台适销的农产品

阿里巴巴 2022 年 11 月 11 日发布的《2022 天猫双 11 社会价值报告》显示，"双十二"期间，淘宝直播间累计卖出 3 549 万件农产品，160 个国家乡村振兴重点帮扶县的农产品销售额同比增长 35%，4.6 万多款农产品销售额同比增长超 100%。其中，淘宝直播中农产品销售靠前的分别是麻辣香肠、水果干、百花蜜、包谷、椰子、坚果、新鲜水果（脐橙、椪柑、海南蜜瓜、丹东草莓、砂糖橘、广西沃柑）、鸡蛋、鸡、鲜花、面粉、茶叶、咖啡、鱼、宠物饲草、大米、鸭肉零食、牛肉、酱类调料、鸡肉零食。

3. 开店及入驻条件

要通过淘宝直播销售农产品，需要下载淘宝主播 App，并注册成为主播，其流程如图 3-22 所示。成为主播后，就可以在线开启直播，售卖一些初级的农产品。如果售卖经过加工的农产品，则同样需要提供《食品生产许可证》《食品流通许可证》《食品经营许可证》等证明。

图 3-22　淘宝直播成为主播的流程

3.4　其他电商平台

农村电商平台不仅包括销售农产品的电商平台，还包括为拓展涉农领域的生产经营主体提供网上销售、购买和电子支付等业务交易的网站平台。党的二十大报告指出，"加快建设农业强国，扎实推动乡村产业、人才、文化、生态、组织振兴"。乡村振兴涉及农业的各个方面，农村电商的建设和发展需要细化不同的领域，所以除了前面介绍的农村电商平台外，一些更加细化的电商平台也能够帮助农村电商实现生产和经营的目标。

微课视频

其他电商平台

3.4.1 专注生鲜市场的电商平台

生鲜是农产品的重要类型之一。专注生鲜市场的电商平台是指销售新鲜水果、蔬菜、生鲜肉类等的电商平台，主要有顺丰优选、我买网、天天果园等。

1. 顺丰优选

顺丰优选是依托快递行业的电商平台，由于顺丰速运具备优良的物流条件，所以能够完全满足生鲜产品对仓储和物流的要求。顺丰优选能和全国各地很多农场、水果蔬菜批发市场达成紧密的合作，保证平台能够实时供应新鲜、上好的生鲜产品。顺丰优选也秉承顺丰速运的服务理念和服务优势，强调食品安全与优良品质，力求把每个购物体验环节都做到令消费者满意，为消费者提供安全、便捷和舒适的网购体验，致力于成为消费者信赖的生鲜网购平台，带给消费者更有品质的生活享受。

2. 我买网

我买网是由中粮集团投资创办的食品类 B2C 电商平台，致力于打造更加安全的食品购物平台，坚持以"让更多消费者享受到更便捷的购物，吃上更放心的食品"为使命。其产品包括休闲食品、粮油、冲调品、饼干蛋糕、婴幼食品、果汁饮料、酒类、茶叶、调味品、方便食品和早餐食品等品类。由于中粮集团就是一家传统的食品生产和供应企业，所以在生鲜产品的安全性、多样性和仓储等方面都有较高的保证。

3. 天天果园

天天果园是一家以生鲜水果为主要产品的现代鲜果服务供应电商平台，提供高品质鲜果产品和个性化鲜果服务。天天果园采取的是自建冷库、冷链物流，便利宅送的商业模式，直接搭建从产地到消费者之间的直供平台。消费者可以通过天天果园 App 选择并下单购买生鲜水果。

3.4.2 专注农村市场的电商平台

农村是一个巨大的消费市场，有些电商平台以农村居民作为消费对象，包括乐村淘和日日顺乐农等。

1. 乐村淘

乐村淘是一个专注农村市场的电商平台，销售各种特色农产品、农用工具、家居百货、电器数码、服装服饰等优质商品。乐村淘针对广大农民存在的买难、卖难、货品少、购物难的情况，提供了大量价廉物美且生活必需的城市工业品，让农民能买到安全、实惠的产品，提升农民的生活品质，降低生产成本，缩小城乡差距。图3-23所示为乐村淘电商平台的首页。

2. 日日顺乐农

日日顺乐农是依托于海尔集团旗下日日顺健康平台搭建的农村电商平台，以让农村生活更美好为愿景，汇聚资源、构建农村社群体验生态圈，致力于为广大农民提供美好生活解决方案。日日顺乐农不仅能够满足农民对家电、日用百货、健康饮食、金融保险等的日常所需，同时还提供家电清洗、视频医生、裕农通、快递收发、酒店门票等线上服务。

图 3-23　乐村淘电商平台的首页

3.4.3　传统农资企业的电商平台

农资企业是以化肥、农药、种子、农机具等为对象，集生产、流通、服务于一体的企业。传统农资企业具有成熟的物流、营销系统、品牌口碑、服务体系，以及长期扎根基层对消费者需求比较了解等优势。这些传统农资企业在建设自己的电商平台后，升级和拓展了自己的销售渠道，也带给消费者更多的优惠和好处。传统农资企业的电商平台包括世纪农药网和农信商城等。

1. 世纪农药网

世纪农药网是传统农药企业搭建的电商平台，主要为其现有的核心经销商提供在线的 B2B 电商交易服务。除了为其传统渠道增加了产品直销的方式外，电商渠道的产品、物流、服务都由原有的经销商网络负责，传统的销售渠道并未改变。世纪农药网能实现公司与核心经销商在交易各环节中的业务信息透明和数据实时共享，使消费者需求可以真实、直接地反馈到工厂，从而缩短购货流程，提高供应链整体效率。

2. 农信商城

农信商城是一家传统农业高科技企业开发的智慧农村综合服务电商平台，主营饲料、兽药、疫苗、种子等。图 3-24 所示为农信商城的首页。

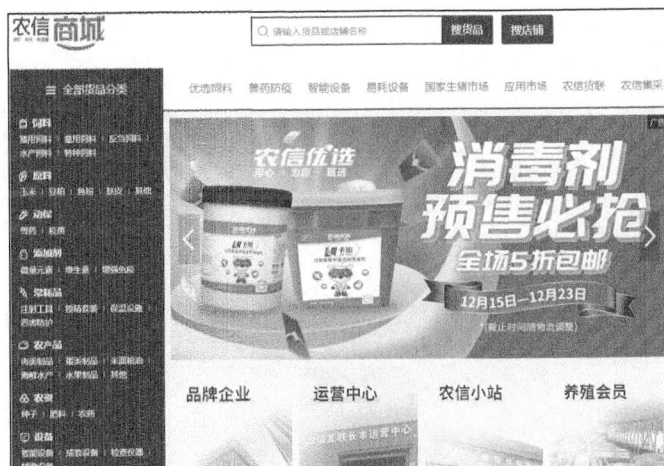

图 3-24　农信商城的首页

3.4.4 农业服务型电商平台

除了各种以销售产品为主的农村电商平台外，还有一些以提供服务为主的信息服务先导型农村电商平台。这类电商平台整合了技术服务、商务服务和平台服务，提高了产品精准投放率，同时为消费者带来良好的体验，满足了农民对各种农业基础服务的需求，如农医生 App、益农宝 App 等。

1. 农医生 App

农医生 App 是一个免费农业信息服务移动终端，通过整合农机专家、植保专家，在线免费、快速、准确地解决农民种植过程中的各类难题。农医生 App 具有病虫草害图谱、农资产品查真伪、查找附近农资店等功能，提升了消费者体验，并通过农医生线下实体店的方式销售农资。

2. 益农宝 App

益农宝 App 也是一款手机端农资电商平台，是一个集信息整合、农机在线、庄稼医生、农资 4S 店于一体的多功能信息平台，提供农业中植物营养缺乏的解决方案。

3.4.5 其他行业的多元化电商平台

在乡村振兴的战略指导下，农村电商领域也融入了其他行业的元素，建立起一大批多元化的电商平台，如中国邮政旗下的邮乐网，主打线上线下及移动电子商务。中国邮政作为国家级的物流快递企业，服务网络遍及全国，具有丰富的线下资源。邮乐网这个电商平台能整合这些优质的线上线下资源及移动服务，打造一个集网上商城与本地生活于一体、线上线下以及与移动服务相结合、实现城镇工业品下行和农产品上行的具有邮政特色的电商平台。图 3-25 所示为邮乐网的首页。

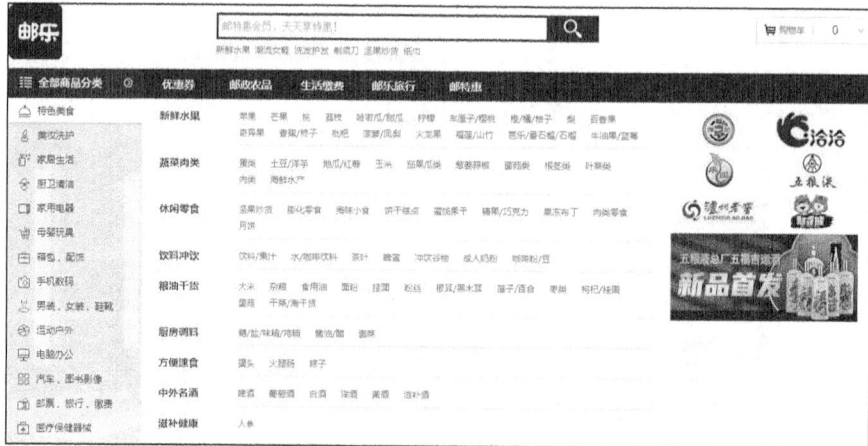

图 3-25　邮乐网的首页

课堂讨论

我国还有哪些特殊的农村电商平台？这些电商平台在农业生产中能够起到助农帮扶的作用吗？

案例分析——抖音助力蔬菜出村

发展农村电商，积极与各种农村电商平台合作，推进农产品上行是助力农村发展的重要路径之一。抖音作为目前很热门的新媒体农村电商平台，通过"短视频+直播"的营销模式，构建起紧密的"消费者—农产品—商家"关系，助力农产品销售优化路径，已经成为具有极高商业价值，且被广大农民、农产品商家和消费者认可的农村电商平台。

1. 抖音帮助农村销售农产品

2022年初冬，正值胡萝卜、白萝卜、蜜薯等农作物的收获季节，作为闻名全国的胡萝卜产区，河南省开封市祥符区万隆乡却出现了蔬菜难卖的情况。当地这些作物种植面积大且产量高，以胡萝卜、白萝卜为例，种植面积三四万亩，亩产量可达8 000斤到10 000斤。

针对这种情况，在河南省相关部门的支持和指导下，抖音"山货上头条"项目组紧急联系了一批本地生鲜供应链商家，在田间地头收集急需帮助的农民信息；然后联系了抖音平台上有代表性的"三农"达人带货，义务宣传和推销本地农产品。其中一位达人甚至自费带着摄制团队、设备开着3辆车从东北到河南，并在田间地头搭起了一个直播间进行直播带货。据悉，不到两周的时间，抖音已累计帮助河南销售蔬菜超60万斤，其中红薯、胡萝卜、大蒜、青萝卜、洋葱等销量达数万单。正是由于抖音的帮助，当地农民尝到了使用农村电商平台销售农产品的甜头，他们希望有更多的抖音直播达人能来到当地进行助农直播，帮助他们走出眼前的困境。

2. 抖音的农产品销售特点

农村电商平台的类型众多，抖音作为新媒体农村电商平台，通过短视频和直播的内容引流，具有高互动性、高参与度的特点，能够快速提升农产品销量，实现在农村电商领域的融合和发展。所以，抖音在农产品销售方面具有自己的特点。

（1）抖音的流量非常大，且接近70%的用户是19～35岁的年轻人，年轻人购买产品已经养成社交推荐的习惯，农产品一旦形成品牌，就很容易被消费者认可和购买。

（2）不同于传统的B2B或B2C电商模式，抖音属于C2C（Consumer To Consumer，个人对个人）电商模式，消费者和农村电商从业人员彼此了解、相互信任，双方还可以互相点赞、关注、评论、现场咨询等，不仅能够全面、深入地了解农产品，还有利于增加消费者的黏性。

（3）在抖音中，农村电商从业人员发布的短视频有海量的用户群体，他们甚至可以直接观看农产品种植、生产、采摘等整个过程，视觉体验性强。这就很容易吸引大量的消费者，有利于促进消费者产生购买行为。

（4）农村电商从业人员进入抖音的门槛较低，投入也比较低，只需一部手机就可以拍摄短视频和开直播，且没有中间商赚差价，还可以从平台的活动中获得补贴等实惠。

（5）消费者、农村电商从业人员和抖音三方在农产品销售过程中共同创造价值，各取所需，消费者获得了新鲜的农产品，农村电商从业人员获得了经济收益，抖音则收获了流量，在和谐共处、团结发展的环境中实现了社会、经济的发展和个人的价值。

3．案例启示

电商是当前推动农村地区农民共同致富、实现乡村振兴战略的重要手段。目前，农产品销售领域仍然以淘宝网、拼多多等综合性农村电商平台为主，抖音需要进一步做大做强直播带货，突出短视频内容吸引流量的优势，挖掘平台的农产品销售潜力和发展空间。

（1）凸显农村电商平台的助农价值。抖音能够充分利用平台自身的优质资源，系统化扶持农村的各种特色产业，提升地方农产品知名度，使越来越多的特色农产品从产地走向消费者。这也拓展了农产品的销售渠道，降低了农产品的销售成本，增加了农民的收入，在一定程度上推动了农村经济的发展。

（2）鼓励青年返乡创业。在求助直播达人的同时，乡村振兴更加需要勤劳智慧的本土农民，农村电商平台则需要更多的青年返乡创业，带领乡亲实现共同富裕。抖音中农产品直播带货前景可观，培养大批专业农村主播就成为关键，农村居民为自己的产品代言，阐述的农业知识更接地气，使"三农"价值观在抖音更具意义。抖音的"新农人计划"就是专业扶持农村主播的人才激励政策，不但为返乡青年提供了良好的创业环境，帮助其更好地掌握创业技能、组建创业团队，还树立了一批优秀农产品销售主播榜样，带动越来越多的农村青年和当地农民一起投入农村电商领域，做好农产品销售，实现共同富裕。

任务实训

实训一　调查本地农村电商平台的应用

【实训目标】

（1）调查了解本地农村电商平台的应用。
（2）认识常见农村电商平台的特点。

【实训内容】

实地调查本地农村电商平台的应用情况，选择 3 个常用的平台，总结分析它们的特点与在平台中开展农村电商活动的具体案例，并填写到表 3-1 中。

表 3-1　农村电商平台的特点和具体案例

平台	特点	具体案例

实训二　调查消费者对农村电商平台的认知情况

【实训目标】

（1）了解农村电商平台在农村的普及情况。

（2）了解农村电商平台在普通人群中的普及情况。

【实训内容】

设计一张调研问卷，通过网络将其发放出去，然后搜集反馈数据，归纳总结农村电商平台在当地的普及情况。

（1）设计调研问卷。

（2）发放调研问卷。

（3）回收调研问卷。

（4）根据调研问卷归纳总结出农村电商平台的普及情况。

【实训参考】

扫描右侧二维码可以查看设计好的农村电商调研问卷，大家可以根据参考案例来完成实训。

实训参考
农村电商调研问卷

📖 **课后练习**

1．名词解释

（1）加工农产品

（2）农资企业

2．单项选择题

（1）淘宝启动的"村播计划"的主要形式是"（　　）做主播、平台做桥梁、直播做'农具'"。

A．农产品　　　　B．农民　　　　C．消费者　　　　D．用户

（2）（　　）是拼多多推出的一个实惠、安心、便民的买菜服务，该服务采用社区团购模式，也是一种农产品上行平台。

A．多多买菜　　　B．多多卖菜　　　C．拼多多　　　　D．多多生鲜

（3）以下哪一项不属于新媒体农村电商平台？（　　）

A．抖音　　　　　B．淘宝　　　　　C．快手　　　　　D．京东

（4）以下哪一项不属于农资企业的主营业务产品？（　　）

A．化肥　　　　　B．农药　　　　　C．农产品　　　　D．农机具

3．多项选择题

（1）在京东开店销售农产品需要的证明有（　　）。

A．《食品生产许可证》　　　　　　　B．《全国工业产品生产许可证》

C．《食品卫生许可证》　　　　　　　D．《农药生产许可证》

（2）生鲜是农产品的重要类型之一，专注生鲜的电商平台主要是指销售（　　）等的电商平台。

A. 香肠腊肉　　　　B. 新鲜水果　　　　C. 蔬菜　　　　　　　　D. 生鲜肉类

（3）以下选项属于加工农产品的有（　　）。

A. 纯牛奶　　　　　B. 猪肉零食　　　　C. 新鲜水果　　　　　　D. 蔬菜

（4）很多电商平台都具有农产品销售的功能，包括（　　）。

A. 淘宝网　　　　　B. 农信商城　　　　C. 抖音　　　　　　　　D. 惠农网

4. 思考题

（1）个人在京东销售农产品的条件是什么？

（2）普通农民怎样才能进行淘宝直播？

（3）在哪些农村电商平台上可以购买到农药或农机具？

（4）建设农村电商平台会为传统农资企业带来哪些好处？

5. 技能题

（1）搜集盒马鲜生电商平台的相关信息，了解其特点和入驻条件，分析个人是否可以在其中开店销售农产品。

（2）搜集其他一些农村电商平台，并按照综合性农村电商平台、垂直性农村电商平台、新媒体农村电商平台、其他农村电商平台的类型分类。

第4章　农村电商平台运营

【学习目标】

- 熟悉拼多多的平台运营情况。
- 熟悉抖音的平台运营情况。
- 熟悉淘宝网的平台运营情况。

引导案例

吴明在淘宝网上开店销售服装有半年时间了，然而一直销量平平，网店发展速度缓慢。吴明曾是农业大学的学生，毕业后发现农村电商发展势头较好，便果断决定回到家乡投身电商大军，开店销售当地特色服装。受不会运营、不了解产品特性、同类网店竞争激烈等因素的影响，吴明的网店不仅点击率低于同行业平均水平，转化率也不高。

吴明仔细思考网店的发展情况后，终于决定放弃服装类目，转而销售自己熟悉的类目——农产品。一是自己更了解这个行业，可以更好地进行网店的运营；二是对于熟悉的类目，吴明有信心比其他网店更专业，在产品的选择上也更有把握。

吴明的服装店就这样转型成了农产品店。网店开始运营的前两天就来了不少消费者，比之前售卖服装好很多，这给了吴明很大的信心。由于他对农产品非常了解，清楚相关农产品的种植生长、施肥剪枝、品质管理和营养把控等知识，因此便根据消费者比较关心的问题，对产品主图和详情页进行了优化。慢慢地，网店的点击率和转化率都有了非常大的提升。同时，由于知识讲解专业、农产品品质好，吴明的网店赢得了不少消费者的信任和好评。网店的综合评价好了，信用等级上去了，淘宝小二主动联系吴明，邀请他参加农产品类目下的淘宝网的平台推荐活动。

借着活动的"东风"，吴明的农产品店越办越好，销售额逐步提升。吴明说："现在网店的规模还比较小，我对淘宝网开店的经验积累也还不够多，需要继续观察和改进，为消费者带来更多天然、优质的农产品。"

思考：

1. 平台的运营活动对农产品销售起到了什么样的作用？
2. 农产品电商平台上有哪些常见的运营活动？

拼多多开店及推广　抖音开店及推广　淘宝网开店及推广

在农村电商平台上开设网店销售农产品是基于网上购物这个大时代背景而快速开展起来的活动，具有成本低、方式灵活等特点，经营得当则可以为农民带来非常可观的利润。开设网店涉及开店前的农产品选品、发布与管理，开店时的网店装修，开店后的活动推广等多项运营工作，只有做好网店运营才更容易在电商市场中占有一席之地。

4.1　拼多多平台运营

拼多多在农村电商领域进行了大量的投资，吸引了很多农村电商从业人员入驻，直接面向消费者提供农产品和服务，知名度高、流量大。

微课视频

拼多多平台
运营

4.1.1　拼多多开店流程

在拼多多开设网店的流程很简单，农村电商从业人员只需要准备好资料，注册拼多多账号，然后按照系统提示操作即可。当然，农村电商从业人员成功开设网店后还需要设置网店的基本信息。

1. 准备资料

农村电商从业人员在入驻拼多多时，需要提交一些资料，不同类型的网店需提交的资料不同。网店类型有个人店和企业店。其中，个人店有个人、个体工商户两种类型。个人开店需要上传身份证原件照片；而个体工商户开店除了需要上传身份证原件照片，还需要上传属于本人的个体工商户营业执照照片。企业店有普通店、专营店、专卖店、旗舰店 4 种类型。普通店需要上传"三证合一"的营业执照照片，而专营店、专卖店、旗舰店除了需要上传营业执照照片，还需要上传品牌信息。

打开拼多多首页，进入"商家入驻"页面，单击页面中的"资质要求"选项，在打开的页面中选择网店类型，即可查看需要准备的资料，如图 4-1 所示。

2. 注册账号

注册拼多多账号只需打开拼多多官网，根据系统提示进行相关操作即可。具体方法为：进入拼多多首页，单击页面上方的"拼多多商家入驻"超链接，在打开的图 4-2 所示的页面中输入手机号码和密码，单击"获取验证码"超链接，输入系统发到手机上的短信验证码，单击"0 元入驻"按钮。

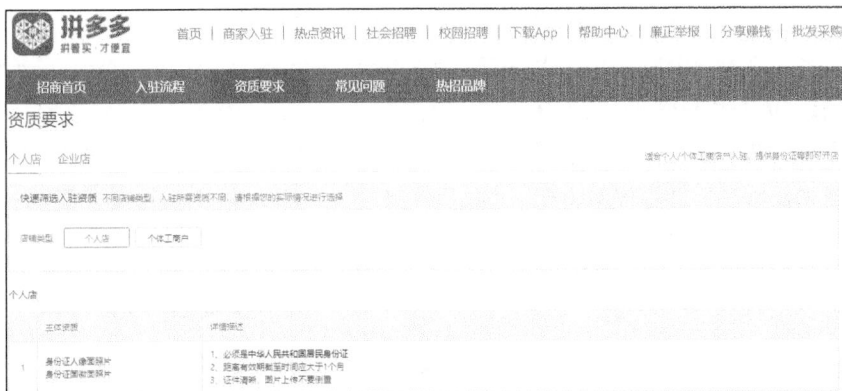

图 4-1 查看拼多多开店需要准备的资料

图 4-2 注册拼多多账号

3. 开设网店

这里以开设一家经营水果的个人类型网店（普通农民一般没有营业执照，而水果属于初级农产品，个人类型网店就可以满足需求了）为例，介绍在拼多多上开设网店的方法。其具体操作如下。

① 进入拼多多官网首页，单击"立即登录"超链接，在打开的页面中登录拼多多账号，然后在打开的"请选择您的店铺类型"页面中选择网店类型，这里选中"个人店"栏下的"个人店"单选项，单击"下一步"按钮，如图4-3所示。

② 打开"店铺信息"页面，首先填写网店名称，然后选择主营类目为"普通商品"，如图4-4所示。

图 4-3 选择网店类型

图 4-4 填写网店名称并选择主营类目

微课视频

开设网店

③ 设置开店人基本信息，需要上传开店人的身份证，可以选择"电脑上传"或"微信上传"，这里选中"电脑上传"单选项，如图 4-5 所示。单击"身份证像"栏右侧的"上传人像面"图片框，在打开的"打开"对话框中选择需要上传的身份证人像面图片，单击"打开"按钮，即可上传该图片。然后按照相同的方法上传身份证国徽面图片。

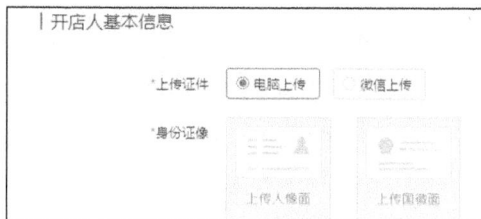
图 4-5　选择身份证上传方式

④ 身份证照片上传成功后，系统会识别身份证相关信息。仔细核对身份证相关信息，确认无误后，打开手机使用微信 App 扫描页面中出现的二维码进行人脸识别，如图 4-6 所示。当手机中显示"您已完成人脸识别"信息时，表示人脸识别认证已通过。

⑤ 返回电脑端"店铺信息"页面，单击页面下方的"提交"按钮，在打开的对话框中核对信息，核对无误后单击"确定"按钮（见图 4-7），即可提交开店申请。系统审核通过后，拼多多将向注册手机号发送短信，通知开店成功。

图 4-6　核对身份信息并进行人脸识别

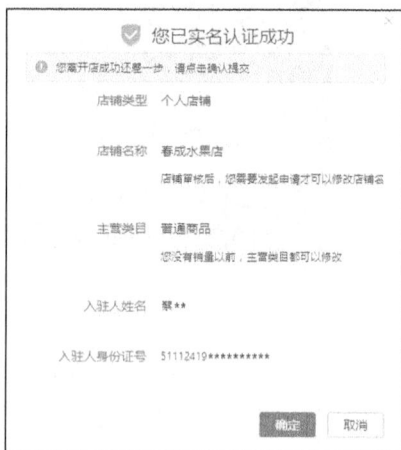
图 4-7　核对信息并单击"确定"按钮

4.1.2　农产品发布及管理

农村电商从业人员入驻拼多多并开店成功后即可发布农产品信息，通过上下架农产品实现农产品在线销售。拼多多平台提供了丰富的农产品管理功能，可以帮助农村电商从业人员提高农产品管理效率。

微课视频
发布农产品

1. 发布农产品

发布农产品就是将农产品信息上传至网店中并进行销售。下面以为"春成水果店"发布一款农产品——丑橘（产地为四川省成都市蒲江，品种为丑橘，学名为"不知火"，采取袋装，有大果、中大果、超大果 3 种，承诺坏果包赔）为例进行介绍，其具体操作如下。

① 登录拼多多商家后台，在页面左侧的"常用功能"栏中单击"发布新商品"超链接，

打开"发布新商品"页面，在"选择分类"搜索框中输入"丑橘"，搜索框下方会自动显示系统匹配的分类结果，选择需要的选项，然后单击"确认发布该类商品"按钮。

② 返回"发布新商品"页面，在"商品标题"文本框中填写农产品标题，在"商品属性"栏中设置城市、产地、包装方式、省份、水果品种等属性（拼多多规定，商家发布农产品信息时应当完整、明确地填写这些属性），如图4-8所示。

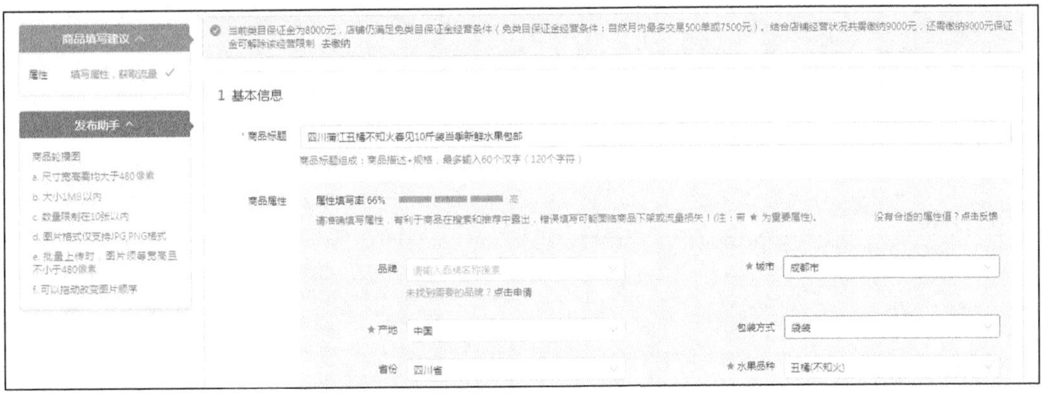

图 4-8　填写标题并设置属性

③上传农产品轮播图。单击"上传图片"图片框，打开"图片空间"对话框，单击右上角的"本地上传"按钮，打开"选择文件"对话框，单击"选择图片"按钮，打开"打开"对话框,选择需要上传的图片(配套资源:\素材文件\第4章\农产品轮播图\农产品轮播图1.png、农产品轮播图2.png ）后，单击"打开"按钮即可上传。此时"图片空间"对话框中显示已上传的轮播图，单击"确认"按钮。

知识链接

　　轮播图即农产品主图，位于农产品详情页顶部，是消费者在搜索结果中会最先关注的内容。根据拼多多的规定，轮播图的宽和高应相等，且均需大于 480 像素，图片文件大小必须在 1MB 以内，数量最多不能超过 10 张，仅支持 JPG 和 PNG 两种图片格式。

④ 在"商品详情"栏下单击"快速编辑"右侧的"上传图片"按钮，按照与上传轮播图相同的方法上传产品详情页图片（ 配套资源:\素材文件\第4章\产品详情页图片.jpg ）。需要注意的是，详情页图片的宽高比应大于或等于 1:3，宽度在 480 像素以上，图片文件大小应在 1MB 以内。

⑤ 设置丑橘的规格与库存。在"商品规格"栏的第一个下拉列表框中选择需要的规格类型，这里选择"尺寸"选项，然后在下方的文本框中输入相应的规格名称，这里输入"大果""中大果""超大果"。在"价格及库存"栏中分别设置不同规格丑橘的库存、拼单价、单买价、预览图等信息，然后在"商品市场价"文本框中输入相应价格，如图4-9所示。

⑥ 在"服务与承诺"板块中单击"展开修改"按钮，在"运费模板"下拉列表中选择"非偏远包邮默认模板-20210409091853"选项，设置拼单要求，并勾选"承诺"栏中的"坏了包赔"复选框，其他保持默认设置，如图4-10所示。最后单击"提交并上架"按钮，完成发布操作。

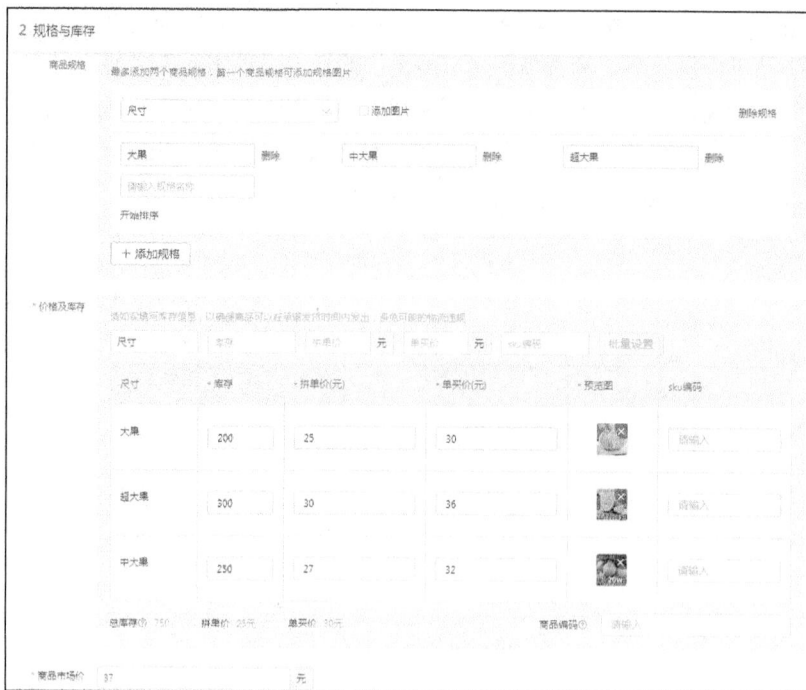

图 4-9　设置农产品的规格和库存

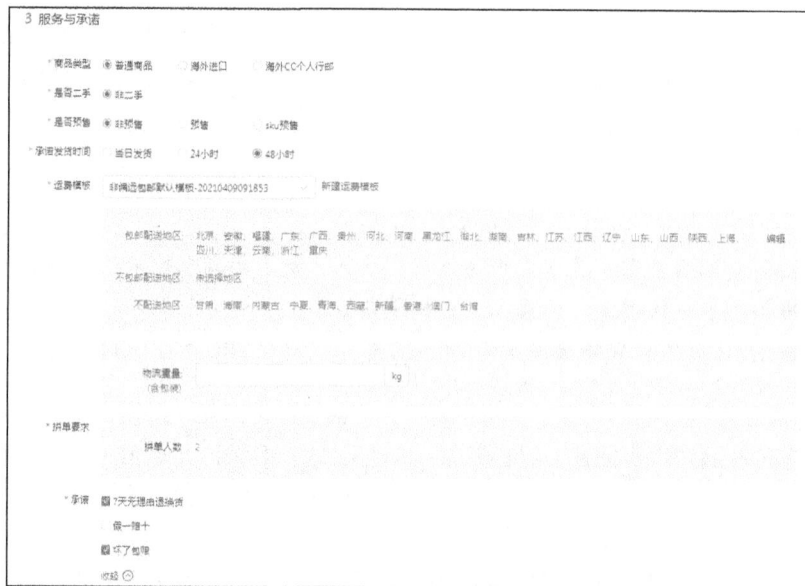

图 4-10　设置农产品的服务与承诺

知识链接

　　设置承诺时，农村电商从业人员可以根据实际情况设置商品类型、是否二手、是否预售、承诺发货时间、拼单要求、7 天无理由退换货、假一赔十及坏了包赔等。对于丑橘而言，为了让消费者买得放心，商家一般会承诺坏果包赔。

2. 上下架农产品

上下架农产品是拼多多网店管理农产品的重要操作。农产品上架是指将某农产品摆上货架，让消费者可以下单购买；农产品下架正好相反，是指将农产品从货架上拿下来不再出售。下面就在拼多多商家后台上下架丑橘，其具体操作如下。

① 进入拼多多商家后台，在左侧的"商品管理"栏中单击"商品列表"超链接，右侧的页面中将显示网店目前在售的农产品，勾选丑橘最左端的复选框，单击最右端的"下架"超链接，在打开的对话框中单击"确定"按钮，即可下架该款农产品，如图 4-11 所示。

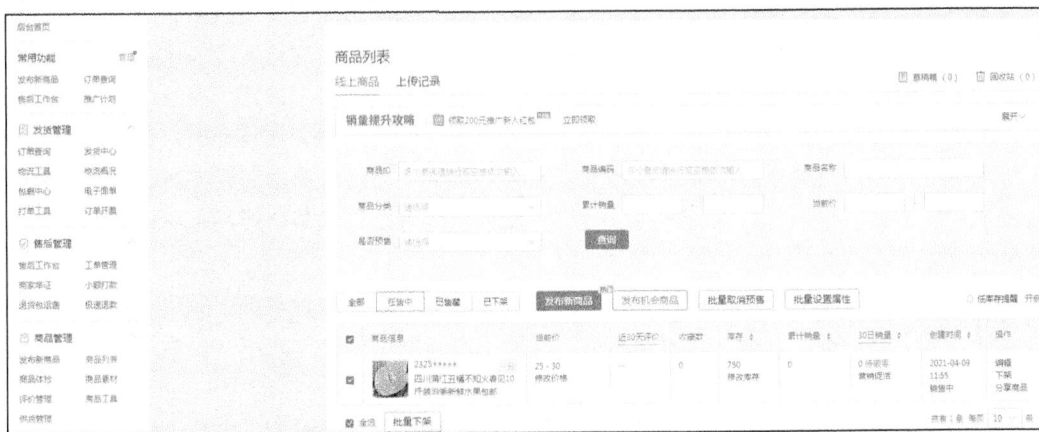

图 4-11　下架农产品

② 单击"已下架"选项卡，页面中将显示之前下架的农产品，此时可以看到已下架的农产品的"创建时间"列中显示"已下架"字样，选择需上架的丑橘，单击其最右端的"上架"超链接，在打开的对话框中单击"确定"按钮，即可上架这款农产品，如图 4-12 所示。

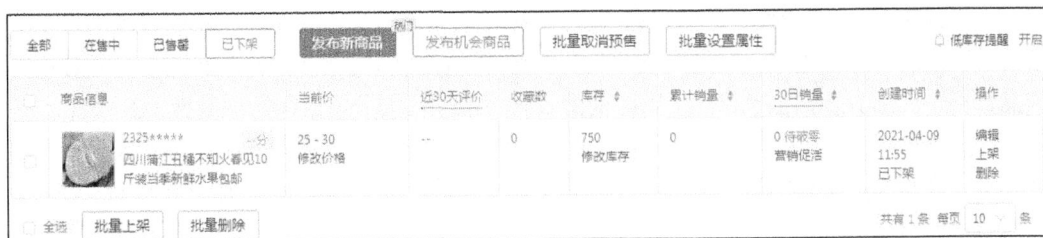

图 4-12　上架农产品

知识链接

农村电商从业人员若需要重新编辑农产品信息，可以在"商品列表"页面中选择需要编辑的农产品，单击其对应"操作"列中的"编辑"超链接，在打开的"编辑商品"页面中修改相关信息，然后单击"提交"按钮。

第4章　农村电商平台运营

103

4.1.3 拼多多平台付费推广

在拼多多开设网店销售农产品的农村电商从业人员很多，竞争也很大，若想让自己的网店从中脱颖而出，就需要采用一些特殊的方法，如使用拼多多的付费推广工具。付费推广需要向推广服务商支付一定的推广费用，然后服务商才会为商家提供专业的推广服务。拼多多的付费推广本质就是付费购买流量，以期在较短的时间内提升网店的知名度，吸引大量消费者进店购买产品。多多进宝就是拼多多提供的主要付费推广工具之一。

1. 多多进宝概述

多多进宝是拼多多推出的一款付费推广工具，与它类似的还有多多搜索、多多场景，适合销量较低的商家用来快速积累销量。商家开通多多进宝，可以为自家产品设定佣金比率和优惠券，吸引推手（帮助商家推广产品或网店的一类人）帮助商家销售产品，以获得站外流量。推手在多多进宝官网中找到自己想要推广的产品或网店后就会参与推广，将产品链接分享给消费者。待消费者通过产品链接领取优惠券并购买产品后，商家需要支付推手一定的佣金提成。多多进宝可以针对整个网店进行统一设置，也可以针对某个产品进行单独设置，因此分为全店推广和单品推广两种。

（1）全店推广。全店推广是针对整个网店设置的推广计划，参与推广的网店将被展示在多多进宝官网以供推手选择。设置全店推广有助于提高网店的推广效率，促成与推手的长期合作。

（2）单品推广。单品推广是针对单个产品设置的推广计划，设置了单品推广的产品将被展示在多多进宝官网。由于采取的推广方式不同，因此单品推广又可以分为通用推广、招商推广、专属推广 3 种。

① 通用推广。通用推广即将推广的产品信息（佣金和优惠券信息）向所有推手公开，所有推手都可以选择是否参与。商家设置通用推广后，推手就可以分享产品链接给消费者，消费者点击链接并使用优惠券购买产品后，推手就可以获取佣金。

② 招商推广。招商推广是商家选择招商团长，采用 1 对 1（团队）的形式开展的裂变式推广。商家在"推广助力—招商活动广场"页面中寻找合适的招商团长，与其沟通好合适的产品价格、优惠券、佣金比率等后，招商团长再将推广任务分发给团队中的推手。

③ 专属推广。专属推广只对指定的推手开放，商家可与指定推手协商之后创建。在特定情况下，商家需要把控推广节奏和产品销量，避免推广成本过高造成损失。这时就可以指定由某推手推广，与优质推手建立合作关系，达到预想效果。

微课视频

创建单品推广计划

2. 创建单品推广计划

农村电商从业人员在拼多多中的推广多以推广单个农产品为主。在创建单品推广时，农村电商从业人员首先需要创建通用推广，然后需要创建招商推广和专属推广。"春成水果店"想为网店中的丑橘创建单品推广计划，借助推手的力量提升丑橘的销量，其具体操作如下。

① 进入拼多多商家后台，单击左侧"多多进宝"栏下的"推广设置"超链接，在打开的页面中单击"立即开通"按钮。

② 在打开的"新建商品推广"页面中选择丑橘，单击"下一步"按钮。

③ 在打开的页面中单击"编辑优惠券"超链接，打开"创建优惠券"对话框，系统已默认设置优惠券相关信息，这里将"面额"修改为"5"元，单击"发布"按钮，如图 4-13 所示。

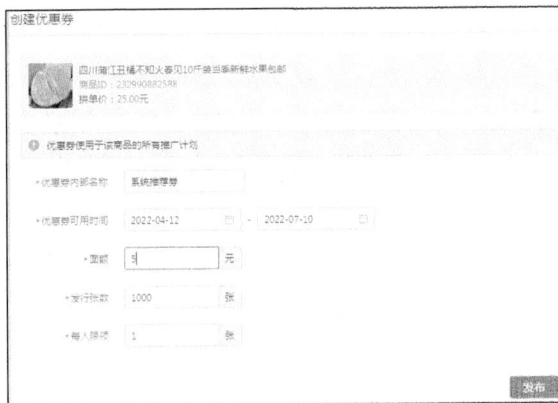

图 4-13　创建优惠券

④ 在打开的"添加优惠券"对话框中选择创建的优惠券，单击"确认"按钮关闭对话框。

⑤ 返回"新建商品推广"页面，系统已默认设置基础佣金比率，保持默认设置，单击"确认"按钮。在打开的页面中将显示"创建成功"字样，表明单品推广计划创建成功。单击页面左侧"多多进宝"栏下的"推广设置"超链接，在打开的页面中查看设置了单品推广计划的丑橘，单击丑橘所在行对应的"添加招商推广"超链接。

⑥ 在打开的"添加招商推广"对话框中设置招商团长 ID（已联系好的招商团长 ID）、团长佣金率、多多客佣金率、生效时间等，单击"确认"按钮，如图 4-14 所示。返回"推广设置"页面，查看设置好的招商推广。

⑦ 继续单击丑橘所在行对应的"添加专属推广"超链接，打开"添加专属推广"对话框，设置推广者 ID、多多客佣金率，单击"确认"按钮，如图 4-15 所示。

图 4-14　添加招商推广

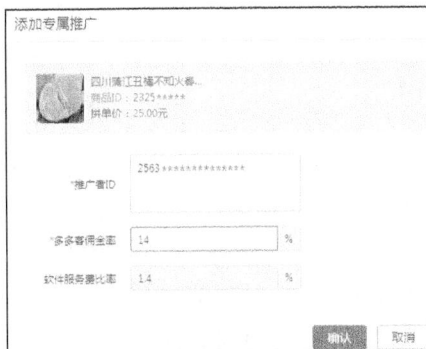

图 4-15　添加专属推广

4.1.4　拼多多平台活动推广

除了付费推广外，拼多多还会组织很多活动，帮助商家推广农产品，宣传品牌。拼多多的平台活动类型主要有营销活动、社交活动（如多多果园等）、类目活动（如家装节活动等）等，其中，营销活动最为常见，如"9块9特卖"活动和"领券中心"活动等。

1. "9块9特卖"活动

"9块9特卖"频道位于拼多多App首页，很容易被消费者看到，拥有很高的转化率。"9块9特卖"活动中有4类资源位，分别是5折抢翻天、产地直销、临期清仓和大商品池。

（1）5折抢翻天。5折抢翻天占据了"9块9特卖"频道的首屏位置。相比于其他资源位，5折抢翻天对网店和产品的历史销量没有要求，非常适合新品快速冲量。该资源位每日有17个场次，每场安排8~10款产品，且根据产品的实时订单转化率排序。如果想要报名，就需要缴纳5 000元活动保证金。

（2）产地直销。产地直销位于"9块9特卖"频道的第二屏位置。其定位为精选产地优质好货，其中的产品会被打上"××产地直销"的标签，以强调产品在品质、价格方面的优势，因此该资源位尤其适合农产品。产地直销资源位要求报名网店或产品符合优质源头好货的营销卖点，能提供与"产地直销"主题相关的推广素材及助农、农园直采等趣味性的营销内容。

（3）临期清仓。临期清仓是拼多多上唯一的食品清仓资源位。该资源位属于长期资源位（直到不符合资源位要求被淘汰），位于食品品类下，主要针对剩余保质期小于1/3的临期食品。其类目范围包括零食/坚果/特产、咖啡/麦片/冲饮、茶、粮油米面/南北干货、调味品等，报名活动价为正常市场价的3~5折。

（4）大商品池。除了5折抢翻天、产地直销外，"9块9特卖"频道中的其他资源位统称为大商品池。该资源位属于长期资源位（直到不符合资源位要求被淘汰），主推0~29.9元的产品。一般而言，价格在9.9元左右的产品更容易在该资源位获得好的排名。

2. "领券中心"活动

"领券中心"是商家集中为消费者发送专属券的频道。参加"领券中心"活动的产品将会获得多个资源位展示，如个人中心/优惠券/领券中心、个人中心/优惠券/推荐好券、大促主会场领券中心特色会场入口。"领券中心"活动在农产品推广中具有以下优势。

（1）获取精准流量。报名"领券中心"活动的产品在相应资源位的展现是个性化的，即平台会根据消费者的喜好和历史购物行为数据推送其感兴趣的产品，从而使产品获得较为精准的流量。

（2）保留利润空间。报名"领券中心"活动时可以选择设置"暗券"（即只能通过相应资源位领取的优惠券），相当于把优惠券发放范围限定为对价格敏感度较高的消费群体，而不是"一刀切"式地对所有消费者降价，从而为商家保留一定的利润空间。

（3）无须等待排期。拼多多中的很多活动在审核通过后都需要等待排期，对于急需拓宽市场的商家而言，这可能就意味着失去抢占先机的机会。而报名"领券中心"活动，通过审核后无须等待排期便可直接登上资源位，只要产品评分高，及时补充优惠券，商家的活动就可以一直占据资源位，无须下线。

（4）门槛低。"领券中心"活动报名门槛低，不限产品类目、价格段及网店类型。"领券中心"活动特设专门的新品/零销量报名链接，对新品及零销量产品十分友好。

（5）投资回报率稳定。"领券中心"活动的投资回报率（指获得收益和投入成本的比值）较为稳定、可控，这是因为"领券中心"活动发出去的优惠券只有在消费者使用后，才会产生推广成本（即优惠券面值）。因此，"领券中心"活动适合预算相对紧张或没有推广经验的商家。

课堂讨论

拼多多的平台推广方式还有哪些？对于农村电商从业人员而言，适合在拼多多采用哪些推广方式来推广农产品？

4.2 抖音平台运营

作为新媒体农村电商平台的抖音也允许开设网店——抖店，并销售产品。农村电商从业人员可以入驻抖店，发布关于农产品的短视频，并在短视频中通过添加农产品链接等方式，引导消费者进入抖店购买农产品。

微课视频

抖音平台运营

4.2.1 开通抖店

抖店就是抖音电商实现一站式经营的平台。农村电商从业人员要想在抖音销售农产品，最好先开通抖店，打通农产品的销售渠道。抖店的开通通常包括申请入驻、审核和验证、缴纳保证金、正常营业几个步骤。

1. 申请入驻

申请入驻抖店需要在抖店的官方网站或者抖店 App 上操作，农村电商从业人员可以根据需要选择手机号注册，或使用抖音账号、今日头条账号和火山账号中的任意一种账号登录入驻。

（1）选择主体类型。入驻时农村电商从业人员首先需要选择农产品销售的主体类型，目前主要有个人身份、个体工商户和企业/公司 3 种类型，如图 4-16 所示。农村电商从业人员只需要打开自己的营业执照，根据上面"类型"处显示的内容，对应选择主体类型，然后单击"立即入驻"按钮即可。

图 4-16 选择主体类型

（2）填写信息。接下来需要填写开店信息，包括主体信息和网店信息两个部分。

① 主体信息。主体信息主要是营业证件信息和经营者信息（个体）/法定代表人信息（企业），如图 4-17 所示。通常需要上传营业执照和身份证照片，系统将自动识别信息，农村电商从业人员做好信息核对和完善即可。

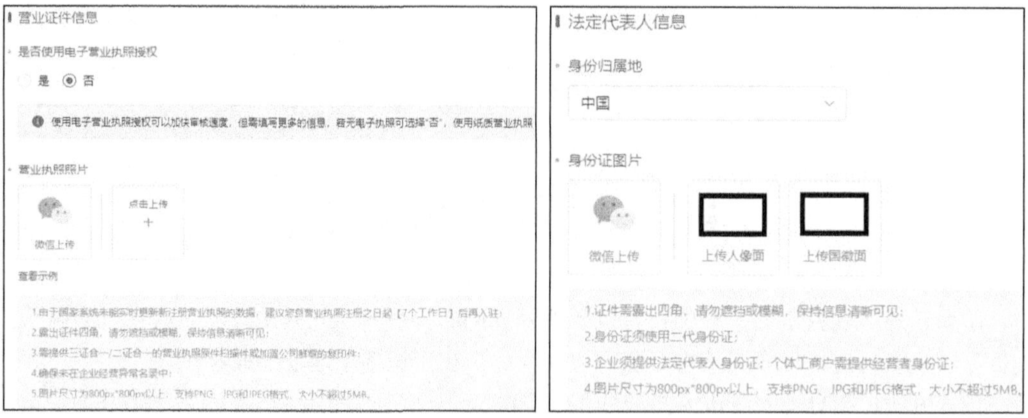

图 4-17　主体信息

② 网店信息。网店信息包括网店名称、类型、Logo 和经营类目等。网店类型可以根据主体类型做选择，其中个体工商户仅可选择"个体店"，企业/公司可选择"企业店""专营店""专卖店""旗舰店""官方旗舰店"等。如果不清楚经营类目，则可以直接输入销售的农产品，系统将自动帮助匹配经营类目，如图 4-18 所示。有些经营类目还需要上传许可证，农村电商从业人员根据系统提示上传许可证照片即可。

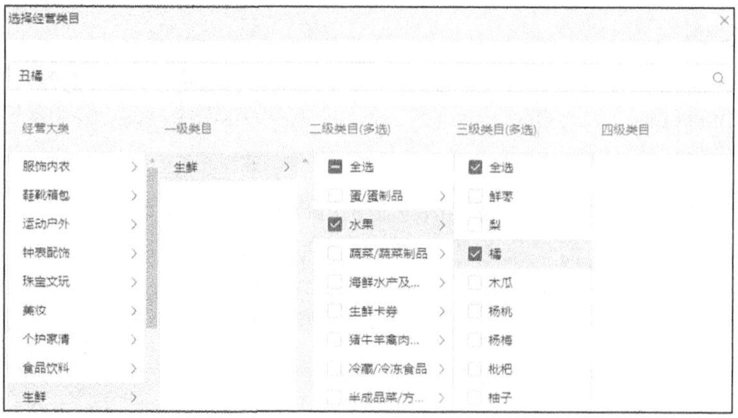

图 4-18　选择经营类目

2. 审核和验证

填写完相关信息后，抖音将审核商家的信息和资质，审核通过后还要求商家进行账户验证。

（1）资质审核。抖音对商家的信息和资质的审核时间通常为 1～3 个工作日（见图 4-19），审核通过后通常会以短信的形式通知商家。

（2）账户验证。审核通过后，商家即可登录抖店进行账户验证。个体工商户通过人脸识别即可验证，企业/公司则需要通过打款验证。

图 4-19　资质审核

3. 缴纳保证金

完成验证后，商家就需要按照农产品的对应类目缴纳保证金，如图 4-20 所示。保证金是商家向平台缴存的款项，通常用于担保产品和服务质量，只有缴纳保证金后抖店才能正常营业。

图 4-20　缴纳保证金

4. 正常营业

完成保证金的缴纳后，商家就可以正式登录抖店进行运营了。抖店的商家后台模块主要包括商城、搜索、网店、产品、订单、售后、内容、营销等多个部分，可以用于管理产品、处理消费者订单和售后问题、管理物流信息、进行数据分析、查看小店资产等。

4.2.2　农产品的选品和发布

开通抖店后，运营工作的重点之一就是农产品的选品和发布。农产品的选择不仅关系着农村电商从业人员的利益，还关系着消费者对网店的印象。同时，农村电商从业人员只有掌握农产品的发布方法，才能更好地开展抖店运营。

1. 选择农产品

抖音平台是以内容为主的新媒体电商平台，内容电商的核心是人为创造沉浸式、冲动式、隔离式或单独评估的消费场景，并在这种场景下引导消费者进行消费。商家在选择农产品时，需要结合自身的账号定位、身份标签、内容标签等，通过电商带货反哺人设，强化消费者对人设的认知。

（1）选择农产品的途径。抖店中农产品的选择通常有自有、批发和联盟 3 种途径，农村电商从业人员需要根据自身的情况合理选择。

① 自有。这种途径是指商家有自己的农产品或自己有农产品的货源，它是农村电商平台中大多数商家的主要选择途径。这些商家的家乡往往拥有多种多样的特色农产品，可以通过分享农产品的制作、历史来源、生长环境等吸引消费者的注意，然后售卖农产品。

② 批发。这种途径是指商家向农产品的生产或者贸易企业购进农产品，然后通过电商销售给终端消费者。这也是农村电商平台上常见的农产品销售途径。在这种途径下，商家不仅可以一次性购进大量农产品，还可以通过代销的方式解决库存问题。

③ 联盟。这种途径是指商家可以通过农产品联盟选择农产品。农产品联盟是农村电商平台为商家提供优质农产品、交易查看、佣金结算等一体化服务的、按销售付费的平台，产品来源于农村电商平台上的所有优质农产品。抖音电商的巨量百应就属于农产品联盟平台，商家可以直接在产品库内选择农产品。通过农产品联盟选择农产品，具有上架和结算方便、质量有保障、内容匹配度高、体验较好的优势，但存在农产品数量较少的问题。

（2）选择农产品的方法。为抖音选择农产品时，农村电商从业人员需要考虑农产品的属性、价值、价格、风格以及消费者定位等多个因素。因此，农村电商从业人员在选择农产品时可以分 3 个步骤进行，即根据内容细分领域确定农产品品类、根据消费者群体特性确定意向农产品、借助评估模型确定具体农产品。

① 根据内容细分领域确定农产品品类。抖音中农产品运营的普通模式是先发布短视频内容，然后吸引消费者，最后销售农产品。因此，农村电商从业人员要根据内容细分领域确定农产品品类，选择与内容关联度大的农产品，使农产品的植入更加合理。例如，大部分农村电商从业人员都是通过分享农村美食、美景，展示农村生活等内容形式，在其中植入具体的农产品来吸引消费者的。

② 根据消费群体特性确定意向农产品。确定好农产品品类后，农村电商从业人员还要根据消费群体特性来确定意向农产品，可以从热门、广泛性、消费频次、价格区间、使用便捷度等方向进行分析，在选定的品类里找到适合自己的意向农产品。例如，四川很多农村电商从业人员在选择农产品时，发现抖音中的很多本地农村达人的消费群体中有大量的四川本地人，这些消费者对农村出产的萝卜干、大头菜干有较大的需求，这些农产品经达人推荐后都有较好的销量，且生产、制作成本也较低，于是农村电商从业人员便将这些类目的农产品作为首选。

③ 借助评估模型确定具体农产品。同一种农产品在品牌、颜色、价格、外包装等方面会有不同，农村电商从业人员家可以借助评估模型，结合实际情况来确定具体要推广的农产品。而农产品的标准化又可以从农产品的功能、外观、价格、质量、市场可替代性、利润率、品牌等维度进行评估，如表 4-1 所示。

表 4-1 农产品标准化评估维度

评估维度	详情
农产品的功能	指农产品在某些场景下的功能特性，如水果、蔬菜的营养价值等
农产品的外观	指农产品的外观和包装设计是否美观、有没有特色等

评估维度	详情
农产品的价格	指农产品的价格与目标消费群体的消费层次的匹配度,是否有优惠活动等
农产品的质量	指农产品的质量是否有保障,商家的相关资质是否齐全
农产品的市场可替代性	指农产品的不可替代性。相同农产品越少,或者该农产品的产量越低,不可替代性越高
农产品的利润率	利润率越高,农产品能够带来的收益也越高
农产品的品牌	形成品牌的农产品能够有更多的流量和销量

2. 在抖店发布农产品

选择好农产品后,农村电商从业人员就需要在抖店中通过商家后台发布该农产品。下面我们将介绍在抖店发布农产品的操作,具体如下。

(1)新建商品。打开抖店的官方网站,登录账户,在"商品"栏下单击"商品创建"超链接,如图4-21所示。

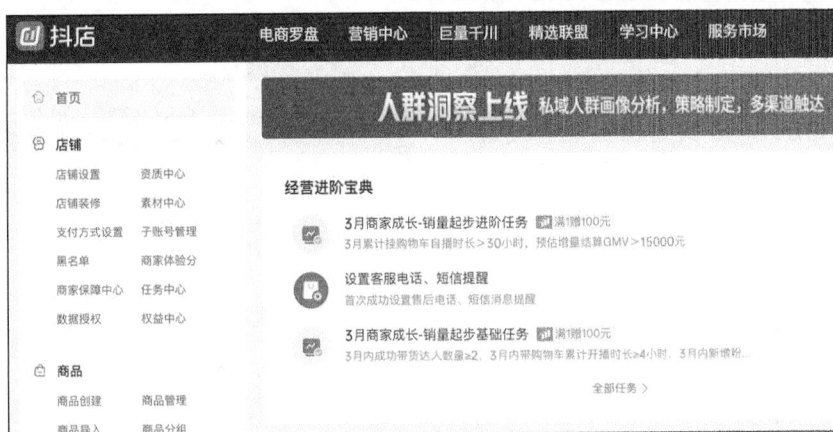

图 4-21　新建商品

(2)选择类目。在打开的"选择商品类目"页面的"已开通类目"列表框中选择农产品对应的类目,然后单击"下一步"按钮,若不确定具体的类目信息可以通过搜索的方式进行筛选。

(3)设置标题。在"基础信息"页面的"商品标题"文本框中输入农产品标题。抖店对标题的要求是最少8个字,最多30个字,可使用品牌名或农产品的核心信息,但不可涉及广告极限等违禁/敏感词汇用语。标题准确且丰富有助于平台识别产品,也便于消费者获取产品信息。

(4)明确产品类目属性。打开图4-22所示的"基础信息"页面,在"类目属性"栏中设置农产品的各种属性,包括品牌、材质等重要属性,以及成分含量、上市年份季节等其他属性。其中带"*"标记的是必填项。类目属性信息正确是农产品得以成功上传的关键,农村电商从业人员在宣传售卖时需保持信息的一致性。

(5)上传图文信息。打开图4-23所示的"图文信息"页面,在其中单击对应的按钮,上传农产品的主图、详情页和主图视频等图文信息。主图至少1张图片,大小不超过5MB;详情页图片对于产品的介绍要完整、全面,最多支持上传50张,不能只有文字没有图片。

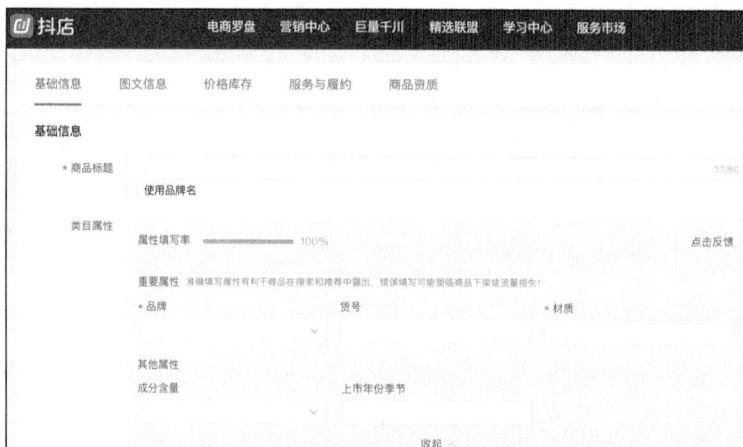

图 4-22 "基础信息"页面

（6）设置发货模式。打开"价格库存"页面，在"发货模式"栏中设置农产品的发货模式（有现货发货模式、全款预售发货模式和阶梯发货模式 3 种），这里保持默认设置，如图 4-24 所示。另外，还需要设置相关的现货发货时间、产品规格等内容。

图 4-23 "图文信息"页面

图 4-24 设置发货模式

（7）设置价格库存。继续在"价格库存"页面下的"价格与库存"栏中设置农产品的价格和库存的信息，如图 4-25 所示。

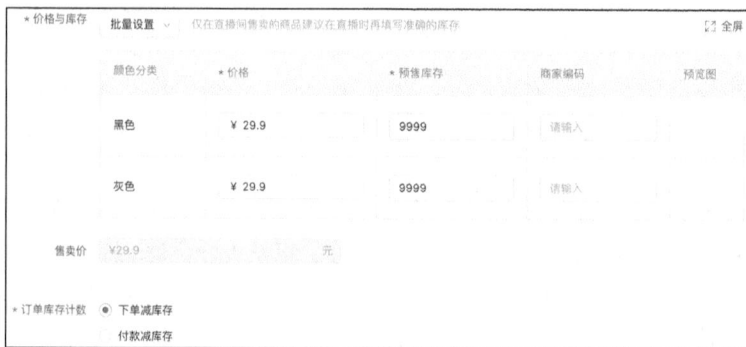

图 4-25 设置价格库存

（8）设置运费和售后。打开"服务与履约"页面，在其中设置运费模板、售后服务、上架时间等，如图 4-26 所示。

（9）上传产品资质。打开"商品资质"页面，在其中上传报关单、质检报告等证明，检查信息是否准确，确认无误后单击"发布商品"按钮，如图4-27所示。

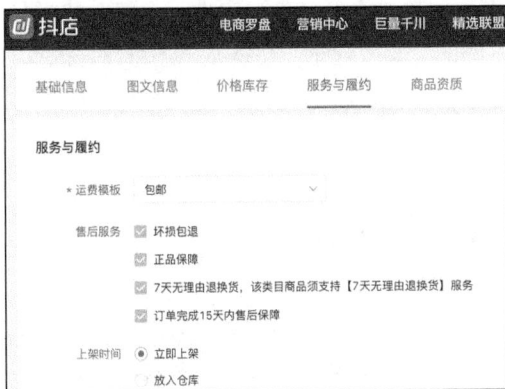

图4-26　设置运费和售后

图4-27　上传产品资质

农产品发布成功后，返回抖店主页，在"商品"栏下单击"商品管理"超链接，就能够看到发布后正在销售的农产品。

4.2.3　抖音平台运营推广

农村电商从业人员在抖音销售农产品时首先要考虑成本问题和运营问题，所以在运营推广时可以选择平台提供的活动来提升农产品的曝光量和销量。

1. 推广活动介绍

抖音商城平台常见的推广活动是超值购。超值购活动的本质是推荐各种品牌产品进行低价销售的活动。这项活动需要产品具有一定的知名度，或者有自己的品牌，并在所属类目中具有一定的性价比。例如，福建平和蜜柚就是一个有知名度的农产品品牌，相关农村电商从业人员如果想在短时间内获得大量的流量，就可以参加超值购活动，以低于网上平均售价的价格销售福建平和蜜柚。

2. 推广活动的基本规则

农村电商从业人员登录抖店官网，在"商城"栏下选择"重点活动"选项，展开"超值购"等选项，单击需要参加的活动选项，然后单击"可报名"按钮，即可看到抖音中所有相关活动，接着单击"立即报名"按钮，即可进入活动报名页面。

3. 活动报名流程

在抖音参与推广活动都有固定的流程，这里以超值购活动为例，其可以分为以下几个步骤。

（1）了解活动信息。农村电商从业人员在抖店中选择一个可报名的活动，单击右侧的"立即报名"按钮，打开该活动对应的信息页面，可以看到该活动的详情介绍和具体要求。如果全部符合要求，就可以单击"立即报名"按钮。

（2）添加参与活动的商品。农村电商从业人员打开"添加商品"页面，在其中选择并添加参与活动的产品，产品列表框中产品对应选项的右侧会显示"可报名""不可报名"报名状态，选择可报名的产品，单击"添加"按钮，将其添加为参与活动的产品。

（3）确认产品的报名状态。平台将提示完善产品的信息，农村电商从业人员按照提示完善产品信息之后，提交平台审核，再在打开的页面中确定产品的报名状态。当报名状态显示为"审核通过"时，表示报名成功，单击页面右侧的"修改信息"超链接，还可以修改库存、价格等产品信息。

4.3 淘宝平台运营

淘宝网拥有丰富的消费者资源，对农村电商从业人员具有不小的吸引力。淘宝网也支持乡村人才和产业的振兴，非常适合想要开设网店的农村电商从业人员。很多农民都希望通过在淘宝网开设网店来销售农产品，在实现经济收益的同时，为乡村振兴贡献自己的力量。

微课视频

淘宝平台运营

4.3.1 淘宝网店基本介绍

淘宝网根据商家经营性质、收费标准、入驻标准的不同，设置了不同的网店类型，主要可以分为集市店铺和天猫两种。

1. 集市店铺

集市店铺一般也被称为 C 店（Customer），淘宝网中的店铺均为集市店铺。集市店铺是淘宝网中的主体经营模式，收取费用较少，门槛较低，无论是企业经营还是个人经营，都只需要进行相关的身份认证就可以创建自己的网店。由于集市店铺经营和销售的成本控制具有较大的自由性，因此开设集市店铺的个人或企业非常多，竞争十分激烈。

集市店铺的信用等级可以划分为红心、钻石、蓝皇冠、金皇冠 4 个，淘宝会员在淘宝网中每成功交易一次，就可以对网店做一次信用评价。评价分为"好评""中评""差评" 3 类，每种评价对应一个信用积分，"好评"加 1 分，"中评"不加分，"差评"扣 1 分。信用等级分为 20 个级别，网店信用越高，越容易在网店运营中占据有利条件。图 4-28 所示为淘宝网中的个人集市店铺与企业集市店铺的相关信息。

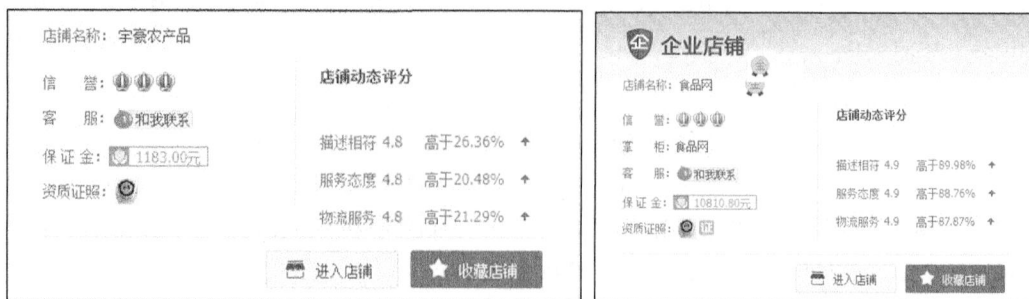

图 4-28　淘宝网中的个人集市店铺与企业集市店铺的相关信息

2. 天猫

天猫是一个 B2C 购物平台，相对于集市店铺而言，质量更有保证，但成本投入也更高。天猫的入驻流程大致分为提交申请、审核、完善网店信息和开店 4 个阶段。天猫只接受合法登记的企业消费者入驻，企业消费者在入驻之前还需提供天猫入驻要求的所有相关文件。

天猫的网店类型主要分为旗舰店、专卖店和专营店 3 类。

（1）旗舰店。以自有品牌，或由权利人独占性授权，入驻天猫开设的网店。

（2）专卖店。持他人品牌授权文件在天猫开设的网店。

（3）专营店。经营天猫同一经营大类下两个及以上他人或自有品牌产品的网店。一个招商大类下专营店只能申请一家。

4.3.2 淘宝网店开店流程

淘宝网是农村电商的主流网上开店平台，农村电商从业人员在淘宝网中开设网店需要先注册成为淘宝会员，并开通支付宝认证，然后登录淘宝会员申请开通淘宝网店。

1. 注册淘宝会员

淘宝会员根据申请者的类型，分为个人账户和企业账户。两者的注册方法类似，不同的是，个人账户一般通过手机号码注册，企业账户则通过电子邮箱注册，同时企业账户还需要具备营业执照，要填写详细的工商注册信息，如企业名称、经营范围、营业执照注册号、营业执照所在地等。打开淘宝网主页，单击左上角的"免费注册"超链接，按照系统的提示即可注册成功淘宝会员，如图 4-29 所示。

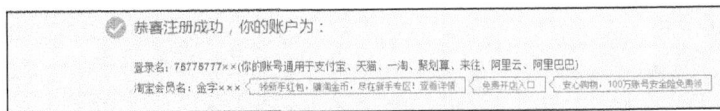

图 4-29　成功注册淘宝会员

2. 开通支付宝认证

支付宝是蚂蚁金服旗下的一款融合了支付、生活服务、政务服务、社交、理财、保险、公益等功能的第三方支付平台，也是淘宝网唯一认证且支持的第三方支付平台。淘宝网要求所有在淘宝网上交易的会员必须开通支付宝认证。成功注册淘宝会员后，直接使用账户登录支付宝，在系统的提示下进行身份信息的认证即可完成支付宝认证。

3. 申请开通淘宝网店

农村电商从业人员完成淘宝会员注册和支付宝认证后即可申请开通淘宝网店。申请开通淘宝网店时，农村电商从业人员需要对支付宝和淘宝进行实名认证，然后等待淘宝官方审核，审核通过即可完成网店的开通。申请开通淘宝网店的操作比较简单，下面以个人申请开店为例进行介绍，其具体操作如下。

（1）选择网店类型。登录淘宝网首页，单击网页右上方的"免费开店"超链接，打开"淘宝免费开店"页面，在"普通商家入驻流程"栏中选择"个人商家"类型，单击"去开店"按钮，弹出"个人商家"提示框，提示开店

微课视频

申请开通淘宝网店

需要准备的材料，然后单击"开始开店"按钮，如图 4-30 所示。

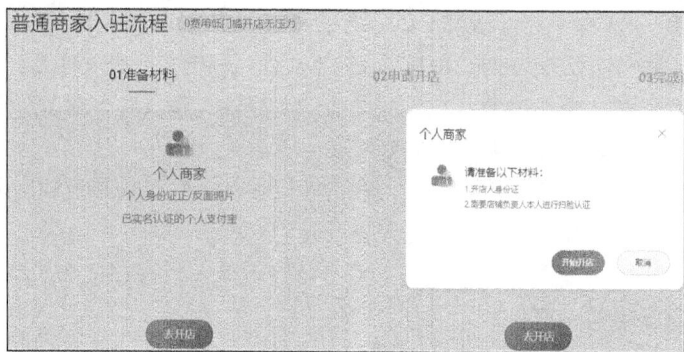

图 4-30　开始开店

（2）个人开店。打开"个人开店"页面，在"店铺名称"文本框中输入网店名称，确认相关的淘宝账号名、手机号和支付宝账号，勾选相关的协议和说明对应的复选框，单击"0元开店"按钮，如图 4-31 所示。

（3）完善认证信息。打开开店认证页面，提示需要完成认证信息，单击"去填写"按钮，打开"信息采集"网页，在其中上传个人证件图，并填写经营地址、个人姓名、个人证件号等信息，单击"确认提交"按钮，如图 4-32 所示。

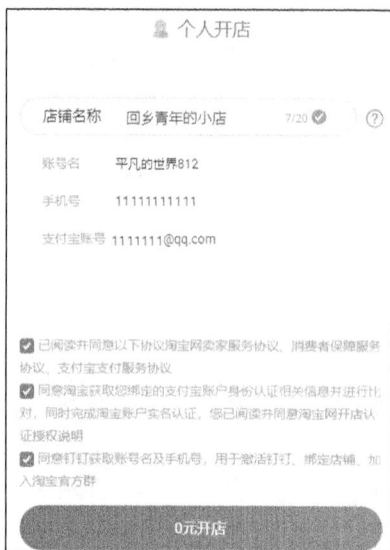

图 4-31　设置"个人开店"信息

图 4-32　个人信息采集

（4）实人认证。返回开店认证页面，使用淘宝 App 或千牛 App 扫一扫功能扫描开店二维码，进入人脸识别系统，按照内容提示完成实人认证，然后等待系统审核，审核通过后将提示"恭喜您开店成功"，完成淘宝网个人网店的开通。

4.3.3　农产品的发布

在网店发布产品的流程基本类似，发布产品之前都需要做一些准备工作，如了解产品信息、准备产品图片等。下面以在淘宝网中发布丑橘为例进行介绍，其基本操作如下。

（1）选择操作。登录淘宝网首页，单击"千牛卖家中心"超链接，进入千牛卖家工作台，单击"商品"选项卡，在打开的"商品/商品管理"栏中单击"发布宝贝"超链接。

（2）上传农产品主图。打开"商品发布"页面，在"上传商品主图"栏中单击"添加上传图片"按钮，上传丑橘图片，并将商品类型设置为"一口价"，如图4-33所示。

（3）确认农产品类目。在下面的"确认商品类目"栏的搜索文本框中输入"丑橘"，单击"搜索"按钮，搜索该农产品的类目，然后选择搜索结果对应的选项，即可看到丑橘对应的类目，确认无误后单击"确认类目，继续完善"按钮，如图4-34所示。

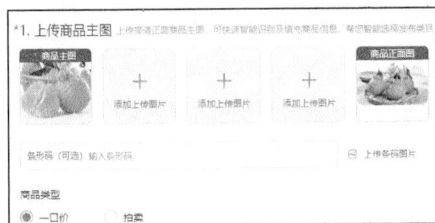

图 4-33　上传农产品主图

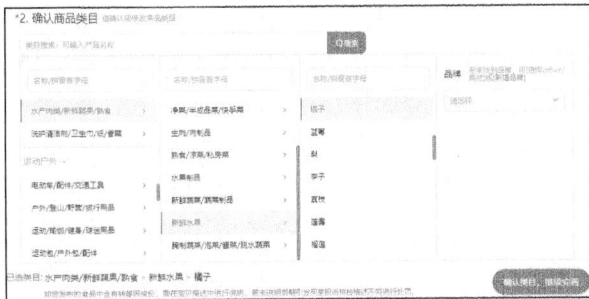

图 4-34　确认农产品类目

（4）签署淘宝网食品卖家承诺书。打开提示框，阅读《淘宝网食品卖家承诺书》，了解在淘宝网发布视频的要求和规则，完成后单击"我已阅读以上承诺书，立即签署 发布商品后协议生效"按钮。

（5）填写农产品信息。打开"淘宝网 商品发布"页面，在发布助手的指导下填写农产品的相关信息，包括基础信息、食品安全、销售信息、物流信息、支付信息、图文描述和售后服务等，完成后单击右下角的"提交宝贝信息"按钮，即可发布农产品，如图4-35所示。

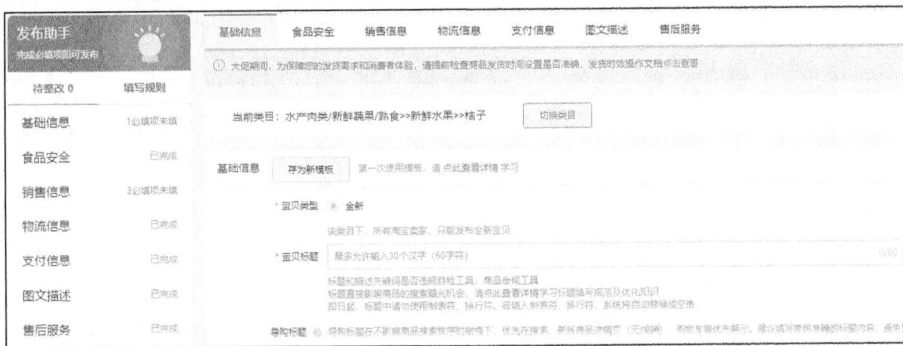

图 4-35　发布农产品

4.3.4　淘宝网店营销推广

营销推广是指利用营销手段向消费者宣传产品，以引起消费者的购买欲望，刺激其产生购买行为，提高销售额的经营活动。淘宝网店可以利用淘宝网提供的各种推广功能和工具，推广网店和产品。

1. 策划店内促销活动

网店促销活动是营销推广常见的方式，能够刺激消费者的购买欲望，一般包括包邮、特价、赠品、送优惠券、抢购、会员积分等。

（1）包邮。包邮是一种刺激消费者一次性购买大量产品的促销形式，一般表现形式为"满××元包邮""满××元享部分地区包邮"，即消费者在网店购物总价达到××元时，享受包邮服务。包邮的价格设置不可过高，这样消费者才会为了免除邮费，选择足量产品。需要注意的是，农产品通常重量比较大，物流成本较高，采用包邮的方式促销，可以吸引更多的消费者。

（2）特价。特价是指在节假日、店庆、购物活动等时间段，定时或定量为部分产品推出的特价优惠。农村电商从业人员策划特价促销活动时，一般需要在产品价格上体现出活动前后价格对比、活动时间及产品数量等，让消费者可以明确优惠信息，进而促进产品的销售。图 4-36 所示为特价产品的活动宣传图。

（3）送赠品。赠品是指消费者在网店消费时可获得的免费小礼品。送赠品是淘宝网店常用的促销方式，其目的是维护与消费者之间的关系。赠品的形式多种多样，送赠品不仅可以带给消费者福利，还可以借此推销新的产品。图 4-37 所示为送赠品的促销方式。

图 4-36　特价产品的活动宣传图

图 4-37　送赠品的促销方式

（4）送优惠券。送优惠券是一种可以激励消费者再次进行购物的促销方式。优惠券的种类很多，如抵价券、折扣券、现金券等。优惠券中一般需标注消费额度，即消费到指定额度可使用该优惠券；同时，优惠券下方还会介绍优惠券的使用条件、使用时间、使用规则等。优惠券必须清楚地显示在网店中，或明确指示优惠券的领取地址，让到店消费的消费者一眼就可以看到优惠券信息。

（5）抢购。抢购是一种可以刺激消费者产生购物行为的有效方式。现在很多网店都会不定期地推出产品抢购活动，即提供固定数量的产品，在指定时间开启通道供消费者抢购，如"1 元抢购""10 元抢购""前 3 分钟半价"等。抢购不仅能吸引忠实消费者，还能推广品牌，带来更多的新消费者。

（6）会员积分。淘宝的客户运营平台提供了会员管理的功能，网店通过该功能可为加入网店会员的新老消费者设置会员等级和会员折扣等，也可以将会员的消费额转化为会员积分，当积分累积到一定数量时，即可换购或抵价购买产品，从而刺激消费者重复消费。

2. 参加淘宝天天特卖

天天特卖即淘宝 App 天天特卖频道，是淘宝网为集市店铺中的小网店打造的扶持平台，用于扶持有特色产品、独立货源和一定经营潜力的中小网店，主要提供流量和营销等方面的支持。天天特卖频道目前有类目活动、10 元包邮和主题活动 3 大块。其中 10 元包邮为特色栏目，类目活动为日常招商，该频道中每周还会有不同的主题性活动。天天特卖的类目活动只展示在类目详情页面中，并随机展示到首页。

参加天天特卖，需要满足一定的要求和活动规则。在千牛商家工作台的"营销"页面中选择"营销场景"栏中的"天天特卖"选项，打开活动页面，选择一个特卖活动，单击"立即报名"按钮，如图 4-38 所示。在打开的页面中查看是否满足要求和活动规则，如符合，单击"去报名"按钮，在打开的页面中根据提示填写相关信息即可。

图 4-38　单击"立即报名"按钮

农村电商从业人员报名完成后等待平台系统审核，活动开始前 2~4 天系统会发送消息告知审核结果。审核通过后，农村电商从业人员根据活动要求在正式活动开始前两天的 15 点前，设置活动产品，包括完善产品的库存信息、恢复产品原价、取消其他平台的促销价格、美化产品图片、设置产品包邮信息、保持产品在线状态等。超过 15 点，淘宝网将锁定产品，禁止修改标题、主图、价格、库存及包邮信息。活动期间如果产品是未售罄就下架的，系统会自动屏蔽展示直到恢复上架。活动期间（包括预热期）如果使用其他优惠工具打折，价格不得低于特价活动时产品的价格。

案例分析——中小农产品淘宝零售店的运营策略研究

农村电商的快速发展，促进了农产品网络零售市场的繁荣，同时也加剧了农村电商从业人员之间的竞争，尤其是中小农产品网店零售商之间的竞争。下面以淘宝网为例，分析当前中小农产品淘宝零售店的现状及存在的问题，从网店建设和网店推广两个方面提出切实可行的运营策略，并做详细的运营推广策略分析，以期对中小农产品网络零售商的平台运营操作有所帮助。

1. 中小农产品淘宝零售店的现状

国家统计局发布的统计数据显示，2022 年 1—11 月份，全国网上零售额为 124 585 亿元。

其中，实物产品网上零售额为 108 098 亿元，比上年增长 6.4%，占社会消费品零售总额的比重为 27.1%。与全国网络零售市场迅速发展所对应的是电商购物平台的全面发展，在当前众多电商平台中，影响力和市场份额较大的当属淘宝网。在淘宝网中，中小农产品淘宝零售店的现状和存在的问题如下。

（1）竞争激烈。淘宝零售店不仅要和淘宝网中定位相同的网店竞争，还要同京东等其他电商平台的网店竞争。目前，淘宝网中从事农产品销售的大多为中小零售店，但比较活跃的网店仅有三分之一左右，而且每天都有近万家网店处于停运或倒闭状态，可见农产品网络零售竞争非常激烈。

（2）资源不足。淘宝平台中农产品店铺的运营人员多为农村居民、家庭，或者返乡青年的小型创业团队，店铺运营所需的资金、人员，甚至是知识技能储备等都明显不够。这些因素限制了店铺的正常运营，使店铺无法开展有效的推广和品牌建设，甚至连淘宝平台组织的推广活动都无法参与。

（3）农产品质量参差不齐和售后问题显著。由于没有规范化的生产，农产品的质量良莠不齐，再加上无法退换货等售后问题，严重影响了消费者的购物体验。

（4）缺乏信任。淘宝网的开店门槛较低，导致网店的违规成本较低，容易造成消费者对网店和农产品的不信任。另外，网店的装修设计普通、农产品描述简单等因素也容易降低消费者的信任度。

2. 中小农产品淘宝零售店的建设

为解决上述问题，中小农产品淘宝零售店可以从价格控制、日常管理、网店装修、农产品描述页面的设计、信誉与销量、客户服务、品牌建设等方面做好网店建设。

（1）价格控制。对农产品淘宝零售店来说，价格优势是使其在激烈竞争中屹立不倒的关键，很多消费者进行网购的首要条件就是便宜的价格。但农产品淘宝零售店在降低农产品价格的同时，要保障农产品的质量。相同质量的农产品，价格优势越大，消费者的黏度就越高，并且重复购买的可能性也越大。

（2）日常管理。中小农产品淘宝零售店要做好农产品的分类，以便于消费者查找。农产品标题的设置要多样化且能反映特点，以提高被消费者搜索到的概率。另外也应根据季节、节假日的变化，不定期地开展部分农产品的促销活动，以吸引消费者，促成交易。

（3）网店装修。网店的整体装修应以突出农村特色，或者带给消费者舒适的浏览度为前提，来提升消费者对网店的信任度。

（4）农产品描述页面的设计。消费者进行网上购物时对农产品的了解完全依赖于页面中的描述和介绍，所以网店设计的描述页面应该图文并茂地突出农产品的卖点和特性，以提升消费者的购买欲望。

（5）信誉与销量。网店的信誉与销量也会影响消费者的购买决定。网店开设初期的信誉和销量并不高，网店可以通过薄利多销、试用等方式快速提升销量，并通过及时发货、坏果包赔等维护消费者权益的方法提升网店信誉。然后，网店应以良好的客户服务和高质量的农产品来保障信誉和销量的稳定提升。

（6）客户服务。网店中客户服务的作用是帮助消费者了解农产品，解答消费者的各种疑问，最终促成农产品的销售。所以，在建设农产品淘宝零售店时，农村电商从业人员需要培养具备耐心和亲和力、了解农产品的相关信息，并掌握一定的沟通技巧、拥有通过文字处理问题的能力的客服人员。

（7）品牌建设。在网络购物中，品牌能够直接体现消费者对产品的信任度和服务满意度。农产品也要做好品牌建设，可以先从农产品、消费者竞争、核心价值等角度给品牌做定位，然后将品牌信息印刷到邮寄包裹上，或者积极参加平台的各种营销推广活动等，来宣传和维护品牌。

3. 中小农产品淘宝零售店的推广

农产品市场竞争激烈，如果只是通过网店自身的运营进行推广可能无法达到很好的效果，而且，中小农产品淘宝零售店本身也没有雄厚的资金进行大规模付费推广。这时农村电商从业人员就需要平衡推广效果和推广费用之间的关系，选择一些可以"花小钱，办大事"的、适合中小农产品淘宝零售店的推广方式。

（1）直通车推广。淘宝直通车推广是通过设置推广关键词来展示产品，从而获得流量，淘宝网按照直通车流量的点击数进行收费。当消费者点击展示位的产品进入网店后，将产生一次网店流量，当消费者通过该次点击继续查看网店其他产品时，即可产生多次网店跳转流量，从而形成以点带面的关联效应。此外，直通车也可以多维度、全方位地提供各类报表以及信息咨询，以便农村电商从业人员能快速、便捷地进行批量操作。使用直通车推广时，农村电商从业人员可以根据实际需要，按时间段和地域来控制推广费用，提高定位目标消费者的准确程度，从而降低推广成本，提高网店的整体曝光度和流量，最终达成提高销售额的目的。

（2）淘宝网店推广。淘宝联盟是一种按成交计费的推广模式，是利用淘宝客进行推广（指帮助推广产品并获取佣金的人）。淘宝联盟支持按单个产品和网店的形式进行推广，农村电商从业人员可以针对某个产品或是整个网店设定推广佣金。淘宝联盟涉及的范围很广，佣金越高越容易得到淘宝客的关注。

（3）社交工具推广。农产品更容易在亲朋好友之间销售，所以，农村电商从业人员还可以通过微博、微信和 QQ 等社交工具向好友推荐，并通过口碑扩散促成农产品的交易。

（4）忠实消费者推广。很多农产品是消费者的日常消费品，所以，培养稳定的忠诚消费群体能够帮助中小农产品淘宝零售店实现盈利。直通车推广、淘宝联盟推广等方式更适合培养消费者，对忠实消费者最好根据其购买数据的不同进行分级管理，通过设置不同的优惠力度留住他们。农村电商从业人员还可以通过平台向忠实消费者不定期发送促销信息，介绍新上市的当季农产品，以诱发其重复购买。

4. 案例启示

根据中小农产品淘宝零售店的现状和问题分析，以及网店建设和运营推广策略可以看出，中小农产品淘宝零售店应当有策略地应对激烈的市场竞争，在分析清楚自身当前状况的前提下，合理地运用自身资源和淘宝平台提供的各种资源，做好网店建设，重视自身农产品的质量和提供优质的客户服务，并通过建设优质的品牌，提高网店信誉，提升消费者的信任度和黏性，进而有策略、有步骤地提高农产品的销量。同时，中小农产品淘宝零售店需要通过合理的运营推广提升消费者的关注度和网店的客流量，从而提升农产品的成交转换率。

任务实训

实训一 在拼多多装修农产品网店

【实训目标】

（1）了解网店的视觉风格。
（2）掌握农产品网店首页的装修方法。
（3）掌握农产品详情页的装修方法。

【实训内容】

在拼多多开设的"春成水果店"装修网店首页（需自行开通网店），然后为网店中的一款丑橘装修详情页，效果如图4-39所示。

图4-39 装修后的详情页效果

（1）订购装修模板。选择一款合适的模板，在模板的基础上进行编辑，完成网店的装修。进入拼多多商家后台，在左侧的"店铺营销"栏中单击"店铺装修"超链接，打开"店铺装修"页面，将显示系统推荐的装修模板，单击所选模板下方的"立即试用"按钮。

（2）编辑装修模板。打开网店装修页面，页面中间区域将显示已订购模板的预览效果，此时可以根据实际情况对模板进行编辑，包括添加或删除组件、更换组件中的图片、自定义展示农产品、修改文本内容和颜色、添加组件和预览轮播图片效果等，装修完成后发布该网店首页。

（3）发布新产品。进入拼多多商家后台，在左侧的"常用功能"栏中单击"发布新商品"超链接，在打开的页面中选择分类后进入"发布新商品"页面，在"商品详情"栏中单击"装修商详"按钮。

（4）编辑产品详情页。打开"装修商详"页面，在其中选择需要的图片并进行编辑，然后在图片中添加和设置对应的文本，接着添加其他组件，最后提交，编辑完成产品详情页的装修。

【实训参考】

扫描右侧二维码可以查看在拼多多装修农产品网店首页和详情页的相关操作及思路，大家可以根据参考案例来装修农村电商平台中的农产品网店。

实训二　在淘宝网中进行营销推广

【实训目标】

（1）了解农村电商平台的运营推广。
（2）熟悉淘宝网的平台营销推广活动。
（3）掌握淘宝网的平台营销推广方法。

【实训内容】

通过参加淘宝直通车、引力魔方、极速推和聚划算等淘宝平台的活动，推广农产品。图 4-40 所示为淘宝极速推界面。

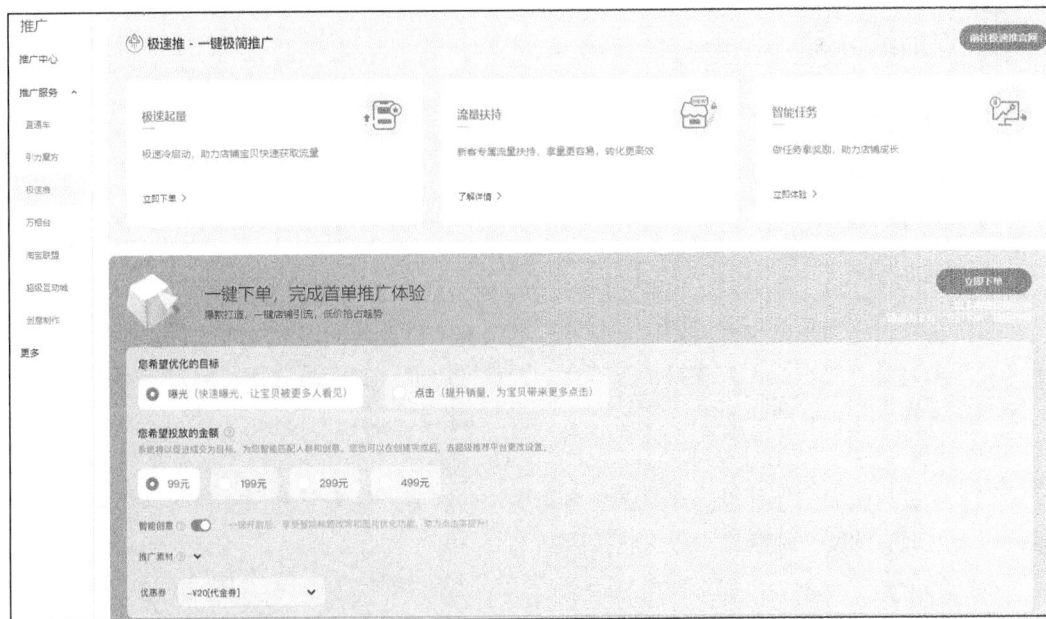

图 4-40　淘宝极速推界面

（1）制订直通车推广计划。登录淘宝千牛卖家工作台，单击"推广"选项卡，在打开页面的"推广服务"栏中选择"直通车"选项，打开直通车推广页面，单击"前往直通车官网"按钮，在打开页面的底部选择推广计划，然后编辑直通车推广活动的内容，包括选择推广方式、添加产品等。

（2）新建引力魔方推广计划。在"推广服务"栏中选择"引力魔方"选项，在打开页面的底部选择计划类型，然后新建推广计划，依次根据提示设置计划组、计划（包括主体选择、预算设置、投放日期等）。

（3）制订极速推推广计划。极速推【百亿流量 精准扶持】计划是阿里妈妈为淘宝新商家推出的精准流量扶持计划，商家最长可以享受 30 天的流量扶持，获得扶持的商家可以在手淘猜你喜欢、手淘搜索、互动场景等优质资源位获得专属流量曝光，产品投放效果更好。商家只需要选择优化的目标和希望投放的金额，在线付款后，即可启动极速推推广，助力网店产品快速获取流量。

（4）参加聚划算的单品团活动。单品团是聚划算营销活动的一种优惠的体验式营销模式，每个超级单品团活动期为 4 天，活动期内产品可获得在淘系全域的聚划算标识展示。此外，活动的第 1 天和第 2 天，活动商品将主要在聚划算域内展示（包含聚划算频道、聚划算营销活动页面等），活动的第 3 天和第 4 天，活动商品将主要在除聚划算域内的淘宝系全域展示。单品团的报名流程主要包括选择活动、选择产品、选择坑位、填写产品报名详情、产品审核、费用冻结和上团前准备 7 个步骤。

实训参考

在淘宝网中进行营销推广

【实训参考】

扫描右侧二维码可以查看在淘宝网中参加直通车等运营推广活动的相关操作，大家可以根据参考案例来开展农产品的推广。

 课后练习

1．名词解释

（1）农产品上架

（2）集市店铺

2．单项选择题

（1）在农村电商平台中开设网店销售农产品是基于网上购物这个大时代背景而快速发展起来的活动，具有成本低、方式灵活等特点。开设网店涉及农产品选品、发布与管理，开店时的网店装修，开店后的活动推广等多项（   ）工作。

A．运营 　　　　B．农村 　　　　C．服务 　　　　D．基本

（2）前进村张大伯想开设抖店来销售自家生产的红薯，他需要选择一种账号登录入驻，请问以下他拥有的哪一种账号无法入驻抖店？（   ）

A．手机号 　　　B．微信账号 　　　C．抖音账号 　　　D．火山账号

（3）在淘宝网中开设网店之前，除了要注册淘宝会员外，还需要（   ）。

A．出示资质证明 　　　　　　　　B．上传身份证

C．进行人脸识别 　　　　　　　　D．开通支付宝认证

农村电商（微课版）

（4）在淘宝网中开设网店成功后，商家对网店的管理主要是通过千牛卖家工作台进行的。以下哪一项操作无法通过千牛卖家工作台进行？（　　）

A. 发布农产品　　　　　　　　　　B. 参与推广活动

C. 上架和下架店铺商品　　　　　　D. 修改消费者评价

3. 多项选择题

（1）在拼多多中，以下哪些推广活动需要付费参与？（　　）

A. 多多进宝　　B. 多多搜索　　　C. 多多场景　　　　D. 多多买菜

（2）抖店就是抖音电商实现一站式经营的平台，农村电商从业人员在抖音平台开通的农产品销售渠道就是开通抖店。抖店的开通通常包括（　　）几个步骤。

A. 申请入驻　　B. 审核和验证　　C. 缴纳保证金　　　D. 正常营业

（3）农产品的选品对网店的成功有很大的影响，在抖店中，农产品选择通常有（　　）3种途径，商家需要根据自身情况合理地选择农产品。

A. 自有　　　　B. 购买　　　　　C. 批发　　　　　　D. 联盟

（4）天猫的网店类型主要分为（　　）3类。

A. 旗舰店　　　B. 专卖店　　　　C. 专销店　　　　　D. 专营店

4. 思考题

（1）在不同电商平台上开设网店的流程有什么区别？

（2）不同类型的农产品应该如何选择电商平台开设网店？

（3）在电商平台上推广农产品，应该选择付费的还是免费的？

（4）普通农民是否有必要在电商平台上开设网店售卖农产品？

5. 技能题

（1）在抖音开设网店，然后发布农产品并报名参加超值购活动。

（2）在淘宝网中开设网店，并进行网店的设计与装修。

第5章 农村电商短视频与直播运营

【学习目标】

- 了解短视频运营的概念和特点。
- 了解短视频的定位、运营的主流平台和方法。
- 掌握短视频拍摄、剪辑、发布和推广的基本操作。
- 了解直播运营的特点、主流平台、策略和技巧。
- 熟悉直播的准备工作、流程。
- 掌握直播的互动、复盘和运营方法。

引导案例

江苏省连云港市海头镇依托其传统渔业大村、苏鲁海鲜市场的特色资源，抓住农村电商短视频和直播运营的风口，借助短视频和直播销售海鲜，成为我国农村电商行业的翘楚。

海头镇的农村电商短视频与直播运营之路可以追溯到 2015 年。2015 年之前，海头镇的农村电商以传统电商为主，全年海产品线上销售额在 4 亿元左右，整个农村电商产业链的从业人员不足百人；全镇从事农村电商的物流人员不足 10 人，一天的最高线上销售单量不超过 1 000 件；配套的海鲜食品加工厂只有 2 家，其他配套的胶带厂、泡沫厂及纸箱厂更是少之又少。2015 年年初，海头镇的渔民小张将记录自己渔民生活的短视频发布到快手上，内容包括各种海产品介绍和制作方法，获得大量用户的关注，而且有很多用户留言想购买短视频中的海产品。小张抓住了这个商机，开始尝试通过网络直播售卖海鲜，结果销量喜人，轻松实现了日出百单，直播一年后的销售利润也突破了百万元。在小张的影响及带动下，海头镇的很多渔民纷纷开始直播卖货，海头镇也开启了直播销售的农村电商之路。为了宣传海头镇的海鲜资源，激发渔民的农村电商创业热情，开拓短视频和直播运营渠道，海头镇先后举办了"网络达人才艺大赛""感海节""海鲜电商户 TOP10 评选"等系列活动，同时还举办了"鲜美海头、鲜声夺人"海洋旅游暨海鲜电商节、达人直播大赛等活动。此后，海头镇的渔民把网络直播变成了新农生活的重要组成部分，在抖音、拼多多等多个平台上利用短视频介绍海产品和新农村风貌，通过直播的形式销售海产品，过上了小康生活，实现了乡村振兴的目标。

2021年，海头镇已拥有日活跃直播账号 6 000 多个，年销售额突破 65 亿元，销售额破千万元的农村电商户超过 30 户，带动相关就业 1 万多人。短视频与直播运营助力海头镇农村电商发展的事迹也被新华社拍摄成专题片，在新华视点、新华每日电讯、快手、微博、抖音、微信、江苏卫视和黑龙江卫视等平台播放，海头镇作为全国海产品直播电商中网络达人聚集地的声名一下就被传播了出去。

思考：

1. 海头镇是如何运用短视频和直播运营助力渔村铺就农村电商致富路的？

2. 海头镇采用"渔业+电商+直播"模式带动本地农业发展的经验给我们带来哪些启示？

【本章要点】

短视频运营的概念　短视频定位　短视频运营的方法　拍摄和剪辑短视频
直播运营的主流平台和技巧　做好直播的准备工作　规划直播的流程

近年来，因具备直观性、互动性和趣味性等特性，以短视频和直播形式为主的农村电商新模式得到了飞速发展。在政府的大力支持和电商企业的积极参与下，"短视频+直播"形态的新型农村电商模式——"农产品短视频推荐+直播带货"产生了，这种模式为乡村振兴注入了新活力、新动能。

5.1　短视频运营基础

以抖音为代表的短视频平台的用户数量迅速增长，短视频的营销价值逐渐凸显，使用短视频推广农产品正成为农村电商发展的新方式和新路径。农民通过拍摄有关农产品或农村生活的短视频，并在短视频平台上发布和推广，吸引了大量用户的关注，从而带动了农产品的线上销售。

微课视频

短视频运营基础

5.1.1　短视频运营的概念和特点

短视频具有碎片化传播的特点，而且具有强大的变现能力。农村电商从业人员可以在短视频平台的扶持和国家政策的支持下，实现与短视频行业的融合，走出一条新的电商运营之路。

1. 短视频运营的概念

短视频运营是随着互联网以及短视频的发展而产生的一种新的运营方式，通常以短视频平台为载体，以短视频的内容、创意等为导向，通过精心策划短视频内容实现品牌塑造、产品营销等目的。

课堂讨论

谈一谈你对短视频的认识，如果让你为短视频运营下一个定义，你会给出什么答案？请和同学分享。

农村电商从业人员可以借助短视频这种广为传播的媒介形式开展高效营销，形成强大的内容营销矩阵，塑造深入人心的农产品品牌。很多农村电商从业人员都通过短视频内容创作，来展示特色农村生活、推广现代农业技术、宣传特色农产品等，不仅打造出具有鲜明特色的个人品牌，也营造了一种良好的短视频运营生态。

除此之外，短视频运营与农村电商相结合，还能带动当地农村经济的发展，助力乡村振兴。例如，四川某农村电商从业人员就通过短视频展现家乡美食、人文和生态，在极短的时间内迅速收获了 50 万粉丝。在完成粉丝的积累后，她又积极促成流量的转化，在短视频中宣传和销售家乡的农产品。然后，她将自己的名字打造成农村电商的特色品牌，并向粉丝推荐自己认可的农产品，同时在多个电商平台上开设了同名网店，销售四川特色美食，通过将这些产品融入短视频内容为其引流。目前，该农村电商从业人员在抖音的粉丝数量超过 1 100 万人，其淘宝网店陆续上线了同名的香辣红油豆腐乳、麻辣萝卜干、纯甘蔗熬制红糖块等农产品，受到粉丝们的欢迎，如图 5-1 所示。

图 5-1　同名淘宝网店

2. 短视频运营的特点

短视频主要通过互联网从业人员传播，特别容易实现在各种社交媒体平台上的分享。相对于传统的运营方式，短视频运营呈现出内容直观，门槛低、成本低，互动性强，社交属性强，传播范围广且效果持续等特点。

（1）内容直观。短视频运营比传统运营方式更具表现力。用户在观看短视频时获得的信息更多，效果也更直观、生动。农村电商从业人员可以通过短视频展示整体效果、农产品细节和使用体验等方面的内容，这样做比发布文字、图片更具优势，且对用户具有更强的吸引力。例如，抖音上的水果销售短视频大多着力于通过画面展现水果的色泽、质感，通过真人试吃的画面表现水果的口感，十分生动直观。

（2）门槛低、成本低。相较于传统广告，短视频制作门槛较低，成本也相对较低。大多数短视频 App 都提供了各种拍摄模板，大家直接套用模板即可完成拍摄和制作。另外，短视频 App 还提供了各种滤镜特效。没有专业拍摄知识的农村电商从业人员也能利用智能手机轻松地制作出一支短视频。因此，农村电商从业人员可以直接使用智能手机拍摄自家种植、收获农产品的短视频，展示并销售农产品。

（3）互动性强。短视频运营的互动性非常强。农村电商从业人员发布短视频时可以配上农产品文案、添加话题、添加位置和农产品链接等。短视频发布成功后，用户可以对短视频进行点赞、评论和转发，或者点击链接购买农产品、通过私聊的方式咨询等。较强的互动性使农村电商从业人员能够快速获取用户对农产品的反馈，从而有针对性地提升农产品的质量。

（4）社交属性强。心理学研究发现，个体使用社交媒介的动机主要包括自我展示以及获取归属感两大方面。社交媒介为个体提供了表达的空间，个体可以借此机会通过语言或个性展示来展现积极的形象，同时可以通过在社交媒体上结识志同道合的朋友而找到归属感。短视频作为一种具有社交性质的媒介，为用户实现上述动机提供了可能。越来越多的用户将短视频作为重要的社交方式，而这就为短视频运营提供了可能，观看短视频的用户越多，对短视频的认可度越高，短视频运营的效果就越好。

（5）传播范围广且效果持续。在短视频运营模式下，用户可以将自己喜欢的短视频分享到其他新媒体平台上，扩大短视频的传播范围；此外，播放量、点赞量高的短视频会被短视频平台推送给更多用户。内容质量高、受到用户喜欢的短视频往往能得到持续传播，从而持续产生运营效果。

5.1.2 主流的短视频平台

2016 年以来，在互联网快速普及，以及大数据技术、算法技术、网络通信技术快速发展等因素的推动下，短视频平台的数量呈现爆发式增长。以抖音和快手为代表的短视频平台快速发展，逐渐形成具有一定规模的短视频产业链，并发展出"短视频+电商"的全新商业运营模式。各大短视频平台和电商平台在进行"短视频+电商"产业布局的同时，也积极推行各项助农举措，为农村电商的发展提供了较大的便利。目前，主流的短视频平台包括抖音、快手、西瓜视频和 bilibili 等。利用通过了实名认证的手机号码，农村电商从业人员即可在这些平台上制作和发布短视频，进而通过短视频运营来销售农产品。表 5-1 所示为主流短视频平台的主要用户群体和主流类别。

表 5-1　主流短视频平台的主要用户群体和主流类别

主流短视频平台	主要用户群体	主流类别
抖音	20～40 岁，一、二线城市用户	娱乐类、舞蹈类、搞笑类、旅行类、教程类
快手	30 岁以下，二线城市以下用户	搞笑类、"段子"类、音乐类、游戏类、美食类、舞蹈类
西瓜视频	25～35 岁，三、四、五线小城市用户	社会类、影视类、娱乐类、房产类、旅游类、教育类
bilibili	18～30 岁，沿海城市用户	搞笑类、音乐类、游戏类、科技类、美食类、时尚类、舞蹈类、生活类、影视类

农村电商从业人员首先要了解各个短视频平台的用户特点和需求喜好，了解各个平台的

优势和劣势，选择适合自己的短视频平台，才能精准地找到目标用户群，更好地开展短视频运营。以抖音为例，其早期的主要用户群体为一、二线城市用户，以年轻人为主，且对音乐和娱乐等领域的关注度较高，短视频内容的特征为更注重设计感，主要展示城市的品质生活。所以，早期的抖音并不太适合农村电商开展短视频运营。近几年，为了实现多元化发展，抖音逐步实施"市场下沉"策略，积极获取二、三线城市的用户。同时，抖音大力推进助农举措，吸引了众多农村电商从业人员。他们依靠抖音的流量扶持开展短视频运营，取得了不错的成果。

5.1.3　短视频的定位

短视频的定位是短视频运营的开始，主要涉及短视频的内容定位和角色定位两个方面。

1. 内容定位

在进行短视频运营时，农村电商从业人员不仅要关注农产品的销量，还要重点关注短视频内容的规划和打造，从而用优质的内容来吸引用户关注。农产品短视频的内容主要聚焦农业、农村和农民，因此，短视频选题大多围绕这几个方面进行策划。

（1）展现新农村新风貌。在乡村振兴的大背景下，农村的风貌正在发生翻天覆地的变化。农村电商从业人员在进行短视频运营时，可以选择新农村、新风貌作为内容的核心，展示新农村的好山好水、好瓜好果，展示新农村的生活习俗、人文风情，以此吸引用户关注。图 5-2 所示为展现新农村风光的短视频。

（2）展现农产品产地和农产品。短视频运营最大的特点之一就是生动直观。农村电商从业人员可以通过短视频直观地展现农产品产地的真实情况，展示农产品从种植到"生产+加工"流程的全过程，将这些作为内容素材，突出表现农产品的新鲜、美味等优势。图 5-3 所示为展现农产品的短视频。

图 5-2　展现新农村风光的短视频

图 5-3　展现农产品的短视频

（3）展现农村生活和乡情。不同的地区往往有不同的农村生活和农家趣事，而这些也是农村电商短视频运营的内容素材。农村电商从业人员将农村的生活故事、农产品成长的故事拍摄成短视频，可提升用户的情景代入感和主观体验。

短视频运营的基础是短视频的内容，内容越有价值，短视频的运营效果才会越好。在创作短视频内容时，农村电商从业人员需要让用户通过观看短视频而获得价值。就目前来说，"三农"领域短视频的内容价值主要体现在农产品科普、美食教程、农业教育等方面。农产品科普即科普与农产品相关的知识，如水果的运输、水果的搭配食用、水果的营养价值等；美食教程即利用农产品制作相关食物，如腌制泡菜、制作春卷等；农业教育即展示生产基地、育苗工艺、果园和菜园管理等。

短视频的内容要体现价值，就需要结合农村电商自身的特色和优势。农村电商从业人员在某个领域拥有独特资源时，就可以基于该领域资源来挖掘内容的价值。例如，某个农村电商从业人员拥有先进的农业技术信息资源，就可以在短视频中展示先进的农业技术，为用户提供价值。另外，农村电商短视频的内容还可以体现社会主义核心价值观，展现积极风貌。例如，某农村电商从业人员承担起传承家乡优秀农村文化的责任，通过短视频展示农村的特色文化，让更多的人认识和感受我国农村文化的魅力。

内容定位则是根据短视频选题定位短视频的具体内容。例如，可以以农产品的生产、种植、包装过程为内容，也可以以农产品所在地区的生态环境、人文历史为内容。图 5-4 所示的短视频是一个被央视称为"炉台上的乡愁"的农村电商从业人员制作的。其短视频内容以乡土人情、家庭生活、美食制作与夫妻间的日常为主，展示了没有美颜、滤镜、包装的真实农村生活，充满了人情味。

2. 角色定位

角色定位是指在短视频中打造具有特色的人物主角。在进行角色定位时，性别、年龄、能力、性情、品格、身份、经历、装扮、状态、习惯、语言等元素都可以用于打造人物的特性。例如，独具特色的语言风格、较强的专业能力、与众不同的装扮风格等。图 5-5 所示短视频的主角就被打造成朴素的农妇。短视频内容都围绕这一角色定位制作，增加用户的好感，在吸引用户关注的同时使其产生购买的意愿。

图 5-4　@蜀中桃子姐的短视频

图 5-5　@川香秋月的短视频

5.1.4　短视频的运营方法

短视频运营通常是基于短视频内容开展的营销活动，农村电商的短视频内容经常需要将与农产品相关的信息真实、客观地展示给用户，以便用户选择。在进行农村电商短视频运营的过程中，从业人员需要使用一定的方法进行精巧的创意设计，以有效吸引用户观看短视频，甚至促使下单。

1. 结合电商平台运营思路

农村电商短视频运营的最终目的是农产品的销售和流量变现。而要实现这一目的，就需要将短视频运营与农村电商结合起来，创建便利的购物渠道，将短视频带来的流量引导至农产品购买页面，将流量转化为订单。因此，农村电商从业人员可以根据实际情况在农村电商平台上开通网店，或在短视频中分享农产品链接，以便用户直接购买。此外，农村电商从业人员也可以将短视频与直播结合起来，将短视频带来的流量引导至直播间，通过直播间的互动引导，实现流量的高效变现。

2. 运用内容营销技巧

农村电商从业人员要实现流量变现，在短视频运营过程中还要运用一些内容营销技巧，促进短视频的有效传播，进而获得更多的流量。

（1）场景化展示。场景化展示即设计真实的场景来展示内容，它能够在潜移默化中有效提升用户的参与感，让用户通过短视频获得实时、实地的体验，提高用户对内容的感知度。例如，农村电商从业人员制作水果推广短视频时，展示果园、采摘现场、发货场景等。图 5-6 所示为水果的发货场景。

（2）意向引导。意向引导即通过语言、神态、行为等引导用户的行为倾向，并通过这种引导让用户认可短视频内容，认可短视频中的农产品。例如，有些农村电商从业人员会通过"自家种的""现摘现发""我们这里的人都喜欢吃"等语言，满足、高兴、惊讶等神态，或邀请朋友一起享用等行为对用户进行意向引导。

（3）消费示范。消费示范实际上就是指试吃与试用。在农村电商的短视频中，试吃、试用农产品可以直观地向用户展示农产品的真实情况，增加用户对农产品的信任感。图 5-7 所示为近距离展示水果的试吃情况，然后通过在试吃过程中描述水果的味道和口感激发用户的购买欲望。

图 5-6　水果的发货场景

图 5-7　近距离展示水果的试吃情况

（4）"蹭"热点。"蹭"热点是短视频运营快速获取流量的一种便捷方法。只要热点和短视频内容有关联，农村电商从业人员就可以通过"蹭"热点来获得用户关注。"蹭"热点有一定的方法，如在短视频内容中加入与热点相关的字词、人物、事件等，以借势引起用户的关注。热点则包括名人事件、体育赛事、传统节气、节日和各种新闻事件等。

（5）活动促销。活动促销是指将促销活动拍摄成短视频的内容，通过促销活动引导用户关注，从而实现粉丝数量的增加和农产品的销售。

（6）文案创意。文案是短视频内容的重要组成部分，文案创意则不仅包括短视频内容中文字的创意，还包含整个内容文案表达方式的创意。例如，拍摄农村风光的短视频，可以拍摄淡淡炊烟笼罩的村寨、山间梯田抽象的线条、暮色中骑在牛背上的儿童，如此美丽的农村场景一下就展现出来了。

（7）在拍摄与剪辑中体现创意。农村电商从业人员在拍摄短视频时，除了要保证持机平稳、画面清晰、构图平衡、取景准确、运镜速度均匀外，还要从拍摄方向、拍摄角度、拍摄距离、运镜方式等方面挖掘创意。此外，短视频的剪辑也可以体现创意，如剪辑方式、转场效果、节奏设定、背景音乐选择等，都可以使短视频的呈现效果与其他同类短视频形成差异，从而打造出自己的短视频拍摄和剪辑特色。例如，大部分农村电商从业人员拍摄的短视频都以写实为主，如果学习和运用一些专业的拍摄技术，从呈现的视频画面、构图和背景设置上与其他农村电商的短视频区别开来，也可体现短视频创意。

5.2　短视频运营的主要内容

近年来，农村电商从业人员利用短视频运营为农产品销售打开了更大的市场，推动了农村致富。农村电商短视频运营的主要内容包括拍摄和剪辑短视频、发布和推广短视频等。

微课视频

短视频运营的
主要内容

5.2.1　拍摄短视频

拍摄短视频是短视频运营的基础，需要使用拍摄器材，运用拍摄手法，将创作的脚本拍摄成视频画面。

1. 选择拍摄器材

农村电商常用的拍摄器材主要是手机和单反相机。此外，还有一些辅助器材，包括维持画面稳定的脚架或稳定器，收集声音的话筒，以及提供辅助光线的补光灯。

（1）手机。使用手机拍摄短视频，可以直接使用手机内置的相机拍摄，也可以使用手机中的短视频 App 拍摄，并为其设置滤镜等，以提升短视频画面的质感。手机拍摄具有拍摄方便、操作智能、编辑便捷和互动性强等优势，这也是手机成为主流短视频拍摄器材的主要原因。但手机在防抖、降噪、广角和微距等方面的性能还比不过单反相机和摄像机这些专业摄影摄像器材，需要进一步提升。手机拍摄门槛相对较低，适合大多数农村电商从业人员。

课堂讨论

　　市面上的手机品种和型号众多，农村电商从业人员在选择作为拍摄器材的手机时，应该着重考虑哪些性能因素？

（2）单反相机。运营资金较为充足的农村电商从业人员，如果对短视频画面效果和拍摄技巧有一定的要求，就可以考虑选用单反相机作为短视频的拍摄器材。与手机相比，单反相机的画质、拍摄效果、像素、画面动态范围、清晰度、镜头效果等都更好，是很多专业短视频团队的首选拍摄器材。

（3）脚架。脚架是一种用来稳定手机或单反相机的支撑架。很多农产品短视频都采用固定镜头拍摄，脚架通常是拍摄这类短视频的首选器材。图5-8所示即为使用脚架和手机拍摄短视频的画面。

（4）稳定器。拍摄短视频的前后移动、上下移动和旋转跳跃等镜头时需要使用稳定器来保证画面的稳定。稳定器通常配有一定长度的延长杆，能扩大取景范围，而且可以通过手柄实现自拍、竖拍、延时、智能追踪、360°旋转等多种功能，大大提高短视频拍摄的效率。

（5）话筒。手机和单反相机通常内置有话筒，但话筒的收声范围较小，无法满足拍摄短视频的需求。所以，很多短视频拍摄需要配备单独的外置话筒。拍摄短视频时常用的话筒是领夹式无线话筒，其被安装在主角的衣领或上衣口袋中。图5-9所示的短视频画面中，人物围裙上佩戴的就是领夹式无线话筒。

图5-8　使用脚架和手机拍摄短视频的画面

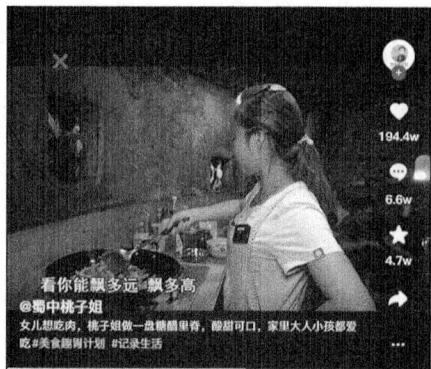

图5-9　短视频中人物佩戴了领夹式无线话筒

（6）补光灯。补光灯的功能是在缺乏光线的情况下提供辅助光线。由于农村电商从业人员拍摄的短视频很多都以室内拍摄为主，光线不足会导致视频画面阴暗不清楚，即便在室外，乡野环境也需要大量补充自然光，这时就需要使用补光灯对拍摄对象进行补光。

> **知识链接**
>
> 在拍摄短视频过程中，涉及航拍、全景、俯瞰视角等画面时，可以使用无人机。无人机由机体和遥控器两部分组成，机体中带有摄像头或高性能摄像机，可以完成短视频拍摄任务；遥控器则主要负责控制机体飞行和摄像，并且可以连接手机，以便我们实时监控并保存拍摄的短视频。

2. 撰写短视频脚本

短视频脚本是介绍短视频的详细内容和具体拍摄工作的说明书。短视频脚本是短视频创作所依靠的内容提纲和框架，能够为后续的拍摄、剪辑等工作提供流程指导，并明确各种分工职责。短视频脚本主要有提纲脚本、分镜头脚本和文学脚本3种类型，分镜头脚本适用于有剧情且故事性强的短视频，脚本中的内容更丰富和细致，也需要投入更多的精力和时间。而提纲脚本和文学脚本则更有个性，对创作的限制也不多，能够给拍摄留下更大的发挥空间，更适合短视频新手使用。表5-2所示为《农村生活》的提纲脚本，这类脚本经常被用于展现农村生活的短视频中。

表5-2 《农村生活》的提纲脚本

脚本要点	要点内容
标题	××的农村生活
主题	展示日常农村生活，主要有干农活、制作农村美食等
主角	××和××及家人
场景1：卧室	起床洗漱
场景2：饭厅	吃简单的早饭
场景3：屋外	准备农具，出门（说明今天的安排，录音）
场景4：田野	给蔬菜除杂草、为果树上肥（说明各项工作，录音）
场景5：厨房	制作红烧鱼（全程讲解制作过程，录音）
场景6：饭厅	全家一起吃饭（日常聊天，录音）

3. 明确拍摄手法

明确短视频的拍摄手法主要包含设置景别和选择运镜两个方面。

（1）设置景别。景别是指由于拍摄器材与拍摄对象的距离不同，拍摄对象在视频画面中所呈现的范围大小的区别。在实践中，一般把景别分为远景、全景、中景、近景和特写5种类型，如图5-10所示。例如，为了展示水蜜桃的鲜嫩多汁，可以使用特写拍摄果肉。

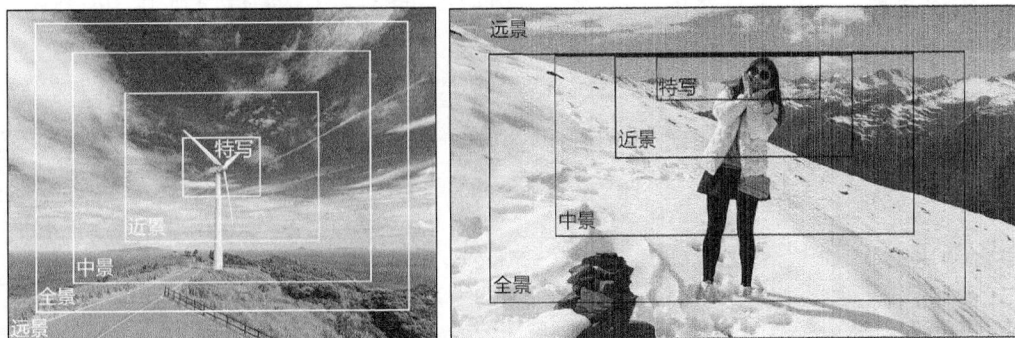

图5-10 景别的类型

（2）选择运镜。运镜是指镜头的运动方向，常见的运镜有固定镜头、水平左右移动镜头、从远及近推动镜头、从上向下的俯视和鸟瞰镜头、从下向上的仰视镜头、360°环拍镜头等。例如，拍摄农村风貌就可以采用站在山上拍摄田野风景的俯视镜头，这样能展现农村全貌。

4. 选择短视频拍摄软件

手机是目前拍摄短视频的主要设备。为优化画面质感，农村电商从业人员通常会选择专门的App来进行拍摄。

（1）短视频App。抖音、快手、微视、抖音火山版、美拍和秒拍等App都具备短视频拍摄功能，农村电商从业人员可以通过这些App直接拍摄和剪辑短视频，并将短视频直接发布到对应的短视频平台上。

（2）专业视频拍摄App。这类App主要包括ProMovie、FiLMic专业版和ZY Play等，一些专业的短视频拍摄团队通常会使用这类 App,而且这类 App 通常采用的是横屏的拍摄方式。

（3）相机 App。这类 App 有清颜相机、美颜相机和无他相机,以及手机自带的相机 App 等,主要功能是拍摄和制作各种照片和图片。短视频拍摄只是其中的一项功能。

5. 拍摄短视频

农村电商从业人员在拍摄短视频的过程中,可以选择与短视频主题相符合的特效和滤镜来美化短视频,如果短视频涉及人物,还可以设置美颜来美化人物。扫描上方的二维码可以查看花卉种植农村电商从业人员为了宣传绿植,使用手机和抖音 App 拍摄一段 15 秒的短视频的具体操作。

5.2.2 剪辑短视频

拍摄后的短视频可能存在内容较多、较为复杂,时长较长等问题,通常需要进行剪辑处理。

1. 常用的剪辑工具

剪辑是指将拍摄的短视频剪去多余部分,并对声音、台词、画面等进行处理,制作成一个内容饱满、衔接自然的短视频。短视频剪辑常用的工具包括剪映、爱剪辑和 Premiere 等。

（1）剪映。剪映是抖音官方推出的视频剪辑工具,可以在手机或计算机中使用,操作简单,如图 5-11 所示。其中提供了大量的剪辑模板,还有各类视频特效、抖音热门音乐、贴纸、滤镜等。

（2）爱剪辑。爱剪辑是一款免费的视频剪辑软件,主要在计算机中使用,其功能较为全面,包含特效、字幕、素材和转场动画,且操作简单,适合新手使用。

（3）Premiere。Premiere 是一款专业的视频编辑软件,主要在计算机中使用,其编辑画面质量较高,兼容性较好,是视频编辑爱好者和专业人士必不可少的视频剪辑工具。

图 5-11　剪映

2. 剪辑短视频的技巧

农村电商从业人员在剪辑短视频时,需要掌握以下剪辑技巧。

（1）确定分割点。分割点是指两个不同镜头之间的转换点,可选择动作处于即将要做出的时刻,或动作已完成 1/4 的时刻;为保证短视频画面更加流畅,可保留 1 帧或 2 帧画面用于过渡。

（2）镜头连接。镜头连接需要遵循“动接动,静接静”的原则,即运动镜头连接运动镜头、固定镜头连接固定镜头。镜头连接可以设置叠化、定格及淡出淡入等不同的转场效果。

（3）台词连接。如果拍摄的短视频中有台词,上一个镜头的台词和画面应同一时间同一

位置切出，或下一个镜头台词和画面同一时间同一位置切入，即声音、画面要同步，这是较为常见的台词剪辑技巧。

（4）控制时长。短视频平台通常会对发布的短视频时长有限制，所以农村电商从业人员在剪辑时需要控制短视频的时长。以抖音为例，普通用户仅支持直接拍摄和发布15～60秒的视频，只有当账号粉丝量或者优质短视频数量达到一定标准后，抖音平台才会增加该短视频账号的视频时长。

3. 使用剪映剪辑短视频

下面以使用剪映剪辑短视频为例，介绍剪辑短视频的基本操作，操作如下。

① 打开剪映，在主界面中单击"开始创作"按钮，在打开的界面中选中视频素材（配套资源：\素材文件\第5章\大闸蟹.mp4），单击右下角的"添加"按钮。

② 在打开的界面中单击"关闭原声"按钮，然后单击"剪辑"按钮，在打开的界面中的视频轨道上向左拖曳视频素材，停留在第00:01秒处，接着单击底部的"分割"按钮分割视频素材，如图5-12所示。

③ 选中分割后的左侧的视频素材，单击底部的"删除"按钮。单击"文本"按钮，向左拖曳视频素材停留在第00:01秒处，在打开的界面中单击底部的"文字模板"按钮，然后单击"热门"选项卡，接着在下面的列表中选择一种字体样式，按住文本框右下角的回按钮，向外拖曳适当放大文字，并拖曳文字到画面左下角，在文本框中输入"品质鲜蟹"，完成后单击✓按钮，如图5-13所示。在打开的界面中按住文字素材右侧的按钮，向右拖曳至第00:05秒处，延长文字显示时长。

图 5-12 分割视频素材

图 5-13 添加文字

④ 选中视频轨道上的视频素材，单击底部的"调节"按钮，选择"亮度"选项，并向右拖曳下方的滑块适当调高亮度，然后用同样的方法适当调高光感，单击✓按钮，如图5-14所示。

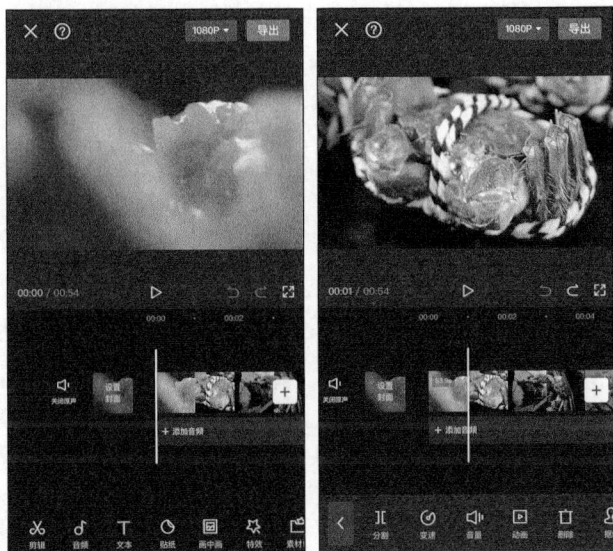

微课视频

使用剪映剪辑
短视频

第5章 农村电商短视频与直播运营

137

⑤ 选中视频轨道上的视频素材，将时间线移动到第 00:24 秒处，单击"分割"按钮，然后选择左侧的视频，单击底部的"删除"按钮。选择右侧的视频，单击"动画"按钮，在其中选择"入场动画"选项，在打开的列表中选择"轻微抖动"选项，单击✔按钮，如图 5-15 所示。

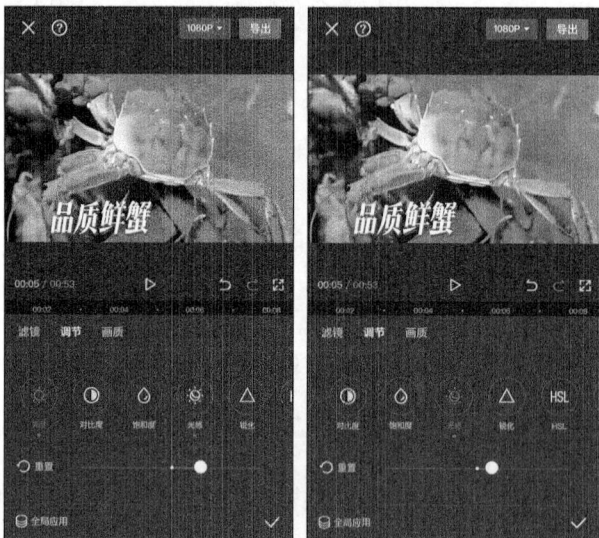

图 5-14 调高亮度和光感

图 5-15 设置入场动画

⑥ 选中视频轨道上的视频素材，在第 00:06 秒处单击"文本"按钮，然后单击底部的"新建文本"按钮，输入"蟹黄四溢"，单击✔按钮。单击"花字"按钮，在下面的"热门"选项卡中选择一种字体样式，然后拖曳文字素材到画面左下角，完成后单击✔按钮，将文字素材向右拖曳至第 00:12 秒处。用同样的方法在后面添加同样样式的文字"蟹肉鲜美"，将该文字素材向右拖曳至第 00:22 秒处。选中视频素材，单击"分割"按钮，然后选中右侧的视频素材，单击"删除"按钮将其删除。

⑦ 依次单击左下角的"返回"按钮返回剪辑界面，将时间线移动到短视频开始处。单击"音频"按钮，在打开的界面中单击底部的"音乐"按钮，打开"添加音乐"界面，在其中选择背景音乐。这里向左滑动屏幕，选择"轻快"选项，在打开的界面中单击音乐试听，选择好音乐后单击对应的"使用"按钮，如图 5-16 所示。

⑧ 选中音频轨道上的背景音乐素材，按住其尾部向左拖曳，使其与视频轨道上的视频素材末尾对齐，如图 5-17 所示。保持选中背景音乐素材的状态，单击"淡化"按钮，设置音乐淡入（音乐渐显）时长和淡出（音乐渐隐）时长均为 1.5 秒，单击✔按钮完成设置。

⑨ 单击"导出"按钮，屏幕中将显示导出进度，待完成导出后单击"抖音"选项可将短视频发布到抖音中，如图 5-18 所示（配套资源：\效果文件\第 5 章\大闸蟹.mp4）。

图 5-16 添加背景音乐

图 5-17　调整音频显示时长

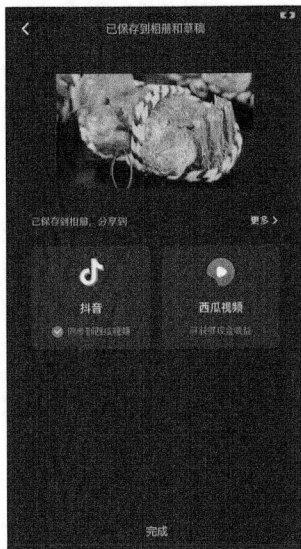

图 5-18　导出短视频

5.2.3　发布短视频

发布短视频并不是单纯地将短视频投放到短视频平台上。为了提升短视频的运营效果，农村电商从业人员可以使用一些技巧来发布短视频，如选择发布时间、设定发布频率、运用热门话题标签、添加位置和打造矩阵等。

1．选择发布时间

人们通常会养成在一个固定的时间点准时接收信息的习惯，发布短视频也一样。农村电商从业人员应该选择在一个固定的时间点发布短视频，如每天 12 点整，或周一、周三、周五、周六的 17 点整等，这样有利于培养用户的观看习惯。一般来说，农村电商从业人员也可以选择在用户观看短视频的热门时间段发布短视频，如中午和晚上的休息时间，也就是 11：00—13：00、17：00—19：00 或 20：00—22：00。

2．设定发布频率

为短视频设定一个固定的发布频率也有利于培养用户的观看习惯。为了加深用户对短视频账号的印象，吸引用户关注，农村电商从业人员通常将短视频的发布频率设定为一周多次。如果发布短视频的间隔时间过长，容易导致用户流失。农产品通常具有一定的时效，这就需要在其时效期内，增加短视频发布的频率，如每天一次，或者一天两次，争取在时效期内吸引大量用户关注，完成农产品的销售。

3．运用热门话题标签

发布短视频时，通常需要添加对短视频内容的文字描述，在文字描述中添加合适的热门话题标签可增加短视频内容的曝光机会。话题是短视频平台中的内容主题，通常以"#"开头的文字就是话题标签。热门话题标签是短视频的重要流量入口，善用标签可以为短视频聚集更多流量。在当前主流的短视频平台上，平台官方发布的活动往往也会通过标签来聚集流量。

除了使用已有的热门话题吸引流量外，也可以通过主动添加话题的方式在描述中设置适当的标签增加短视频的曝光机会。在图 5-19 所示的短视频中，"#新农人计划 2022"是抖音官方发起的活动标签，"#我的乡村生活""#乡村守护人""#婆媳""#农村美食"则是该账号根据近期热门话题和短视频内容主动添加的话题标签。

4. 添加位置

发布短视频时直接添加当前的位置，可以提高用户的信任度。例如，发布的短视频内容是宣传灵山荔枝，那么如果添加的位置也确实是定位在广西壮族自治区灵山县的某个地方，则用户观看后更能够认可农产品。

5. 打造矩阵

为了全面覆盖短视频平台的目标用户，现在很多农村电商从业人员会打造平台矩阵或账号矩阵，通过在多个平台或多个账号上发布短视频，实现同步运营推广。例如，某农村电商从业人员在抖音、快手、百度、淘宝等平台开设了账号，并同步发布短视频，打造平台矩阵，如图 5-20 所示。

图 5-19　短视频中的话题标签

图 5-20　平台矩阵

当然，打造矩阵对短视频运营能力的要求较高。首先，农村电商从业人员要具备足够的时间和精力，能够有规律地拍摄、制作和发布短视频，同时还要对短视频发布后的数据进行观察和分析，以便及时调整短视频运营策略。此外，农村电商从业人员还应当具备一定的营销素质和技巧，能够根据各个平台的数据特点有针对性地推广、维护短视频，以满足不同平台用户的实际需求。在短视频运营初期，农村电商从业人员可以先选择一个短视频平台，通过发布优质短视频内容积累粉丝和名气，待形成一定的规模和影响力，且具备相应的资源和条件后，再实行多平台的联合运营。

5.2.4　推广短视频

在进行农村电商短视频运营的过程中，短视频主要起着引流的作用，短视频的播放量、评论量、转发量越多，短视频能够引入的流量就越多。所以，为了增强短视频的引流效果，提高农产品销量，很多农村电商从业人员会使用短视频平台的推广工具推广短视频，从而获取更多优质的流量。

1. 付费推广

目前，不同的短视频平台都推出了相应的短视频付费推广工具。例如，抖音推出的DOU+、快手推出的快手粉条等。以DOU+为例，DOU+是抖音推出的一款短视频加热工具。使用DOU+后，平台会将短视频推荐给更多对该短视频内容感兴趣的用户，以提高短视频的播放量与互动量。农村电商从业人员如果在短视频中添加了农产品信息，通过DOU+推广就可以达到为农产品高效引流的目的。

2. 免费推广

短视频免费推广达不到付费推广的效果，但适合作为农村电商初期引流的主要方法。下面以抖音为例，介绍几种常用的农产品短视频免费推广的方法。

（1）分享到社交媒体平台上。通过抖音将农产品短视频分享到微信朋友圈、微博等社交媒体平台上，利用这些平台进行推广。

（2）私信引流。私信是抖音的功能之一。通过私信，农村电商从业人员能够向指定用户发送文字、图片和视频等内容。私信引流则是在同类型的农村电商短视频达人的粉丝中选择一些，给对方发送私信，引导其关注自己的短视频账号，以此来达到推广引流的目的。

（3）参与挑战赛。抖音中有挑战项目，并且会定期推送参与热门挑战赛的短视频。参与热门挑战赛的短视频有可能获得较高的点击率，从而增加短视频账号和内容的曝光量，进而获得更多用户的关注。

（4）设计账号主页。在抖音短视频账号的主页中，通过设计特殊的背景图、签名、头像、账号名称或封面等，可实现推广和引流目标。例如，在背景图中加入微信公众号名称、电话号码，在账号简介中加入引流信息等。

课堂讨论

你还知道哪些短视频推广方法？如果你是一位刚创业的农村电商从业人员，你会选择哪种方法来推广短视频？

3. 推广技巧

农村电商从业人员在推广农产品短视频时，应该掌握以下技巧。

（1）明确推广目的。在短视频运营初期，应以提高粉丝量为主要目的；有一定粉丝基础后，则可以以提高与粉丝的互动率为主要目的，增强粉丝的黏性，培养粉丝的忠诚度，做好农产品销售的准备；进入短视频运营后期，则可以以提高农产品销售转化率为主要目的，即全面推广短视频，直接在短视频中为具体农产品或者农产品网店引流。

（2）精选短视频内容。如果想吸引新的粉丝，可以制作并发布有特点、有新意的短视频，或选择真人出镜，提升粉丝对人物主角的熟悉度；如果要提高与粉丝的互动率，则需要制作并发布现有粉丝感兴趣的短视频，并在内容中增加互动点来激发粉丝的参与热情；如果要提高农产品转化率，则应制作并发布可以体现农产品卖点的短视频，或者将农产品信息自然地融入短视频，让粉丝主动关注并购买。

（3）符合审核规范和市场规律。短视频中不能含有违法违规、引人不适的内容。另外，短视频推广也是一种内容营销，在短视频中长时间展示农产品及品牌等过度营销反而会影响营销效果。

（4）做好推广计划。运营初期短视频通常没有影响力，农村电商从业人员需要长时间运营和推广短视频账号，这时就需要做好推广计划。周密、可执行性强、有计划地推广计划，更有利于短视频推广。

5.3　直播运营基础

在乡村振兴和数字乡村战略背景下，广大农民把直播变成了新农生活的重要组成部分，通过直播实现了就业、创业。在农村电商中，直播运营主要以新媒体直播平台为载体，通过"现场展示"的方式传递农产品信息，达到销售农产品或为网店引流的目的。

微课视频

直播运营基础

5.3.1　直播运营的特点

在农村电商领域的直播运营，可以简单地看作直播带货。直播带货正逐渐成为农产品销售的主流方式之一。抖音电商公布的数据显示，2021 年 9 月—2022 年 9 月，抖音电商共销售农特产 28.3 亿单。从这些数据中可以窥见直播运营对农村电商的影响力。农村电商之所以青睐直播运营，与直播运营的直观即时、销售方式直接、易产生跟风效应等特点分不开。

（1）直观即时。直播运营可以将农产品的形态、加工过程等直观地展现给用户，也能够让用户了解农产品真实的生长、种植或养殖，以及后续的加工情况，构建起真实的场景，使用户拥有更丰富的购物体验。另外，在直播运营过程中，相关人员不会对直播内容进行剪辑和加工，这使得播出的内容与用户所看到的内容完全一致，可以打消用户对于食品安全的顾虑，增强用户的信任感。

（2）销售方式直接。直播运营可以更加直观地通过主播的解说来传递各种优惠信息，搭配现场促销活动，能极大地刺激用户的消费热情，提升营销效果。用户可以在观看直播的同时直接点击农产品链接购买，无须另外搜索，这不仅提升了用户的购物体验，也有助于促进成交。例如在快手中，单击直播间下方的"购物车"按钮，即可在打开的页面中查看直播间销售的各种农产品，如图 5-21 所示。

（3）易产生跟风效应。一般来说，价格实惠的农产品往往容易让用户产生临时性、冲动性的消费行为。通常部分农产品的订单数量会实时显示在直播页面中，用户也会实时询问农产品信息，从而在直播间营造出一种浓厚的购物氛围。再加上主播的营销话术和低价等手段的运用，用户往往会产生一种紧迫感和从众心理，进而做出超出自己预期的购买行为。

课堂讨论

除以上 3 点外，直播运营还有哪些特点？这些特点是否能使直播运营满足农村电商运营的需求？

农村电商（微课版）

图 5-21　直播间销售的农产品

5.3.2　主流的直播运营平台

农村电商与直播的联合，既为农产品打开了新的销售渠道，又为用户提供了新的农产品选购空间。主流的直播运营平台及其特点如下。

（1）淘宝直播。淘宝直播的流量较多、品类较多，是众多农村电商从业人员开展直播运营的首选平台之一。淘宝 App 和天猫 App 中都有淘宝直播入口，用户可以通过 App 首页、网店首页或产品详情页等进入淘宝直播界面，观看各式各样的直播。

（2）抖音。抖音的直播卖货能力非常强，宝山蓝莓、寿光羊角蜜瓜、靖宇松子和榛子等都在抖音直播的带动下成为热门农产品。抖音用户只要完成实名认证，就可以进行直播；直播前开通相应的卖货权限，就可以在直播间中添加农产品链接。

（3）拼多多。拼多多直播也是农产品直播运营的热门平台。农村电商从业人员选择拼多多进行农产品直播会得到拼多多官方的支持，在拼多多的人工智能（Artificial Intelligence，AI）算法和大数据技术的帮助下更好地实现农产品变现。2023 年 2 月 6 日，拼多多百亿补贴联合央视新闻推出返工季直播带货，总台主持人为广大网友推荐了丹东草莓、武鸣沃柑、洛川苹果等农产品，不仅让这些好产品以好价格走进寻常人家，还满足了更多人对美好生活的追求，助力了消费回升。

5.3.3　直播运营的策略

农产品存在相似性较强、自身特点不突出、可替代性较强、用户选择面较广等问题，可能导致农产品直播缺少回头客、附加值较低等。所以，农村电商从业人员需要制定详细的直播运营策略，以提升直播的质量。

1. 产品选择策略

直播运营的产品选择策略的基本要求是选择用户群体较广、复购率较高的大众化农产品，如苹果、香蕉等。更好的则是选择地区特色农产品，一是因为地区特色农产品本身就具有一定的知名度和消费群体，能够为直播带来大量流量；二是因为直播时可以围绕农产品的地区特色进行介绍，使主题更突出，避免观看直播的用户注意力分散。

2. 主播选择策略

在直播运营过程中，主播的功能就是农产品的推销员。如果主播的表达能力不强或过于紧张而让直播间氛围显得较为尴尬，就激发不了用户的购买欲望。因此，主播既要具有一定的乡土气息，又要大方自然，有一定的语言及肢体表达能力。另外，主播还应对农产品较为熟悉，懂得如何挑选优质农产品，并且了解农产品及其产地背后的故事，有一定的专业性。

3. 直播内容策略

虽然直播运营以带货为主要目的，但不等于整场直播都要以单纯的农产品宣传为内容。为了吸引用户持续观看，农村电商从业人员有必要围绕农产品设计出更丰富的直播内容，包括农产品生产、加工过程，辨别农产品质量的方法，农产品背后的文化及农产品的食用方法等。

（1）农产品生产、加工过程。在直播时，主播可以口头介绍农产品的生产、加工过程，包括使用的生产方法、加工工艺等，如果在生产现场直播，效果会更直观、更有说服力。

（2）辨别农产品质量的方法。在直播时，主播可以介绍从哪些方面辨别一款农产品的质量好坏，如颜色、纹理、硬度等，并现场示范。

（3）农产品背后的文化。在直播时，主播应尽量避免机械式介绍，最好把农产品与当地的风土人情、地方特色结合起来，增强直播的观赏性。

（4）农产品的食用方法。直播运营的优势在于其直观性和临场感，因此在直播过程中通过现场试吃体现农产品的食用方法已经成为农产品直播的常见方式。在试吃过程中，主播要尽量采用生动的语言描述农产品的口感，并配合夸张的表情、肢体动作，如陶醉的表情，以表现农产品的美味。在直播时，主播还可以展现农产品的横切面、纹理等内在细节，以提升视觉冲击力。

5.4 直播运营的主要内容

发展农村电商，有利于促进农产品销售、农民增收。作为农村电商主要发展方向之一的直播运营能够扩大农产品的销售规模，让更多农产品出村进城。

5.4.1 做好直播的准备工作

农村电商的直播运营不等同于简单的介绍农产品，它是一项较为复杂的工作，需要农村电商从业人员做好直播运营的前期准备工作，以达到更好的直播效果，从而增加农产品的销量。

微课视频

直播运营的主要内容

1. 找准目标用户群体

在正式直播前的准备阶段，农村电商从业人员需要先找准直播的目标用户群体（农产品

的购买对象），明确目标用户群体的年龄分布、经济消费能力、直播观看时间段、利益诉求、潜在需求等。

2. 把关农产品

把关农产品是直播运营的一项重要工作，农产品的选择、价格设置等都可能对直播运营效果产生影响。

（1）农产品的选择。农产品的选择能够影响直播的最终销售效果。一般来说，在选择用于直播的农产品时，农村电商从业人员应当考虑农产品本身的特点、价格、复购率和运输物流等方面的因素。

（2）价格设置。在直播运营的过程中，虽然用户可能基于信任购买农产品，但要想使其长期购买农产品，农村电商从业人员就要在综合分析同类农产品后设置合理的价格。

（3）质量控制和售后处理。质量控制和售后处理在很大程度上决定了用户的复购率，而复购是直播运营得以长期开展的关键。因此，在直播前，农村电商从业人员要把握好农产品的来源，建立稳定、可信、品质有保障的供应商渠道，确保农产品质量稳定、数量供应及时；在直播后，还要做好售后服务，及时跟进订单、处理用户反馈，给予用户信心，实现用户复购。

3. 布置直播场景

直播场景的视觉效果影响着用户观看直播的体验，关系着直播运营的效果。因此，布置一个合适的直播场景也是一项非常重要的准备工作。

（1）室内场景。室内场景的背景以实体背景为主，布置实体背景时可以直接利用墙面本身的颜色、张贴贴纸或重新搭建背景，应当尽量简洁，颜色以浅色、纯色为主，以突出主播和农产品。此外，农产品无论摆放在室内场景的哪个位置，都应当整齐划一。

（2）室外场景。室外直播不仅能给用户带来有吸引力的沉浸式体验，还能提升用户的信任度。注意，布置室外场景的原则是真实。图 5-22 所示为在农田和加工场地进行室外直播的场景。

图 5-22　在农田和加工场地进行室外直播的场景

4. 调试直播布光

农村电商从业人员在室内直播时，往往还需要调试直播间的布光，以获得良好的直播效果；而在室外直播时，就可以使用自然光源，并借助一定的辅助光源，提升直播效果。

（1）主光。主光是直播场景的主要光源，在室内主要发挥的是照明作用，通常放置在直播设备的镜头上方，从上往下向主播或农产品照射，如图5-23所示。室外直播则通常以太阳光作为主光。

图 5-23　直播场景中布置的主光

（2）辅助光。辅助光用于辅助主光，能够增加主播或农产品的立体感，可以从主播侧面 90° 的位置打光，也可以从主播左前方 45° 的位置打光，还可以从主播右后方 45° 的位置打光。

5. 策划直播脚本

策划直播脚本是直播前非常重要的工作，不仅有助于农村电商从业人员理顺直播营销思路，还有助于其明确直播运营的实施流程。进行直播脚本策划主要包括以下项目。

（1）制定直播运营目标。针对直播制定的目标一般为短期目标，如直播当天应达到的销售额、直播后应增加的粉丝数等。

（2）确定直播形式。直播形式包括自主直播、邀请农业专家或网络达人进行专场直播等。

（3）明确直播文本和宣传文本的重点。直播文本和宣传文本的重点不一样，直播文本强调直播的内容，具体表现为主播的话术；宣传文本强调农产品及品牌。

（4）分配人员。农村电商从业人员需提前对参与直播的人员进行职能规划，以确保可以在规定的时间内完成直播，通常包括一个主播和一个摄像人员，成熟的团队还包括助理、场控、策划和商务拓展等人员。

（5）确定时间节点。直播的每一环节的时间节点都应在脚本中明确，以便实时调整直播运营的进度。

（6）成本预算。农村电商从业人员在脚本中应预估直播总成本及各环节所需的费用，以便更好地管理直播成本。

6. 准备直播物料

在正式直播前，农村电商从业人员需要准备用于直播的设备、直播过程中需要展示的农产品，以及控制直播时间的节奏表，以保证直播能顺利完成。

（1）直播设备。农村电商的直播通常需要用到手机、手机支架、麦克风、补光灯等设备。

（2）农产品。在直播前，农村电商从业人员需要按照规划，把直播过程中需要用到的农产品准备好。同时，农村电商从业人员对于直播中预计展示农产品的价格、库存数、产地、发货时间等信息也要提前收集。

（3）直播节奏表。直播节奏表通常是打印好的直播时间安排表，让主播和用户都能明确直播进度。农村电商从业人员可以购买直播专用的小白板，直观地展示整体节奏和优惠打折等信息。

7. 调整主播状态

主播的状态会直接影响直播的氛围及直播运营的效果。所以在直播前，农村电商从业人员还需要调整主播的状态。常用的调整主播状态的技巧包括眼睛注视摄像头，提高专注度；保持微笑，不要把其他情绪表现在脸上；昂首挺胸，坐姿端正等。此外，主播的妆容、穿搭等也需要精心准备，以给用户留下良好印象。

8. 做好直播测试

在正式直播前，农村电商从业人员应该先进行一轮完整的测试，了解直播间功能、测试直播过程等，从而保证直播的顺利开展。不同直播平台直播间的功能大同小异，这里以淘宝直播为例进行说明。淘宝直播的直播间包括设置产品、产品上架、设置推广、设置互动、美颜滤镜、直播间公告、接听连麦、预告订阅、屏幕录制、设置封面图等功能。

农村电商从业人员在开始直播前，还需要测试直播场地的信号、网速、光线、收音情况，准备互动游戏、福利发放、产品上架等。在室外直播时，场外环境通常不够稳定，农村电商从业人员需要提前测试，以保证直播顺畅进行。

9. 进行直播预热

直播成功的关键是直播间有足够多的用户观看，因此在直播前，农村电商从业人员需要进行直播预热，主要可以通过多平台、多形式的宣传预热。

（1）直播平台站内宣传。在直播平台内，农村电商从业人员可以在个人主页的简介处添加直播预告信息，提前告知用户直播时间和主题；也可以在上一场直播的末尾预告下次的直播活动，或者拍摄短视频预告告知用户直播时间、直播主题和直播内容等。此外，农村电商从业人员还可以通过直播平台的"推送""提醒"等功能，将直播活动信息传递给粉丝。

（2）其他平台宣传。农村电商从业人员可以在微博、微信公众号等新媒体平台上将直播时间、平台、主题等信息传递给用户。

（3）线下宣传。农村电商从业人员还可以在线下门店、体验店、专卖店等，以发放海报、宣传单等方式，借助直播活动的亮点环节或优惠策略等，宣传推广直播活动，吸引用户了解直播活动，关注线上直播。

5.4.2 规划直播的流程

农村电商的直播运营有明确的目标，即助力农产品销售。为了更好地实现目标，农村电商从业人员应详细规划直播流程，包括选择农产品、策划直播主题、设计各环节的互动流程等。而要规划好一场直播，需要先明确直播的目标用户群体，并确定直播主题；再根据直播主题，确定直播人员、时间、其他人员安排等；最后进行适当优化、调整。表 5-3 所示为某水果种植户规划的一场销售新品葡萄的直播流程。

表 5-3　直播流程

直播主题	2023 年新品葡萄尝鲜			
直播人员	主播：××，场控：××			
直播时间	8 月 12 日 19:00—21:00			
时间段	流程		主播	场控
19:00—19:05	活动开场	打招呼	进入直播状态，和用户打招呼	引导用户关注直播间
19:06—19:10		活动介绍	预告今日的推荐产品和优惠信息，并强调 20:00 老板将来到直播间发放重大福利	问候新进直播间的用户，协助主播阐述福利
19:11—19:45	活动过程	介绍前 5 款新品	展示新品，包括产地品种、外观味道等，回答用户问题	把控主播节奏
19:46—19:50		福利抽奖	介绍奖品，引导用户参与抽奖	告知抽奖结果
19:51—20:00		介绍两款新品	展示新品，包括产地品种、外观味道等，回答用户问题	把控主播节奏，引导关注
20:01—20:30		福利公布	老板告知投票结果，并公布有关新品可享受的重大福利，主播协助介绍	展示福利信息板
20:31—20:55		继续介绍剩余 3 款新品	展示新品，包括产地品种、外观味道等，回答用户问题	把控主播节奏，引导关注
20:56—21:00	活动结尾	表达感谢	主播感谢用户对本次直播活动的支持，并呼吁还没有购买的用户去购买	引导用户关注直播间

5.4.3　设计直播互动

直播互动是直播运营的重要环节之一，趣味性强的互动可以调节直播的氛围，调动用户的积极性，为农产品销售奠定良好的基础。农村电商从业人员需要提前设计好直播的互动环节，根据用户的互动情况了解用户对农产品的诉求，以及时做出调整，促进农产品的销售。

（1）发放优惠券。在直播过程中发放优惠券，可以调动用户的积极性，营造热闹的直播氛围。发放优惠券前，农村电商从业人员需要提前设置优惠券信息，并提醒用户，以便用户能够获取优惠券。

（2）发起任务。在直播中发起任务是指让用户按照指定的方式，在指定的时间内完成一系列任务的行为。例如，要求用户分享直播间或点赞到指定量等。发起任务可以快速凝聚用户，通过团体力量达成某一个目的，使用户产生成就感和满足感。

（3）弹幕互动。弹幕是以字幕形式出现的评论，它是"飘"在屏幕中的。直播时用户的评论往往会以弹幕的形式出现。农村电商从业人员在直播过程中要关注弹幕内容并与用户互动，特别是用户的提问、建议等内容，如"能介绍一下这个农产品的产地吗""在直播间购买这个农产品有什么优惠吗"等，并提前设计好常见问题的答案，一旦出现就直接回复。

课堂讨论

在直播间销售农产品，用户可能会提出哪些问题？选择 3 个可能出现的常见问题，并设计好答案。

（4）参与剧情。参与剧情的方式常用于在户外进行的直播。农村电商从业人员可以邀请用户参与直播内容的下一步策划与执行，这样不仅能提升用户的参与感，同时还能借助用户的创意增强直播的趣味性。农村电商从业人员如果采纳了用户的意见，可以给相应用户一些奖励，以提高用户的积极性。例如，农村电商从业人员在果园或蔬菜大棚内直播时，就可以邀请用户指定主播摘取特定果树上的果实或为特定区域内的蔬菜施肥等。

（5）直播红包。农村电商从业人员可以通过发红包或赠送礼物等方式回馈用户，增加直播间的人气并加强互动。农村电商从业人员发放红包时要提前告知用户发放的时间，如"10分钟后有一大波红包来袭""20:00准时发红包"等，让用户做好抢红包的准备，同时暗示用户邀请更多人进入直播间抢红包。

5.4.4 复盘直播过程

复盘是指在直播结束后，分析整个直播过程，并总结相关经验。农村电商从业人员在复盘直播过程时，需要思考在直播过程中遇到的问题、需要优化的环节等，积累相关经验，避免下次再犯同样的错误，并形成标准化的执行流程，全面提高直播环节的执行效率，甚至将其打造为可复制的经典案例。

1. 人员复盘

直播需要团队所有成员的配合，因此，直播复盘需要清晰地了解直播过程中每个成员的工作是否执行到位。通常农村电商从业人员可以按照表5-4所示的几个维度进行复盘。

表5-4　直播的人员复盘

工作职位	复盘方向	关注维度
主播	直播状态	脚本、开场话术、互动话术、促单话术、产品话术、控场能力
助理	后台配合操作	上下架产品、库存管理、展示优惠、促进点击和下单
场控	直播效果	选品、排品、组合、流程、节奏、视觉效果、人气、转化
运营	运营效果	视频发布、引流时机、推广投放、投放效果
客服	客户服务	粉丝需求、中奖粉丝、高频问题、回答话术、服务态度

2. 农产品复盘

销售农产品通常是直播的首要目标，所以，农村电商从业人员在复盘时需要再次调整用于直播的农产品。

首先，找出销量更好的农产品，在下一场直播时增加库存或者增加类似农产品。

其次，找出用户更喜欢的农产品，在下一场直播时以折扣的方式销售该农产品。

最后，找出退货率更高的农产品，将其移出直播产品库。

3. 数据复盘

数据复盘主要是对流量、互动和转化3个方面的数据进行分析和研究。

（1）流量。主要包括流量来源（重点是直播自然推荐和短视频引流两个百分比数据，比例越大，越有可能盈利，通常60%表示及格、90%表示优秀）、观众总数和平均在线人数3个数据。

（2）互动。主要包括转粉率（新增粉丝数除以观众人数，通常 3%表示及格、5%表示优秀）、评论率（评论人数除以观众人数，通常 5%表示及格、10%表示优秀）和停留时长（通常 30 秒表示及格、2 分钟表示优秀）3 个数据。

（3）转化。主要指订单转化率（有效订单数÷访问人数），通常订单转化率越高越好，可以从主播、客服和产品 3 个层面来复盘。

5.4.5 直播运营的技巧

农村电商从业人员在进行直播运营时，可以从设计直播标题与封面、打造具有吸引力的主播、掌握直播话术、维护粉丝等方面来提升直播效果。

1. 设计直播标题与封面

通常，直播的标题与封面会影响进入直播间观看直播的用户数量。农村电商从业人员要想吸引用户观看直播，就应设计出具有吸引力的直播标题与封面，提高用户进入直播间的意愿。

（1）写作标题。直播标题要直接体现主题，通常需要将农产品名称、特色、优势等展现出来，以吸引对此感兴趣的用户。图 5-24 所示的标题就直接展现了农产品的品种（蜜薯）和特点（现摘现发），可以吸引对这类红薯感兴趣的用户，增加直播间人气。

（2）设计封面。封面可以更直观地体现直播主题。农村电商从业人员在设计直播封面时，可以结合好看又好玩等基本原则，设计出贴合直播主题的封面。图 5-25 所示的直播封面就是通过美观大方的图像和文字，给用户以赏心悦目的感觉。

图 5-24 有吸引力的标题

图 5-25 令人赏心悦目的封面

2. 打造具有吸引力的主播

主播是直播的重要组成要素，直接影响着直播效果。打造具有吸引力的主播，可以更好地帮助用户了解农产品，增强用户对农产品的兴趣。

（1）定位。农产品主播，通常定位为质朴、老实的农民。此外，性格、气质、外形、技能、价值观、知识面等要与同类主播有差异，形成个性化的标签，提高对用户的吸引力。

（2）具备的素养。合格的农产品主播需要具备表达力、专业性和人格魅力等。表达力是指主播要表达流畅、说话有条理、语言有感染力，例如在介绍农产品时，不仅要说清农产品的特点和优势，还要注重语言的趣味性和吸引力，能够用场景化的语言向用户形象地传达农产品的各种信息。专业性是指首先，主播应该十分了解农产品，熟知农产品的基本信息和卖点，如产地、品相、食用方法、生长环境、保存方法等；其次，主播要知晓农产品所在行业的情况，包括农产品的分类和市场价格，以及自家农产品在市场上的优势和不足；再次，主播需要针对直播时用户可能提出的问题提前准备好答案，还需要了解农产品目标用户群体的需求，从而在直播过程中直指用户痛点，有针对性地介绍农产品，提高直播转化率；最后，主播需要实事求是介绍农产品时，不能欺骗用户。人格魅力是指主播应具有直率、坦诚、幽默、风趣等吸引用户的特质，使用户在关注主播的同时对主播产生信任感，从而放心地购买主播推荐的农产品。

3. 掌握直播话术

直播话术可以帮助主播更自然地介绍农产品，农村电商从业人员可以使用以下 5 种话术来吸引用户下单。

（1）信任型话术。信任型话术主要用于取得观看直播的用户的信任。通常，主播采用信任型话术，可以先点出用户的疑惑，然后通过展示农产品的相关信息，解答用户的疑惑，打消用户的顾虑。

（2）展示型话术。展示型话术主要用于介绍农产品，帮助用户全方位地了解农产品。例如，镜头中展示的是农产品的品相，则主播就应介绍该农产品的品相标准等。

（3）活动型话术。优惠活动通常容易引起用户的购买兴趣，此时就需要用到活动型话术，向用户重点介绍此场直播的优惠活动信息，从而很好地激发用户的购买欲望。

（4）引导型话术。引导型话术非常关键，主要分为 3 类：一是引导用户关注直播账号的话术，如"还没有关注主播的小伙伴单击上面的'点亮我'关注主播哦""喜欢主播的可以帮忙关注并分享一下哦，点击分享到微信朋友圈，或者分享给好友都可以哦"；二是引导用户互动的话术，如"各位小伙伴想要绿茶还是红茶呢？想要绿茶的回复 1，想要红茶的回复 2"；三是引导用户下单的话术，如"我的朋友在我直播间买过很多次了，亲测好吃，大家放心买，单击 14 号链接就可以买了"。

（5）感谢话术。在直播过程中，用户可能出现打赏、下单等行为，对此，主播都可以用感谢话术来回应，让用户有被重视的感觉，从而更积极地参与直播或购买农产品。

素养提升

直播运营的技巧性很强，但农村电商从业人员不能本末倒置。一味通过技巧取胜，甚至过分夸大其词是不可取的，只有提升农产品品质才是提高销量、增加销售额、打响品牌的根本。农村电商从业人员还要谨记，直播时要仪态端庄、讲礼貌，不可通过传播低俗信息博眼球，也不能出现低俗的行为。

4. 维护粉丝

农村电商从业人员要长期进行直播运营，就需要通过诚实守信、提升直播价值、多平台推广、多互动、做好售后服务和创建粉丝群等方式来维护粉丝。

（1）诚实守信。农村电商从业人员要诚实守信，在直播过程中传递真实有效的信息，并遵守对粉丝的承诺。在经过一段时间的积累后，农村电商从业人员还才有可能获得粉丝的信任，吸引更多粉丝的关注。

（2）提升直播价值。提升直播价值可以从打造品牌和差异性两个方面进行。打造品牌可以通过良好的信誉、过硬的农产品质量，以及有保障的售后服务 3 方面体现；差异性指让粉丝认可农产品或直播间内容的独特性。

（3）多平台推广。多平台推广（如同时在抖音、微博、微信等平台联合发布直播预告等）有利于增加曝光量，吸引用户观看直播，还能潜移默化地加深用户对直播间的印象。

（4）多互动。农村电商从业人员在直播时，要有意识地引导粉丝与主播互动，让直播间粉丝积极发言，如以提问的方式发起话题讨论，然后回复一些粉丝的评论，与其互动。

（5）做好售后服务。就直播运营而言，要想维护好直播间粉丝，做好售后服务是非常有必要的。只有农产品的售后有保障，粉丝才能买得放心，才会变成农产品或品牌的忠实粉丝。

（6）创建粉丝群。创建粉丝群也是一种非常好的维护粉丝的方法。通过粉丝群，粉丝与粉丝之间、农村电商从业人员和粉丝之间能够形成良性互动，有利于增强粉丝黏性。

案例分析——直播运营的富民之路

近年来，江苏省连云港市赣榆区抓住"乡村振兴"等国家重大战略的机遇，围绕数字经济，以信息化手段驱动产业发展转型，让农民和渔民化身"网民"，让农村电商成为助推农村发展的强劲动力，发挥农业大区、渔业强区优势，牢牢把握"直播+电商"新机遇，把农产品销售到全国各地，甚至出口到国外很多地区，实现了农民增收致富，走出了一条直播运营的富民之路。

1. 赣榆区直播运营的发展概况

赣榆区地处江苏省和山东省交界的黄海之滨，拥有丰富的海洋资源和农业资源，素有"黄海明珠"的美称。自 2018 年开始，直播电商大力发展，赣榆区就积极发挥农业大区、渔业强区的优势，将农村电商直播运营作为主要推广方式，大力促进了当地农产品的销售。抖音和快手等直播平台成为赣榆区农村电商从业人员对外展示、探路致富的新渠道。他们不但在直播间展示了普通真实的农村生活，而且还打造了一批拥有大量粉丝的农村直播带货达人，开发了"直播经济+生鲜销售"产业链发展的农村电商致富新模式。通过直播运营，赣榆区的农村电商实现了裂变增长，开创了农村电商强区的良好局面。

赣榆区围绕"电子商务大发展、产业创品牌"工作总思路，成立了以区领导为指挥长的电商大发展与产业创品牌指挥部，15 个乡镇成立了电商发展办公室，配齐专业人员，形成上下联动的工作机制。赣榆区将政府"筑巢引凤"、电商平台"招贤纳士"、本土人才"领路带头"相结合，组织人员到各地学习，并与快手、拼多多等平台联合举办直播达人的技能提升专项培训班，培训了大量的电商和直播人员，带动了周边超过 10 万余人就业。另外，赣榆区积极利用一切对农村电商有利的资源，使基层干部也可以直接加入直播主持行列，积极扶持直播平台搭建和产品资源对接，形成"主播+干部"的特色直播模式。

2018 年，快手上播放量前十强的乡镇中，赣榆区的海头镇和石桥镇名列前三名。2017 年，赣榆区的电商交易额为 30 亿元；2018 年电商交易额达到 70 亿元；2019 年电商交易额突破 130 亿元；2020 年全区电商销售逆势增长，交易额突破 140 亿元；2021 年，电商交易额实现 150

亿元，快递量首次破亿件，达到 1.08 亿件，其中海鲜类 2 000 余万件，农产品电商交易额近 100 亿元，赣榆区海鲜项目也连续 3 年入选全国快递服务现代农业金牌项目；2022 年，赣榆区实现电商交易额 170 亿元，快递上行量 1.2 亿件。

2. 赣榆区直播运营的策略

赣榆区通过直播运营的农村电商发展模式开创了新型富民之路，其运营策略主要表现在两个方面。

（1）积极宣传推广直播运营模式，激发农民的直播带货创业热潮。赣榆区利用各种媒体和平台宣传农村电商的致富事迹，并积极宣传和推广各种特色农产品，不断扩大农村电商达人成功创业带来的引导效应。赣榆区在海头镇邀请了近百名农村电商达人参与全网直播活动（累计观看人数超千万人），还组织"直播达人团"走进石桥万亩黄桃园，助农销售黄桃 200 多万斤。中央广播电视总台财经频道也连续报道过赣榆区"乡村直播带货销售热，手机成为'新农具'"的新闻。共青团中央、中央广播电视总台财经频道联合举办的"中国电商扶贫行动"也邀请赣榆区的农村直播达人参与电商带货直播，创造了 1 小时销售阜平脆枣 11 万袋的成绩。农村电商直播运营的强大带货和销售能力，以及身边农村直播达人实实在在的创业示范，带动了更多农民拿起手机、打开直播投入到农村电商行业中创业就业，走上致富路。

（2）加强农产品的品牌建设，讲好农村电商背后的品牌故事。品牌文化是农产品直播运营策略中重要的环节，赣榆区在农产品品牌建设方面，先后推出了以"海头鲜""柘里鲜"为代表的海鲜品牌，以"果香黑林""甜美厉庄"为代表的蓝莓、猕猴桃和大樱桃等特色水果品牌，并帮助赣榆梭子蟹、东方对虾、大黄鱼、鲳鱼、白虾和虾皮获得地理标志商标。

3. 案例启示

赣榆区的农村电商直播运营模式，给农村电商的发展带来了一定的启示。

（1）加强直播和农村电商的业务技能培训，提升农村电商的整体素质。农村地区需要培养农村电商的专业人才，并对现有的农村电商从业人员进行文化素质、专业技能等方面的培训，树立食品安全、遵规守信等意识，提高农村电商直播群体整体素质和直播水平，净化网络直播生态环境。

（2）吸引农民返乡创业，并开展特色培训班。农村电商的成绩能够放大直播达人的示范带头作用，吸引外出打工的农民模仿和学习，返回当地建设家乡。很多本地基层干部现身说法，直接参与到直播活动中，积极扶持农村电商直播达人，优化农产品资源的对接，形成"主播+干部+农民+农产品"的一体化特色直播模式，更有利于农产品的销售。另外，农村还可以举办"直播助残""退伍军人自主创业""巾帼创业""大学生回乡创业""农民返乡创业"等特色培训班，帮助特殊人群开展农村电商创业。

（3）发挥地方特色，促进本地特色品牌的建设和升级。直播运营已经成为农村电商品牌运营的新思路、新路径。通过直播，我们可以让用户了解到农产品背后的故事，了解社会主义新农村，促进农产品销售。具体方法有：举办线上线下的特色农产品宣传推介会，放大品牌效应；开展本地特色农产品的优秀评选活动，提升农产品品牌的影响力和美誉度。

实训一　策划荔枝农产品短视频运营

【实训目标】

（1）了解短视频运营的相关操作。

（2）掌握拍摄和剪辑短视频的方法。

（3）掌握发布和推广短视频的方法。

【实训内容】

通过网络搜集资料，了解广西壮族自治区灵山县荔枝（或选择其他特色农产品）种植与生产的情况，并以销售荔枝为主要目的，使用剪映App拍摄和剪辑短视频，并将短视频发布到抖音，使用DOU+推广短视频。

（1）明确短视频的选题及内容。拍摄农产品产地和农产品展现类短视频，内容包括果园（展示荔枝的生长环境，以及硕果累累之态）和近距离拍摄剥开荔枝外皮的过程（展示荔枝的果肉特点）。

（2）拍摄短视频。在手机上安装剪映App，使用剪映App拍摄。拍摄前可以设置效果和滤镜，拍摄两段视频，一段展示果园，另一段展示荔枝特点。

（3）剪辑短视频。将使用剪映App拍摄的视频素材导入剪辑界面，裁剪多余的部分，应用特效，然后为短视频添加文字说明并设置效果，接着添加背景音乐，删除多余的背景音乐，最后添加音效，选择封面图片后导出。

（4）发布短视频。导出后将剪辑好的短视频发布到抖音，为其添加标题和话题，并添加和设置短视频封面中的标题文字。

（5）推广短视频。使用抖音的DOU+推广发布的短视频。

【实训参考】

扫描右侧二维码可以查看进行广西壮族自治区灵山县荔枝短视频运营的相关内容，大家可以根据参考案例来策划农产品的短视频运营。

> 实训参考
>
>
>
> 策划荔枝农产品短视频运营

实训二　开展荔枝直播运营

【实训目标】

（1）了解直播运营的策略和技巧。

（2）熟悉规划直播的流程。

（3）掌握直播运营的方法。

【实训内容】

通过淘宝直播销售荔枝（同样可以选择其他特色农产品）。

（1）开通淘宝直播。下载淘宝主播App并入驻。

（2）规划直播场景。选择室外直播，直播场地在挂满荔枝的果园中。

（3）策划直播脚本。内容包括直播的主题、人员、时间、场地和产品，以及直播流程。

（4）发布直播预告。在淘宝主播App上发布直播预告，要上传封面和预告视频，并设置直播的标题、时间、内容介绍、频道栏目，以及添加销售的荔枝产品。

（5）开始直播。使用手机开始直播，开场先进行自我介绍，然后引导用户关注；接着介绍荔枝的来历以及本地种植情况，荔枝的详细情况（包括产品属性、卖点等），灵山荔枝与其他荔枝的区别，以及价格、售后等；最后发放福利，在直播间发放一定数量的红包。

【实训参考】

扫描右侧二维码可以查看广西壮族自治区灵山县荔枝的直播运营思路和相关操作，大家可以根据参考案例来开展农产品的直播运营。

实训参考

开展荔枝直播运营

课后练习

1．名词解释

（1）短视频运营

（2）短视频的话题和话题标签

2．单项选择题

（1）下面哪一项不是短视频运营的特点？（　　　）

A．内容直观　　　B．互动性强　　　C．社交属性强　　　D．成本较高

（2）短视频运营的基础是短视频的（　　　），其越有价值，短视频的运营效果才会越好。

A．定位　　　B．创意　　　C．内容　　　D．账号

（3）农村电商直播运营的首要目标是（　　　）。

A．推广农产品　　　　　　　　　B．销售农产品

C．探索新的生活方式　　　　　　D．获取粉丝流量

（4）直播营销的优势在于其直观性和临场感，因此在直播过程中通过（　　　）展现农产品的食用方法已经成为农产品直播的常见方式。

A．现场试吃　　　B．肢体动作　　　C．陶醉表情　　　D．美味口感

3．多项选择题

（1）拍摄农产品短视频的内容题材主要有（　　　）。

A．展现农村新风貌　　　　　　　B．展现农村生活和乡情

C．展现农产品产地　　　　　　　D．展现农产品

（2）以下属于农产品短视频推广方式的有（　　　）。

A．分享到微信朋友圈　　　　　　B．在短视频账号背景图中加入微信公众号

C．参加挑战赛　　　　　　　　　D．购买DOU+的产品

（3）以下属于直播互动方式的有（　　　）。

A．发弹幕　　　B．发红包　　　C．发优惠券　　　D．发短信

（4）农村电商从业人员进行直播时，以下会影响用户对农产品的评价的事项有（　　）。

A. 主播的穿着与农民不符　　　　　　B. 农产品的价格设置

C. 农产品的品质　　　　　　　　　　D. 对农产品的售后处理

4. 思考题

（1）农村电商从业人员开展短视频运营时，可以采用哪些方法？

（2）简述直播运营的特点。

（3）简述农村电商从业人员在直播运营中有哪些准备工作。

（4）农村电商从业人员怎样才能打造出有吸引力的主播？

5. 技能题

（1）组建一个短视频拍摄团队，选定一种水果或蔬菜，用手机拍摄两个不同风格、不同内容形式的短视频，然后注册一个快手账号，将其发布到平台上，并在微博和微信平台推广。

（2）选择 3 种本地的特色农产品，使用抖音进行一次助农直播，直播前做好准备工作，并拍摄一支短视频为直播预热，设定直播的时间，争取在这个时间段内完成一定的农产品销量。

第6章 农产品物流管理

【学习目标】

- 了解农产品物流的体系构成、特征和类型。
- 了解农产品的电商物流运作模式。
- 熟悉农产品的仓储、运输、流通加工和配送。
- 了解生鲜农产品的特征、冷链物流模式和电商物流运作。

引导案例

党的二十大报告提出的"全面推进乡村振兴"给农产品物流带来了新机遇。作为全国农产品生产大县的山东省兰陵县,积极响应号召,规范和发展农产品物流,通过延长产业链等方式,促进农民全面就业。

当前,兰陵县农产品物流以输送蔬菜、肉类和禽蛋等农产品为主,在所有农产品物流中,蔬菜物流占95.57%,肉类物流约占1.64%,禽蛋物流占0.81%。兰陵县的物流形式主要有两种:一是物流商直接在农村向种植户收购农产品,简单处理后销售到全国的农产品批发市场;二是将其他地区的农产品运送到兰陵县的农产品物流中心,再输送到仓储基地进行短期库存处理。

据统计,以前兰陵县有68%的农产品物流选择全部自营的物流形式,自营企业的专项业务并非农产品物流,运输工具大都是与其他工商业品运输相统一的货车,以常温物流和自然物流为主,无法满足农产品保鲜和保质的要求。兰陵县农产品物流行业的大部分从业人员没有受过高等教育,且主要集中在包装、打包等环节,缺乏专业的物流管理和经营人才。另外,兰陵县设有多个地方性的农产品批发市场,缺乏行业标准化法规指导下的规范化管理,在一定程度上扰乱了农产品物流管理的正常秩序。

农产品流通是发展农村经济的关键,为了促进农村经济发展,实现乡村振兴,兰陵县针对农产品物流存在的问题进行了改进。首先,兰陵县投入资金引进先进的物流冷藏、农产品保鲜等技术,建设大型的冷库和购买相关的冷冻车,在延长农产品新鲜度的同时减少物流过程中的农产品损耗。其次,兰陵县支持第三方物流的发展,将农村工作的重心集中到农产品生产环节,不仅可以提高农产品的质量,还能降低物流成本,从而获得更多的经济效益。再次,在物流人才培养方面,兰陵县对在职物流人员进行业务培训,并积极推动校企合作,将有兴趣的学生打造成面向企业并符合兰陵县农产品物流发展要求的专业人才。最后，兰陵县也加大了对农产品物流的支持力度，一边出台配套的法律法规加强对农产品批发市场的监管，规范农产品物流的流通行为，另一边加大对农产品物流企业的扶持力度，推进农产品物流的产业化发展，提升本地农产品的竞争力。

思考：

1. 兰陵县在农产品物流方面遇到了哪些问题？

2. 兰陵县发展农产品物流的对策给其他城市发展农产品物流提供了哪些启示？

【本章要点】

农产品物流的体系构成　农产品物流的类型　农产品运输
农产品配送　生鲜农产品的特征　生鲜农产品的电商物流运作

党的二十大报告提出，加快发展物联网，建设高效顺畅的流通体系，降低物流成本。《中共中央 国务院关于实施乡村振兴战略的意见》也对农产品物流提出明确要求："重点解决农产品销售中的突出问题，加强农产品产后分级、包装、营销，建设现代化农产品冷链仓储物流体系"。如此可以看出，农产品物流已经成为影响农村电商发展的重要因素，迫切需要进一步规范和完善。

6.1　农产品物流管理基础

随着农村电商的发展，人们通过电商平台购买农产品的需求量不断增加，带动了农产品物流行业的发展。为了打通农村地区和城市之间的物流渠道，推动农产品快速流通，相关企业和部门构建了规范化的农产品物流体系，优化了农产品的电商物流运作模式，推进了农村经济的进一步发展。

微课视频

农产品物流
管理基础

6.1.1　农产品物流的体系构成

农产品物流管理需要在农产品物流技术的支持下，构建一个由各项农产品物流业务组成的体系，以便有效解决农产品的流通问题。

1. 物流

我国国家标准《物流术语》（GB/T18354—2021）对物流的定义为：物流是根据实际需要，将运输、储存、装卸、搬运、包装、流通加工、配送、信息处理等基本功能实施有机结合，使物品从供应地向接收地进行实体流动的过程。

2. 农产品物流

根据物流的定义，可以将农产品物流定义为：为了让农产品顺利到达消费者手中，利用先进的网络技术和信息技术，以及先进的物流设备和物流技术，对农产品进行运输、储存、装卸搬运、包装、流通加工、配送信息处理等活动。其核心是为了满足消费者的需要，实现农产品的价值和农产品的增值。总的来说，农产品物流是农产品由生产者向消费者、由生产地到消费地的物质实体流动过程。

3. 农产品物流业务体系

在农村电商领域，农产品物流的业务多种多样，其业务体系分为基础业务、核心业务、一般业务和专用业务4种类型，如图6-1所示。

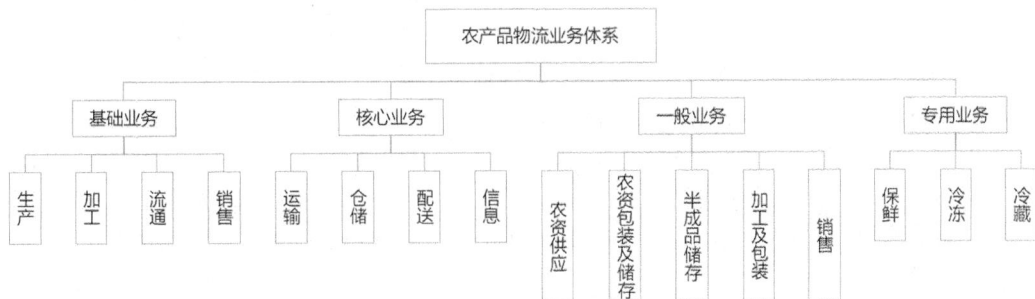

图6-1 农产品物流业务体系

（1）基础业务。农产品物流的基础业务是农产品物流中最基本且必不可少的业务，通常贯穿了整个农产品物流的全过程，主要包括生产、加工、流通和销售4项业务。

（2）核心业务。农产品物流的核心业务与农产品物流的基本业务相似，主要包括运输、仓储、配送和信息4项业务。

（3）一般业务。农产品物流的一般业务通常贯穿于农产品供应链中，为农产品完成生产、加工、流通和销售等作业提供支持，主要包括农资供应、农资包装及储存、半成品储存、加工及包装、销售等业务。

（4）专用业务。农产品物流的专用业务主要用于保持农产品的正常存在，如生鲜物流、冷链物流等，主要包括保鲜、冷冻和冷藏等业务。

4. 农产品物流技术

农产品物流体系需要物流技术的支撑，农产品物流技术通常是指农产品物流活动中所采用的自然科学与社会科学方面的理论、方法，以及设施、设备、装置与工艺的总称。农产品物流的基础业务中应用的物流技术如图6-2所示。

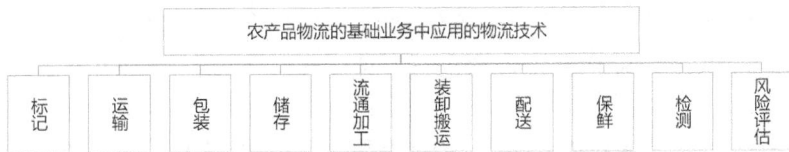

图6-2 农产品物流的基础业务中应用的物流技术

（1）标记。标记技术是指按照一定的规则对物流过程中的实体进行统一的编码，以便能够迅速、准确地采集信息。

（2）运输。运输技术主要是指与运输相关的设施设备和组织技术，根据运输方式的不同，运输技术有所差别。目前主流的运输方式包括铁路运输、公路运输、水路运输、航空运输、集装箱运输和多式联运。

（3）包装。包装技术是指按一定的技术方法采用容器、材料及辅助物等进行产品加工，以便在物流过程中保护产品，从而方便储运作业。目前主流的包装技术有无菌包装、防潮包装、缓冲包装和集合包装等。

（4）储存。储存技术主要用于农产品物流中的仓储环节，包括各种库存管理组织技术等。

（5）流通加工。流通加工技术的关键是农产品加工，而且是在物流过程中加工。加工的目的是弥补生产过程加工的不足，更有效地满足消费者或企业的需求。

（6）装卸搬运。装卸搬运是农产品物流过程中的重要工作之一，农产品物流的每个环节都离不开装卸搬运。装卸搬运技术主要应用在对应的设备上，如起重设备、叉车等。

（7）配送。配送是一种融合了装卸搬运、包装、仓储、流通加工和运输等多种技术的物流技术，包括车辆集装技术、配送运输技术等。

（8）保鲜。保鲜技术主要应用在农产品的运送过程中，是为了保证农产品的品质而采用的技术，包括保鲜、冷冻、冷藏等技术，以及冷藏运输车厢、冷藏集装箱等设施。

（9）检测。检测技术是指在农产品物流过程中应用检测设备监测环境状况和设备的工作情况。

（10）风险评估。风险评估技术是指采集和监测农产品物流过程中的有关数据，计算各种风险情况下的经济效果，做出正确判断等，如故障树分析法、风险因素分析法等。

6.1.2 农产品物流的特征

农产品物流是物流业的一个重要分支，农产品的生产、流通过程中存在着很多非人力控制的因素，而农产品又是人们生活中的必需品，这就使得农产品物流具有以下特征。

（1）农产品的数量大、种类多。农产品包含的品种多，仅食品一项就有很多种类，并且性质各异，如此物流中涉及的种类也就很多，数量也就很大。

（2）具有明显的季节性和周期性。农产品生产会受到自然条件的制约，且大多数农产品都有一定的生长周期。因此，农产品成熟季节会出现短时、集中、强大的物流量，而在成熟期过后，物流量则迅速减小甚至为零，形成非常明显的物流周期。

（3）具有明显的地域性。我国地大物博，不同地域受到自然条件的影响，会产出不同的农产品，即便是同一种农产品，在不同地域的生长周期、产量、质量等也会不同。农产品的地域性特征导致全国形成了许多特色农业地区，也让各地的农产品物流产生差异。

（4）对物流有较高的要求。农产品多为植物性产品和动物性产品，对物流有时效要求。农产品的价值普遍较低，为了保证收益，要求物流运营成本较低。这些都是农产品物流的特殊之处。

（5）物流的方向是从农村流向城市。农产品的生产基地在农村，农产品的消费者则大多在城市，这就需要通过物流将农产品准确、快捷地从农村转移到城市，实现农产品的价值。

（6）物流的难度大。虽然我国的物流发展较快，但农产品受到物流配套设施不完善、包装工艺不规范、仓储工艺不健全等因素的影响，其物流运输与其他产品相比具有较大的难度。

（7）需要提供加工增值服务。农产品的价值更多体现在增值收益上，消费者更愿意购买加工精细的农产品。例如，对蔬菜进行分类、清洁、包装、贴标签等，这样加工后的农产品更便于流通，也延长了保存时间，增加了销售价值。这些加工增值服务也都需要在物流环节完成。

（8）具有较大的风险。农产品大多具有较短的保鲜保质期，物流从业人员需要缩短物流的时间，并在特定时期内顺利将农产品销售出去，进而送到消费者手中。一旦农产品腐烂变质，其经济损失大多会由物流从业人员承担。

课堂讨论

对比普通产品和农产品在物流方面的不同，找出农产品在物流方面的优势。

6.1.3 农产品物流的类型

根据不同的分类标准，农产品物流可以分为不同的类型，常用的分类标准有农产品物流的具体对象和农产品物流业务是否外包两种。

1. 根据农产品物流的具体对象划分农产品物流的类型

根据农产品物流的具体对象可以将农产品物流划分为以下几种类型。

（1）粮食农产品物流。粮食农产品主要包括大米、小麦、大麦、玉米、谷子和高粱等农产品，粮食农产品物流是指这些农产品从各地收割集中，进行加工销售，再配送到消费者手中的整个过程所产生的物流活动，包含食用粮、饲料粮、其他工业用粮等产生的所有物流活动。

（2）植物农产品物流。植物农产品主要是指人们在日常生活中所消费的蔬菜和水果，这类农产品普遍水分含量高，易腐易烂，而附加值又偏低，从采摘到消费的时间越短，价值和品质越高，这就需要物流从业人员加强对其物流管理。植物农产品物流零散而复杂，需要实行"快装快运，防热防冷"的物流方针。

（3）畜牧农产品物流。畜牧农产品包括为人们日常生活提供的肉、蛋、奶等食品，为轻工业企业提供的毛、皮等工业原料，以及各种活畜等。根据这些农产品的不同类型，可以将畜牧农产品物流划分为活畜农产品物流、皮革农产品物流、肉类农产品物流、蛋类农产品物流和奶类农产品物流等。畜牧农产品物流根据农产品的特征和消费习惯的不同，有各自的物流特点和物流要求，但所有物流的起点都在畜牧场。而且由于畜牧农产品的特殊性，安全检疫是其物流过程中非常重要的一个流程。

（4）水产品物流。水产品是指从水域中出产的产品，通常分为淡水产品和海洋水产品两种类型。水产品物流则是指从水域打捞到加工，再到消费者消耗整个过程所产生的物流活动。水产品物流通常需要先经历加工环节才到运输环节，在整个过程中，保持水产品的新鲜非常关键，所以保鲜是水产品物流中很重要的技术。根据保鲜状态又可以将水产品物流分为常温品、低温品和冷冻品3种物流方式。

（5）林产品物流。林产品主要指木材等基础性工业原料，属于大型农产品，所以对物流有特殊的要求。林产品物流是指从林木采伐、运输，到加工、生产，在工业生产链条下游再生产加工，一直到进入消费环节的整个物流活动。

（6）经济作物物流。经济作物一般指为工业，特别是指为轻工业提供原料的农产品。例如，棉花、蚕桑等纤维作物，花生、芝麻等油料作物，甜菜、甘蔗等糖料作物，茶叶、咖啡等饮料作物，灵芝、贝母等药用作物等。经济作物物流则是指经济作物从产地到生产企业被消耗整个过程中的物流活动。经济作物物流具有批量大、频率低、规模管理程度高、物流效率高等特点。

2. 根据农产品物流业务是否外包划分农产品物流的类型

根据农产品物流业务是否外包可以将农产品物流划分为以下 3 种类型。

（1）自营农产品物流。自营农产品物流是指农产品生产者或生产企业借助自有资源组织物流活动的物流模式，也存在向运输企业购买服务或租赁仓库等非自营的临时性行为。由于自营农产品物流管理属于企业内部管理，所以其优点主要是能够更有效、更快速地传达指令，并获得准确、充足的物流信息。自营农产品物流的缺点在于需要对物流设备及人员投入资金，在农产品物流具有明显季节性的情况下，物流设备和人员的使用率较低，在一定程度上成为企业的负担。但自营农产品物流却比较适合个体农村电商从业人员，能够降低农产品物流的成本，即便其购买了物流设备，也可以灵活地出租作为其他用途。

（2）第三方农产品物流。第三方农产品物流是委托专业物流企业，以合同形式提供农产品物流服务的物流模式。第三方农产品物流的服务对象通常为较大型且有复杂的供销关系的农产品生产或销售企业。第三方农产品物流的优点在于具有规模化和专业化的物流服务，具有较低的物流成本，能够让委托企业更加专注核心业务。第三方农产品物流的主要缺点在于与委托企业之间的信息交流问题，一旦信息流通不畅会明显增加企业的经营风险。

（3）农产品物流联盟。农产品物流联盟是指通过共同认同的协议，将一些能够提供农产品物流服务的企业或机构组织聚集在一起形成的农产品物流企业联盟。农产品物流联盟能够通过联盟成员的分工协作、优质组合，以极低的成本、极快的速度、极高的效率完成各种农产品物流需求。但这种模式需要有一整套规范且高效的管理制度，联盟成员也要保质保量地完成被分配的任务。

知识链接

根据农产品的生产销售过程，农产品物流还可以分为农产品供应物流、农产品生产物流、农产品销售物流和农产品废弃物流。根据农产品物流系统的性质，农产品物流可以分为社会化专业农产品物流和企业农产品物流。根据农产品物流的空间范围，农产品物流可以分为国际农产品物流、国内农产品物流和地区性农产品物流。

6.1.4 农产品的电商物流运作模式

农产品的电商物流运作模式是指在电子商务环境中，个人或企业为了完成从农产品的生产到销售等一系列的物流活动而采取的基本战略和运作方式。

（1）B to B模式。前面一个B（Business，企业）是指农产品生产或专门从事农产品销售的农产品供给企业，后面一个B则是指农产品求购企业。B to B模式是目前主流的农产品电商物流运作模式。在这种物流运作模式下，农产品的供给企业和求购企业都通过网络完成农产品交易的所有环节。在B to B模式下，农产品的供给企业和求购企业可以通过自建农产品网站进行运营推广，或者在大型第三方中介平台注册推广，实现在线搜索农产品需求信息、报价、洽谈、合同签订、资金转移、选择物流供应商、结算等事宜。

（2）P to C to B模式。P（Person，指农村个体户）to C（Cooperative，指农业协会、合作社）to B（指涉农企业，可以是农产品销售、流通和加工企业，也可以是各种大型超市）模式是由农业协会或合作社将生产农产品的农村个体户组织起来，与涉农企业进行对接的物流运作模式。在P to C to B模式的生产环节中，农业协会或合作社会根据市场需求组织农村个体户统一进行生产，有时也会根据涉农企业安排生产；在销售环节中，合作社对外发布供给信息，查询需求信息，和涉农企业在网上进行洽谈、签订购销合同等；在物流环节中，合作社负责按照质量要求将农产品分拣、包装好，然后在网上寻找第三方物流企业完成送货服务；在支付环节中，合作社可在银行开立账户并开通网上银行，使每次交易后的货款由涉农企业直接进行网上转账。

（3）P to G to B模式。这里的G（Government）是指中央及地方各级政府部门。在这种模式下，中央及地方各级政府部门结合农村个体户的实际需求，建立一批针对农产品物流的相关网站，整合农产品的生产、销售等信息，将农民和企业双方统一整合，从而实现农产品的生产价值，完成农产品从生产到销售的整个物流过程。例如，地方政府部门帮助农民接收农产品订单，然后安排农民有组织地进行生产，再与企业对接，通过物流将农产品配送到企业或消费者手中。

（4）B to C模式。B to C模式是指农产品供给企业和消费者借助网络完成农产品交易过程中的所有物流环节，也是目前农村电商常用的物流运作模式之一。在这种模式下，农村电商从业人员和消费者实现了直接对接，缩短了物流流程，减少了物流业务，降低了交易成本。

（5）C to C模式。C to C模式也是农村电商常用的物流运作模式，还是大多数农村电商从业人员首选的物流运作模式，是指农民与消费者之间利用农村电商平台交易农产品。

（6）第三方交易市场模式。第三方交易市场模式是指由农产品中介机构建立电子交易市场，并以此进行农产品物流的方式。在这种模式下，进行农产品交易的个人和企业都需要通过第三方市场进行交易。

6.2 农产品物流管理的重要环节

农产品物流体系由很多业务和环节组成，其中有一些非常重要的环节，如提供农产品代保管服务等的仓储环节、将农产品从一地装运至另一地的运输环节、将农产品运输至消费者终端的配送环节、实现物流增值服务的流通加工环节等。加强对这些重要物流环节的管理，可以降低物流成本，提高流通效率，并可以更好地保证农产品质量安全，加快农村电商的发展，从而提高农民的收入，更好地实现乡村振兴。

微课视频

农产品物流管理的重要环节

6.2.1 农产品仓储

"仓"是指仓库，是存放、保管、储存农产品的场所；"储"是指将农产品储存起来以备使用。农产品仓储就是指使用仓库储存和保管农产品。农产品仓储是农产品流通的重要环节之一，也是农产品物流的核心业务之一。农产品在从生产领域向消费领域转移的过程中，一般都要经过仓储阶段，仓储也在一定程度上提升了农产品的价值，所以，物流从业人员更加需要对农产品仓储进行规范化管理。

1. 农产品仓储的类型

农产品仓储按照仓储的功能可以划分为以下几种类型。

（1）农产品储存仓储。农产品储存仓储是一种长时间存放农产品的仓储类型，其特点是仓储的农产品品种少、存量大，储存费用低廉，注重质量保管和养护，通常设置在较偏远但具有较好交通运输条件的地区。

（2）农产品物流中心仓储。农产品物流中心仓储是指以物流管理为目的的仓储活动，其特点是机械化、信息化、自动化水平较高，整体吞吐能力强。这类仓储中的农产品一般是大批量进货和进库，一定批量分批出库。农产品物流中心仓储通常设置在地区经济中心，交通便利、储存成本较低的口岸。

（3）农产品配送仓储。农产品配送仓储是指农产品在配送到消费端之前所进行的短期仓储，是农产品在销售或者供生产使用前的最后储存，并在此过程中相关人员对农产品进行了简单加工与包装等处理。农产品配送仓储的特点是多批次进库且批量不大，具有强大的物流管理信息系统，在仓储过程中要进行进货、验货、制单、分批少量拣货、拆包、分拣、组配等作业，选点通常设在能够迅速送达消费端的地方。

（4）农产品运输转换仓储。农产品运输转换仓储是指衔接铁路、公路、水路等不同运输方式的仓储类型。其特点是大进大出、农产品存期短、高度机械化作业、具有较高的作业效率和农产品周转率，通常设在不同运输方式的接口处，如港口、车站。

（5）农产品保税仓储。农产品保税仓储是指使用海关核准的保税仓库存放出口农产品或者来料加工农产品的仓储类型。其特点是受到海关的直接监控，入库或者出库单据均需要海关签署，通常设在进出境口岸附近。

课堂讨论

假设你是黑龙江的一位五常大米生产商，想要将大米运送到消费者手中，这一过程可能涉及哪些类型的仓储？

2. 农产品仓储的作用

农产品仓储是农产品物流不可缺少的环节，不但能实现农产品由生产地向消费地的转移，而且能创造社会价值，也在农产品物流中发挥着不可替代的作用。

（1）空间作用。空间作用是指农产品仓储能够解决农产品生产和消费在地理空间上的分离问题，使消费者可以享受来自不同地区的农产品。

（2）时间作用。时间作用是指农产品仓储能够解决农产品生产和消费时间上的不一致问题，解决农产品的生产和消费在时间上的间隔问题，保证农产品的生产和消费能够长期连续进行。

（3）平衡市场供求关系，稳定物价。农产品物流过程中存在各种批量、品种的生产，可能导致供求矛盾。农产品仓储的存在则可在供过于求时吸纳农产品，增加库存，在供不应求时推出农产品，释放库存，从而有效地调节市场供求关系，缓解供求矛盾，稳定物价。

（4）实现农产品增值。农产品仓储能够加快资金周转、节约流通费用、降低物流成本、提高经济效益，从而提升农产品的价值，增加农民的经济收益。

（5）增加就业机会。农产品仓储不仅涉及从储存中心向流通、销售中心转移的流通配送工作，还涉及储存设备的使用工作，以及分拣、配套、捆装、流通加工、信息处理等工作，从而创造了大量的就业机会。

（6）信息管理。农产品物流管理在计算机和互联网的支持下，通过电子数据交换和条形码等技术来实现仓储农产品信息的显示、存储、传递和管理等功能，及时而准确地管理农产品物流信息。

3. 农产品仓储的基本要求

进行农产品仓储管理，保证仓储农产品的质量和安全是关键。所以，农产品仓储需要满足以下几点要求。

（1）设置合适的仓储地点和仓储规模。农产品的仓储地点和仓储规模需要根据农产品的采购、批发、中转和加工的不同要求，以及农产品的储存量、仓储点的分布、储存费用等因素来确定。

（2）实现自动化仓储管理。随着电子商务的飞速发展，传统的混合型储存逐步更新为专业性储存，对管理效率的要求也在提升。因此，采用计算机控制的自动化仓储系统进行农产品仓储管理很有必要。

（3）尽量降低仓储费用。不同农产品的仓储费用不同，但可以通过实行规模经营和集约经营，改善经营管理等措施，简化农产品仓储管理，降低仓储费用。

（4）加强组织管理。建立和健全一套标准的农产品出入库检验、装卸、搬运、包装、接收、发运等工作管理制度，有助于明确农产品仓储的各项责任，确保农产品储存安全。

6.2.2 农产品运输

农产品运输是指用运输设备或运输工具，将农产品从一个地点向另一个地点运送的物流活动，其中包括对农产品的加工、包装、储存，农产品的运输和配送等环节。农产品运输做到了农产品的保值、增值，还实现了时间和空间上的转移，也是农产品物流的一个重要组成部分。

1. 农产品运输方式

目前，农产品运输主要有水路、铁路、公路、航空和集装箱 5 种主要的运输方式。

（1）水路运输。水路运输是指使用船舶通过水上航道运送农产品的方式。水路运输可以分为内河运输和海洋运输两种方式，其中，海洋运输又可以分为沿海运输、近洋运输和远洋运输。农产品的水路运输具有运输量大、对农产品适应性强、通达性高、运费较低、运输速度较慢、运输风险较大等特点。水路适合运输耐储运、数量大的农产品。水路运输工具主要是轮船。

（2）铁路运输。铁路运输是现代化运输业的主要运输方式，农产品的铁路运输具有单位路面运输量大、准确性和连续性强、运输速度比较快、成本较低、安全可靠、初期投资大、受地理条件限制等特点。铁路运输适合运输距离较远、数量大的农产品。铁路运输工具主要是铁路机车和铁路车辆。

（3）公路运输。公路运输是电商环境下农产品运输的主要方式，农产品的公路运输具有短程运输成本较低、机动灵活、投资少、收效快、点对点运输、载重量小、长距离运输成本较高等特点。公路运输适合距离短、鲜活、保质期较短的农产品。公路运输工具包括敞车、厢车、罐车和平板车等。

（4）航空运输。航空运输虽然起步较晚，但在农产品运输领域发展迅速，农产品的航空运输具有运输速度快、安全准确、运载量小、运输成本高等特点。航空运输适合价格昂贵、量少、易腐烂、鲜活、季节性强、消费者急需、具有特殊性的农产品。航空运输工具主要是飞机。

（5）集装箱运输。集装箱运输是一种以集装箱为运输单位的农产品运输方式，它可以将水路、铁路、公路和航空等单一的运输方式有机地结合起来，多用在农产品的国际运输领域。农产品的集装箱运输具有装卸效率高、货损货差小、在途时间短、运输费用较低、前期投资大、集装箱不规范等特点。集装箱运输适合容易腐败变质、受外部环境影响较大的农产品。

2. 农产品运输技术

农产品的类型不同，其对运输的要求也不同，需要有针对性的运输技术。

（1）果蔬运输技术。果蔬类农产品容易腐烂，且具有时效性，在运输中可以用到以下 3 种技术实现保鲜。

① 气调。气调运输技术是在运输领域运用的一种果蔬保鲜技术，这种运输技术主要有两种方式：一种是在运输途中将特殊的气体充入密闭性较好的运输器具中；另一种是运用塑料薄膜等包装材料对果蔬进行包装，利用包装的密闭性降低果蔬的呼吸作用，从而起到保鲜的作用。

② 减压。减压运输技术是利用改变运输容器中的气压来抑制果蔬呼吸作用和微生物的繁衍生殖，目的同样是保持果蔬新鲜。

③ 速冻。速冻运输技术就是将果蔬中的热量或能量抽取出来，迅速冷冻使果蔬形成极小的冰晶，从而较好地保存果蔬，且能保存较长时间的一种保鲜运输方法。

（2）畜产品运输技术。畜产品也是农产品的重要类型之一，其主要的运输技术包含以下 3 种。

① 限位笼装。限位笼装运输技术是一种运输活的畜产品的技术，技术的核心内容是采用运输笼或直接用栏杆将车厢分成若干部分运输活的家禽或牲畜，运输前还需要对运输笼或车厢进行清洗和消毒。

② 低温冷藏。低温冷藏运输技术是肉类农产品常用的保鲜运输技术，其本质是利用低温

抑制各种菌类的生长，防止鲜肉腐烂变质。低温冷藏运输技术的制冷方式主要有干冰制冷、冷板制冷、液氮制冷、机械制冷等。

> **知识链接**
>
> 　速冻运输与低温冷藏运输都是农产品保鲜运输的方式，两者之间的区别主要体现在温度方面，速冻运输要求在-18℃或更低的温度下进行运输，而低温冷藏运输的温度要求则是在0℃左右。

　　③ 防腐。防腐运输技术也是肉类农产品常用的保鲜运输技术，又分为防腐保鲜剂和真空包装等多种防腐运输技术，能在一定程度上增加肉类农产品的可运输时间。

　　（3）水产品运输技术。水产品运输以保证水产品的鲜活为首要目的，主要涉及以下两种保活运输技术。

　　① 有水保活。有水保活运输技术是一种在生态水温下运输处于昏睡状态的水产品的运输技术，这种运输技术需要实时监测并保证运输过程中温度、氧气浓度、水质和水运行的稳定。

　　② 无水保活。无水保活运输技术是一种模拟动物冬眠的无水活体运输技术。与传统的运输技术相比，无水保活运输技术具有不需水、运载量大、无污染、成本低、存活率高等优点。

6.2.3　农产品流通加工

　　农产品流通加工是指在农产品从生产地到消费者手中的整个物流过程中，为了便于包装、储存和运输，或为进一步加工创造条件，对农产品施加的除杂去废、拣选、清洗切段、包装、计量等简单处理的过程。农产品流通加工是农产品物流中的一个重要环节。图 6-3 所示为农产品流通加工的常见模式。

图 6-3　农产品流通加工的常见模式

　　1. 农产品流通加工的作用

　　（1）保护农产品的有益成分。流通加工可以在一定程度上改变农产品易腐易变的特性，从而有效保障农产品的可使用性，并提高农产品的品质。

　　（2）延长农产品的储藏时间。流通加工能够延长农产品的储藏时间，降低农产品变质及营养损失的概率，从而提升农产品的储存和运输的性能。

　　（3）创造附加值。流通加工除了能保持农产品的原有价值外，还能提升农产品的附加价值，不仅能适应多样化的消费者需求，还有助于提高服务质量。

　　（4）促进现代农业转变。流通加工扩大了农产品的生产规模，提高了农业发展的整体质量，增强了农产品销售市场的竞争力，促进了传统农业向现代农业的转变。

（5）实现农民增收。流通加工需要将传统单户农业生产模式升级为规模化经营，使农业资源得到合理配置与充分利用，从而为农民带来收益的增加。

（6）提供就业岗位。农产品流通加工形成了关联度高、涉及面广、吸纳就业能力强、劳动技术密集的产业，在服务"三农"、壮大农村经济、促进就业、扩大内需等方面发挥了重要作用。

2. 农产品流通加工方式

农产品种类繁多，其流通加工的要求、目的和方法也不同。常见的农产品流通加工方式主要有以下几种。

（1）除杂去废。除杂去废是指通过对农产品进行挑选、整理、水洗、水沉、吹风、切削、摘除、过筛等各种清洁处理，保证农产品的洁净和整齐，以便进行下一步的加工。

（2）清洗。清洗是指对农产品进行浸泡、冲洗、喷淋，或用干毛刷刷净等方式，除去农产品表面附着的污物，减少病菌和农药残留，使农产品符合卫生标准和销售要求。

（3）分级分类。分级分类是指对采收后的农产品按一定的技术等级标准进行挑选修正和整理分类，使其具有标准化产品的特性，以便包装、储运和销售。

（4）腌渍。腌渍是指用盐、糖、醋、酱油等调味品腌泡农产品，以改变其性状。鱼、肉、蛋、蔬菜等鲜活农产品常用这种流通加工方式。

（5）干燥脱水。干燥脱水是指按照一定的技术手段和质量要求，脱去农产品内含的适量水分。新鲜蔬菜瓜果常用干燥脱水这种流通加工方式。

（6）压缩打包。压缩打包是指通过压缩体积、排除空气、打包打捆等方式来加工具有疏松、膨胀性质的农产品，目的是便于储存和运输，棉、毛、麻类等农产品常用压缩打包这种流通加工方式。

（7）冷冻冷藏。冷冻冷藏是指对农产品实施低温冷冻或冷藏的措施，目的是保持农产品的鲜活，防止腐败变质。蔬菜、肉类和水产等农产品常用冷冻冷藏这种流通加工方式。

（8）切削分割。切削分割是指按照一定的规格或标准将农产品分制成某种大小或形状，目的是便于进一步加工、储运和销售。蔬菜、肉类、皮革和木材等农产品常用切削分割这种流通加工方式。

（9）粉碎。粉碎是切削分割的细化模式，需要将农产品粉碎成一定规格的颗粒。

（10）消毒杀菌。消毒杀菌是指对农产品进行消毒杀菌，目的是防腐防变，以便储存和使用。

6.2.4 农产品配送

农产品配送是指在经济合理区域范围内，根据消费者的需求，在农产品配送中心、农产品批发市场、连锁超市或其他农产品集散地，进行拣选、加工、整理、分类、配货、配装和末端运输等作业，并按时送达指定地点的农产品物流活动。农产品配送的对象通常是指消费者，也包括超市、学校、宾馆和社区家庭等消费终端，以及超市的连锁分店和其他农产品消费对象。

1. 农产品配送特点

配送是一种以分拣和配货为主要手段，送货和抵达为主要目的的特殊物流活动。而农产品本身的特性又决定了无论是大规模物流，还是单个农产品配送，其配送都有不同于其他产品的地方。

（1）配送网点多。由于消费者分布很广，消费农产品的地点也很分散，因此需要有足够多的配送网点进行农产品配送。这也让农产品的运输和装卸相对比较复杂，且单位产品运输的社会劳动消耗较大。

（2）配送的区域广。农产品具有一定的生产区域，根据消费者的需求，农产品在不同区域间进行交易流通，因此农产品的配送区域比较广泛。

（3）配送的相对风险较大。农产品生产和消费具有分散性，农产品生产也具有季节性，且农产品以现货为主，一旦配送不成功，将直接影响消费者收到的农产品质量。这就要求物流从业人员科学规划配送模式，设置规范的配送方式和路线，提高配送效率。

2. 农产品配送方式

在农产品物流中，农产品的配送主要分为直接配送、中转配送和共同配送 3 种方式。

（1）直接配送。直接配送是指由农产品生产者直接将农产品送到消费者手中，消费者只负责下单。由于是生产者直接配送，减少了配送中心中转环节的物流活动，因此直接配送还能缩短配送时间，满足生鲜农产品对运输速度的高要求。

（2）中转配送。中转配送是指由配送中心进行配送，配送中心提供仓储、运输、流通加工和配送等完善的农产品物流服务，只需按照消费者的要求及时将农产品送交到其手中。中转配送能够产生规模效益，并有效而迅速地反馈信息，控制农产品质量。

（3）共同配送。共同配送是指由多家农民、农产品基地、批发市场或配送中心组成共同配送节点，统一对消费者进行配送。共同配送可以提高配送效率，也可以降低农产品生产者的配送成本。

3. 农产品配送中心

从农产品配送方式可以看出，农产品配送中心在农产品配送中具有非常重要的作用。农产品配送中心是接受并处理消费者的订单信息，对运输来的农产品进行拣选、加工、组配等作业，并进行仓储和配送的设施和机构。农产品配送中心的选址直接影响其成败，在选址时，可以从以下几个方面进行规划。

（1）交通状况。农产品配送中心附近的交通状况直接影响农产品物流的效率和成本，因为交通路况越好，物流效率就越高，运输时间就越短，运输成本就越低，农产品就越能被及时送达。

（2）经济效益。配送中心的经济效益可以通过地价、劳动力条件和物流费用等方面反映出来。首先，地价越低，配送中心的运营成本就越低；其次，配送中心需要有数量充足、素质较高的劳动力，劳动力不足会影响各种作业的完成，提升运营成本；最后，配送中心与农产品生产基地和消费者的配送区域形成短距离优化，这样能减少物流过程中的浪费，节约物流成本，提升经济效益。

（3）环境条件。环境会对农产品的质量和鲜活产生影响，在规划农产品配送中心时，需要考虑气候温度、地形等环境因素。例如，配送中心应选择地势较高、地形平坦，且面积适宜的地方。

（4）其他因素。规划配送中心还需要考虑土地资源利用、环境保护、人流量和治安管理等因素。首先，规划配送中心应该以节约用地、充分利用土地资源为原则；其次，规划配送中心应该贯彻保护自然生态和人文环境的原则，尽可能降低配送中心对城市生活的影响；再次，规划配送中心应选择人流量较多的区域，人流量多才能够为配送中心带来较好的经济效益；最后，规划配送中心应考虑好的治安管理，它能给配送中心的管理带来很多方便。

6.3　生鲜农产品物流

随着农村电商的不断发展，我国农产品物流总额不断上升。农产品中很多都是生鲜产品，对物流的要求相对较高。在生鲜农产品物流规模不断扩大的同时，我们需要加大对物流基础设施的建设力度，创新生鲜农产品物流模式，从而提升生鲜农产品物流效率，降低流通成本，进一步推动生鲜农产品物流的发展。

6.3.1　生鲜农产品的特征

生鲜农产品主要包括蔬菜、水果、花卉、禽、肉、蛋、水产品、奶制品等农产品，这类农产品易腐烂、易损耗，对时效性要求较高，不易标准化生产，具有明显的季节性特征。而且，生鲜农产品大部分都是食品，还有较高的安全性要求。

（1）易腐烂。蔬菜、水果等农产品容易受到微生物、酶的作用将营养成分分解破坏和流失，严重降低营养价值，容易滋生细菌、腐烂变质。

（2）易损耗。生鲜农产品在物流过程中受到各种因素的影响，会产生各种损耗，包括水分蒸发导致农产品重量减少的自然损耗，分拣、仓储、加工、运输和配送过程中的质量损耗等。

（3）对时效性要求较高。多数农产品都具有时效性，特别是生鲜农产品，会在温度、湿度等一些外部因素的影响下产生品质的变化，从而影响其本身的价值。

（4）不易标准化生产。生鲜农产品受到气候、土壤、水、温度、时间等多种因素的影响，收获后的品质无法完全一致，因此不易实现标准化生产。

（5）具有明显的季节性特征。我国地域辽阔，生鲜农产品种类繁多，不同地质环境培育出的农产品也千差万别。即便是同一种农产品，在不同地区的生长周期也有很大差异，所以生鲜农产品的季节性特征十分明显。

（6）具有较高的安全性要求。生鲜农产品多为日常消费的食品，对食品安全的要求较高。从前期产地的农药、化肥、水源到物流过程中的防腐保鲜，都需要通过标准化的安全管理来保证其食用安全。

6.3.2　生鲜农产品的冷链物流模式

生鲜农产品物流按照物流业务是否外包划分为自营物流、第三方物流和物流联盟 3 种类型。由于生鲜农产品具有易腐烂的特征，为提升生鲜农产品的品质和新鲜度，农村电商从业人员需要将冷藏工艺、制冷技术应用于整个物流过程中，延缓生鲜农产品的消耗。因此，生鲜农产品的物流模式被称为冷链物流模式。

1. 冷链物流的类型

根据不同的划分标准，冷链物流可以划分为不同的类型。

（1）按温度划分。按照物流过程中温度的范围，冷链物流可以划分为冷藏（C）和冷冻（F）两种类型，如表 6-1 所示。

表 6-1 冷链物流温度范围分类

类别	类别细分	温度范围
冷藏（C）	C_1	10℃＜C_1≤25℃
	C_2	0℃＜C_2≤10℃
冷冻（F）	F_1	−18℃＜F_1≤0℃
	F_2	−30℃＜F_2≤−18℃
	F_3	−55℃＜F_3≤−30℃
	F_4	F_4≤−55℃

（2）按产品对象划分。按照物流过程中服务的产品，冷链物流可以划分为以下几种类型。

① 果蔬冷链物流。冷链物流的服务对象主要是水果和蔬菜，以及果蔬加工制品。

② 肉类冷链物流。冷链物流的服务对象主要是畜类、禽类等初级产品及其加工制品。

③ 水产品冷链物流。冷链物流的服务对象主要是鱼类、甲壳类、海藻类等产品及其加工制品。

④ 速冻食品冷链物流。冷链物流的服务对象主要是米类、面类等食品。

⑤ 乳品冷链物流。冷链物流的服务对象主要是液态奶及其乳制品等物品。

⑥ 冷冻饮品冷链物流。冷链物流的服务对象主要是雪糕、食用冰块等物品。

⑦ 药品冷链物流。冷链物流的服务对象主要是中药材、中药饮片、中成药、化学原料药及其制剂、抗生素、生化药品、放射性药品、血清、疫苗、血液制品和诊断药品等物品。

⑧ 其他特殊物品冷链物流。冷链物流的服务对象主要是胶卷、定影液、化妆品、化学危险品、生化试剂、医疗器械等。

2. 生鲜农产品对冷链物流的要求

在生鲜农产品的冷链物流模式下，不同的生鲜农产品对冷链物流的要求是不同的。例如，肉类和水产品对温度的要求较高，而蔬菜、水果对温度的要求相对较低，对配送速度的要求较高。另外，生鲜农产品在物流配送环节对包装和配送也有不同的要求。表 6-2 列出了不同生鲜农产品对冷链物流的要求。

表 6-2 不同生鲜农产品对冷链物流的要求

项目	日常生鲜	生鲜水果	冷鲜肉类
冷藏/仓储要求	一般	一般	较高
冷链配送要求	较低	一般	较高
时效性要求	较高	较高	较高
物流配送要求	损耗低	防止磕碰	保温
物流成本	较低	一般	较高

3. 生鲜农产品冷链物流环节

生鲜农产品冷链物流包括原材料冷却、冷藏加工、冷冻储藏、冷藏运输与配送、冷藏销售5个主要环节，可保证生鲜农产品冷链物流协调、有序、高效地运转。

（1）原材料冷却。原材料冷却是生鲜农产品冷链物流的第一个环节，冷却质量的高低能够决定整个冷链物流的品质。原材料冷却是指获取有质量保证的生鲜农产品，然后及时、快速、有效地控制环境温度的变化，对生鲜农产品进行冷却和保鲜，从而保证生鲜农产品的新鲜和品质。

（2）冷藏加工。冷藏加工环节需要对生鲜农产品进行预冷和处于一定温度控制的加工，加工过程要经历一系列的加工工艺。冷藏加工环节对温度控制的要求同样较高，通常在这个过程中会使用到各类冷藏库、冷藏柜以及最终消费者所使用的冰箱等冷链设备。

（3）冷冻储藏。冷冻储藏环节是指经过快速冷却后将生鲜农产品的温度控制在恰当的范围再进行储藏。

（4）冷藏运输与配送。冷藏运输与配送环节以具备良好温控技术的运输工具为核心，运输工具主要有冷藏车、冷藏集装箱以及其他保温运输工具。冷藏运输分为公路冷藏运输、铁路冷藏运输、水路冷藏运输和航空冷藏运输4种类型。

（5）冷藏销售。冷藏销售环节主要包括批发和零售，是生鲜农产品冷链物流的主要销售方式。

4. 生鲜农产品的典型冷链物流模式

我国生鲜农产品的冷链物流具有以下几种典型的模式。

（1）"生产基地—电商企业—消费者"模式。"生产基地—电商企业—消费者"模式是一种从种植源头到销售终端的冷链物流模式。该模式通过电商企业连接生产基地和消费者，将生鲜农产品从生产基地直接送到消费者手中。这种模式的特点是注重生产的专业化和种植的标准化，在农产品的生产、加工和物流等全产业链上进行标准化控制，从而保证农产品的生产质量。

（2）批发市场模式。批发市场模式是较常见的冷链物流模式，由农民、生产基地或加工企业将分散的农产品集中到批发市场，然后配送到农贸市场或餐饮企业；或者通过零售商销售给消费者。冷链物流的批发市场模式的物流任一环节都需要配套冷链设施。

（3）连锁超市模式。连锁超市模式是连锁超市与物流企业结盟运转的生鲜农产品冷链物流模式。这种模式的核心是由物流企业作为冷链物流配送中心，建设冷库储存、运送农产品。连锁超市模式分担了生产者(生产基地和加工企业)、物流企业和超市三方的储存和流通成本，实现了生鲜农产品的高效流通，保证了生鲜农产品的品质。

（4）物流中心模式。物流中心模式是一种将物流基地、物流团队、集散中心、配送中心等物流点位集合在一起作为物流中心的生鲜农产品冷链物流模式。这种模式的核心是物流中心占据主导分配地位，以物流中心为主导为农产品交易提供现代化和全方位的冷链物流服务。

知识链接

冷链物流作为农产品的专业物流，在农产品上行和工业品下行之间实现了双向链接，并且在物流过程中运用了冷链技术和设备，在减少农产品损耗的同时降低了物流成本，有效保证了农产品的新鲜度。

6.3.3 生鲜农产品的电商物流运作

在电子商务飞速发展的时代，电商企业和电商平台在生鲜农产品物流过程中具有重要作用，影响着整个物流的运作。

1. 订单管理

订单管理是生鲜农产品电商物流运作过程中的重要环节。电商物流运作中的订单管理主要分为 3 步：第 1 步是门店的要货订单传输到生鲜配送中心，生鲜配送中心在系统中生成门店要货订单，并按到货日期汇总处理；第 2 步是对于有库存的订单按照门店的要货需求以及日均配货量和相应的供应商送货周期自动生成正式的供应商订单，对没有库存的订单则根据门店的需求汇总按到货日期直接生成供应商的订单；第 3 步是通过系统中的供应商服务系统将订单自动发送给各供应商，供应商收到订单后，会立即组织货源，安排生产或做其他物流计划。

2. 物流计划

在电商环境下，要有序开展生鲜农产品物流，就要合理制订物流计划。物流计划包括人员安排、车辆安排、线路计划、批次计划、生产计划、配货计划等。

（1）人员安排。根据物流情况安排运输、加工、进出库、收货和分拣等各项工作的人员。

（2）车辆安排。根据订单中生鲜农产品的数量和品种等，安排对应的常温或冷链车辆。

（3）线路计划。根据订单中生鲜农产品的数量和品种，及各门店的位置调整路线，提升物流效率。

（4）批次计划。根据生鲜农产品的总量和车辆人员情况，设定加工和配送的批次，并将各个线路计划分别分配到各批次中。

（5）生产计划。根据批次计划制订生产计划，将量大的生鲜农产品分批投料加工，设定各线路农产品的加工顺序，保证配送和运输的高效进行。

（6）配货计划。根据批次计划，结合场地及物流设备的情况做配货的安排。

所有的物流运作都应当按照该计划执行，一旦产生新的订单或特殊需求，电商系统将安排新的物流计划，且新的物流计划和已有的物流计划并行执行，互不影响。

案例分析——生鲜农产品电商平台食行
生鲜的农产品物流管理

生鲜农产品电商平台在近几年大量兴起，代表平台有喵生鲜、盒马鲜生、京东生鲜、叮咚买菜和美团买菜等，但冷链物流成本较高，且农产品在物流过程中产生了较多损耗，导致很多生鲜农产品电商平台的产品竞争力不足。食行生鲜也是一个生鲜农产品电商平台，采用一种在传统农产品物流运作模式下发展而来的新型 C to B to F（Farm，指农产品生产基地）模式，实现了农产品由生产基地直供社区家庭，以社区智能生鲜配送站为服务点，为消费者提供便捷、新鲜、平价、安全的农产品，在物流成本较高的生鲜农产品物流领域实现了盈利。

1. 生鲜农产品电商平台的物流现状

生鲜农产品电商平台在苏州拥有较大的商业潜力。一方面，苏州市场上的大部分农产品都来自外地，而这些农产品大部分通过传统物流模式进行运输，不容易保证农产品的新鲜度和质量安全，对保鲜保质的生鲜农产品物流有较大需求；另一方面，苏州市本地就有水果种植基地，水产养殖基地等农产品生产基地，能够为生鲜农产品电商平台提供足够的农产品资源。

食行生鲜是江苏省苏州市的一家生鲜农产品零售电商平台，采用 C to B to F 农产品物流运作模式。在该模式下，消费者通过电商平台的消费者端下单预订农产品，企业通过电商平台在当天 21:00 前汇总订单，直接在农产品生产基地定时定点采购，由专门的工作人员与生产供应商交接，然后生产供应商会根据需求在生产基地配货，经低温仓库的冷链分拣，将农产品送到食行生鲜的配送中心，并由配送中心进行打包、分拣、装车等工作，通过冷链运输车辆在指定时间段内投放至平台自营的社区智能生鲜配送自提食品柜中，消费者通过食品柜自行提取生鲜农产品。食行生鲜响应苏州市人民政府"菜篮子工程"建设的号召，在苏州市人民政府的支持下，将种植、养殖、采摘、屠宰等生产基地和农产品物流的包装分拣、冷链运输、仓储配送等环节进行整合，形成了一体化的生鲜农产品物流产业链。目前，食行生鲜电商平台已经扩展到苏州、上海等城市，超过 3 000 个社区、410 万户家庭，并且已经与 100 多家农产品生产基地建立了合作关系，从农产品物流的源头上保证了农产品的安全和可靠。

2. 生鲜农产品物流的 SWOT 分析

SWOT 分析法常被用于分析企业的优势、劣势、机会和威胁，以客观准确地分析企业现状。下面就通过 SWOT 分析法，分析食行生鲜的 C to B to F 模式的优势、劣势、机会和威胁，以便农村电商从业人员进一步认识和理解生鲜农产品物流，提升生鲜农产品电商平台的生存能力。

（1）S（Strengths，优势）。食行生鲜物流模式的优势体现在物流成本、农产品质量和安全方面。

① 降低物流成本。在食行生鲜的 B to C to F 模式下，农产品都是直接从产地配送到自提食品柜中，整个物流过程中节约了多次打包、包装的成本和仓储成本。而且，自提食品柜安装在社区内，存放成本比建设生鲜销售门店低很多。自提食品柜节约了人工多点配送的费用，同样也节约了物流成本。

② 保证农产品的质量和安全。食行生鲜物流模式减少了很多中间环节，在很大程度上保证了农产品的新鲜度。另外，电商平台和生产基地每天都会对农产品进行检查和验收，从生产源头就开始严格控制农产品的安全，并通过平台中消费者的反馈，实时监控农产品品质。

（2）W（Weaknesses，劣势）。食行生鲜物流模式的劣势则表现在冷链物流的成本和运力方面。

① 冷链物流的成本较高。生鲜农产品需要冷藏冷冻，冷链物流需要专用的冷藏车，仓储分拣需要建设冷冻仓库，自提食品柜也需要具备冷藏保存功能，这些都属于冷链物流不可避免的成本且耗资较大。

② 冷链物流运力不足。"食行生鲜"平台只在苏州和上海等少数城市销售生鲜农产品，规模不够大，但自有冷藏车已不足，整个物流过程中还需要租用第三方物流企业的冷藏车。

这就导致单辆冷链运输车辆的运输时间长，在一定程度上增加了农产品运输的时长，降低了农产品的时效优势。

（3）O（Opportunities，机会）。生鲜农产品市场的潜力和政策的扶持给食行生鲜物流模式带来了发展的机会。

① 生鲜农产品市场潜力大，发展前景好。随着生活水平的不断提升，消费者对生鲜农产品的需求也在不断增加，因此生鲜农产品电商平台拥有更为广阔的市场。食行生鲜平台可以立足苏州，放眼华东市场，通过融资等方式扩大企业规模，获得更多的生鲜农产品市场份额。

② 政策扶持。国家"菜篮子工程"是对生鲜农产品发展最好的指导，食行生鲜物流模式不仅完善了社区的菜篮子配套设施，还实现了部分农贸市场的功能，这也使得食行生鲜物流模式下的很多基础设施在建设过程中就得到了政府的扶持。

（4）T（Threats，威胁）。在多种因素的影响下，食行生鲜物流模式并不一定是完美的生鲜农产品物流的解决方式。

① 竞争激烈。生鲜农产品电商平台众多，为了抢夺市场和消费者，已经出现低价竞争的趋势。

② 地域局限。由于农产品生产地域固定，食行生鲜物流模式有非常明显的地域局限。苏州市不同社区的消费能力不同，会导致不同区域的盈亏不同，也可能会导致生鲜农产品电商平台发生大额亏损。

3. 案例启示

随着越来越多生鲜农产品电商平台的崛起、发展和壮大，生鲜农产品物流模式及经营理念需要进一步优化。从食行生鲜的物流模式中，我们可以获得一定的启示和建议。

（1）加强物流基础设施建设。在食行生鲜物流模式下，我们需要建设和优化冷库、设置自提食品柜，以及购买足够的冷链物流车辆和设备工具。虽然基础设施建设需要投入大量资金，会提升物流成本，但同时也能提升物流效率，保证生鲜农产品的新鲜和安全，扩大物流规模，使企业占领更大的市场，收获更多的消费者。

（2）优化配送路线。生鲜农产品从生产基地到消费者之间有较长的物流距离，在物流基础设施一定的情况下，生鲜农产品物流需要运用更为精准的物流系统和导航系统，根据每日农产品订单量，规划更加合理的运输、配送路线，从而提高物流效率，降低物流成本。

（3）扩大物流区域。生鲜农产品物流要发展，必须加强与周边地区的合作，增加农产品生产基地和消费者社区的数量。这些都需要扩大物流区域，与周边城市和区域建立良好的供需关系，同时配套完整的物流方案，建立稳定的生鲜农产品物流模式。

任务实训

实训一　为丑橘设计物流运输方案

【实训目标】

（1）了解农产品物流的体系构成。

（2）了解农产品物流中的环节。

【实训内容】

陕西省汉中市某水果商向四川省蒲江县某丑橘生产基地订购了一批丑橘（10吨），需要制定详细的物流运输方案。

（1）明确起始地点。起点为四川省蒲江县某丑橘生产基地，终点为陕西省汉中市某水果商仓库。

（2）明确运输对象和运输量。运输对象为丑橘，运输量为10吨。

（3）确定运输方式。主要有公路和铁路两种运输方式，可以从运输的距离、速度、成本、灵活度等方面进行考虑。由于蒲江县与汉中市距离550～600千米，加上丑橘这种水果容易在运输过程中发生损伤，铁路运输虽然成本低，但是速度慢且要进行二次倒车，不适合运输丑橘。公路运输更加方便，物流效率更高。

（4）选择运输工具。使用生产基地自营的载重量10.97吨的中型货车进行运输。

（5）选择运输路线。通过专业导航地图选择运输路线，对比运输时间、路程距离和过路费用，选择过路费用较低且路程和时间都比较短的路线。

（6）估算运输成本。运输成本包括满载和空车两个单程的成本，包括固定成本（车辆折旧费、司机工资、保险等）和变动成本（燃油费用、修理费、过路费等）。

（7）设计物流运输流程。首先对丑橘进行初级包装，目的是保证农产品的安全运输和品质；然后装车；接着开始物流运输；最后到达目的地签收下货。

（8）反思运输方案。在选择运输工具时，农村电商从业人员可以考虑使用第三方物流，因为使用自营车辆返回时要增加物流成本，而第三方物流的运输量大，运输成本可能比自营农产品物流低。

实训二　整理生鲜农产品的冷链物流流程

【实训目标】

（1）了解生鲜农产品物流。
（2）熟悉生鲜农产品的冷链物流模式。

【实训内容】

根据生鲜农产品的典型冷链物流模式，整理和填写下面冷链物流的流程图。

（1）批发市场模式。批发市场模式下的生鲜农产品冷链物流的流程中包含各级批发市场、零售商、餐饮企业、农贸市场、生产基地、农民、消费者和加工企业等组成部分。请整理各组成部分之间的关系，填写在图6-4中。

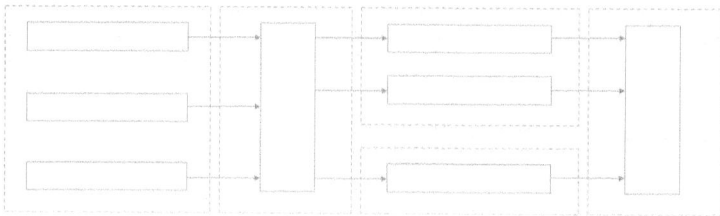

图6-4　批发市场模式下的生鲜农产品冷链物流流程

（2）连锁超市模式。连锁超市模式下的生鲜农产品冷链物流的流程中包含物流企业、连

农村电商（微课版）

锁超市、消费者、生产基地和加工企业等组成部分。请整理各组成部分之间的关系，填写在图 6-5 中。

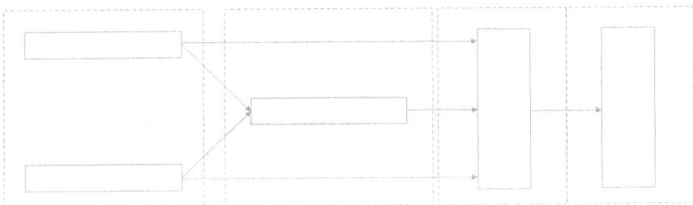

图 6-5 连锁超市模式下的生鲜农产品冷链物流流程

实训参考

整理生鲜农产品的冷链物流流程

【实训参考】

扫描右侧二维码可以查看两种模式下不同的生鲜农产品冷链物流流程图。

📖 课后练习

1．名词解释

（1）农产品物流
（2）农产品配送

2．单项选择题

（1）保鲜是水产品物流中很重要的技术，根据保鲜状态，水产品物流分为常温品、低温品和（　　　）3 种物流方式。

A．冷冻品　　　　　B．冷藏品　　　　　C．冰温品　　　　　D．冷鲜品

（2）农产品仓储通常需要根据不同的类型选择不同的地理位置，设在地区经济中心，交通便利、储存成本较低的口岸的是（　　　）。

A．农产品储存仓储　　　　　　　　B．农产品物流中心仓储
C．农产品配送仓储　　　　　　　　D．农产品运输转换仓储

（3）以下农产品运输技术中，应用于畜产品运输中的是（　　　）。

A．气调　　　　　B．减压　　　　　C．有水保活　　　　　D．限位笼装

（4）农产品物流过程中适用温度范围在 0～10℃的冷链物流类型是（　　　）。

A．冰温　　　　　B．冷冻　　　　　C．低温　　　　　D．冷藏

3．多项选择题

（1）按照农产品物流业务是否外包，可以将农产品物流的类型划分为（　　　）。

A．自营农产品物流　　　　　　　　B．第三方农产品物流
C．农产品物流联盟　　　　　　　　D．农产品物流中心

（2）为了便于包装、储藏和运输，需要对农产品进行加工，以下可以采用的方式有（　　　）。

A．除杂去废　　　　　B．腌渍　　　　　C．粉碎　　　　　D．消毒杀菌

（3）规划农产品配送中心时，（　　　）等因素决定了配送中心的选址。

A．人流量　　　　　B．环境保护　　　　　C．交通状况　　　　　D．经济效益

（4）在生鲜农产品的电商物流运作中，物流计划包含（　　　）。

A．人员安排　　　　　B．车辆安排　　　　　C．生产计划　　　　　D．配货计划

4．思考题

（1）农产品物流有哪些不同的类型？

（2）在农产品物流业务体系中，基础业务、核心业务和专用业务的内容有哪些？

（3）能否绘制农产品物流的流程图？

（4）生鲜农产品物流和其他农产品物流的区别是什么？

5．技能题

（1）搜索本地的农产品生产基地，试着选择某一种农产品，为其设计一个电商物流运作模式，并以报告的形式分析该电商物流运作模式能否实现盈利。

（2）调查学校周边的冷链物流单位，选择一种生鲜农产品，并选定 1 000 千米外的某个城市作为目的地，自行拟定并设计冷链物流方案。

第7章　农村电商数据化分析

【学习目标】

- 了解农村电商数据的类型和特性。
- 熟悉农村电商数据化分析的作用、常用工具和方法。
- 掌握分析农产品市场行情、竞争对手的方法。
- 掌握分析网店流量、运营指标、农产品销售与库存的方法。

引导案例

农村电商数据分析有别于实体行业，以农产品网店为例，其交易金额是由访客数、转化率和客单价的乘积决定的。其中，转化率是衡量网店能否吸引消费者购买的一个指标，提高转化率就能提高农产品的销量。

佳明是四川省凉山彝族自治州雷波县人，大学毕业后到上海某公司当了一名平面设计师。一次偶然的机会，佳明听说很多人喜欢吃很甜的柑橘，而佳明家里就种植了大量中国国家地理标志产品——雷波脐橙。于是，他便萌生了开设一家网店销售雷波脐橙的想法。心动不如行动，佳明先对上海市的脐橙水果市场做了调查，然后对从雷波县到上海的物流情况和电商平台的水果销售情况做了调查，很快就决定在抖音中开设网店销售雷波脐橙。

经过一系列短视频推广和运营，佳明的抖音账号粉丝和网店的访客逐渐增多，更重要的是销售出去的雷波脐橙受到了消费者的一致好评，回头客也相当多。短短几个月的时间，回头客的购买量就占到了总购买量的53%，新访客的转化率也远高于平均水平。在转化率有保证的前提下，佳明进一步通过直播卖货的方式吸引流量，并发挥自己作为平面设计师的专业特长，重新设计和装修了网店，对雷波脐橙产品的主图、详情页文案等都进行了定期更新和优化，因此网店的转化率又有了一定的提升。

转化率是网店运营较重要的指标之一，除了推广方式和网店装修外，产品价格、质量、消费者评价、详情页内容展示等都会影响转化率。佳明成功的原因在于他敏锐地发现了自己的优势，并且能够通过数据分析将这种优势合理地应用到电商运营过程中，最终产生了立竿见影的效果。

思考：

1. 佳明在运营网店的过程中，分析了哪几种重要的数据？
2. 为什么要在农产品电商运营过程中进行数据化分析？

【本章要点】

农村电商数据的类型　农村电商数据化分析的常用工具和方法

农产品市场行情分析　农产品定位分析　农产品销售与库存分析

随着大数据时代的到来，数据已经成为数字经济时代的基础性资源、重要生产力和关键生产要素。在农村电商的迅猛发展下，数据的支持不仅使农村电商数据分析成为可能，而且使成千上万的农村电商从业人员开始认识到农村电商运营需要以数据为支撑，网店的流量、农产品的销量、消费者的行为等都可以通过数据清晰地体现出来，网店经营情况的好坏也可以通过运营指标分析反映出来。因此，了解农村电商数据化分析的基础知识，熟悉农村电商数据化分析的主要内容已经成为农村电商从业人员必须掌握的技能。

7.1　农村电商数据化分析基础

农村电商数据化分析是现在农村电商行业从业人员必不可少的一项工作，这里的数据通常是指在农村电商运营过程中用于查看、分析和管理的各种数据的总称。农村电商从业人员通过分析数据，可以获取农村电商的市场行情、农产品的销量和库存等详情，从而改进运营过程中的不足，提升农村电商运营效率和盈利能力，实现最终的运营目的。

微课视频

农村电商数据
化分析基础

素养提升

学习和应用农村电商数据化分析，构建数据分析应用体系，是新时代我国乡村振兴事业持续向纵深推进的标志性、全局性、战略性举措，是立足我国农村实情、准确把握时代发展规律提出的重大理论创新，意义重大、影响深远。

7.1.1　农村电商数据的类型

农村电商数据的类型与电商数据的类型基本一致，主要有数字、文字图形和图表 3 种。

1. 数字

数字类型的数据是由多个单独的数字组成的一串数据，是直接使用自然数或度量衡单位进行计量的一类电商数据。例如，客单价 220 元、好评率 98%、销售量 1000 箱、重量 10 千克等数值就是数字类型的数据。图 7-1 所示即为以数字显示的某农产品网店在交易、流量、产品、推广、服务等方面的运营数据，以及与上周同期对比的结果。

		2022-12-25	较上周同期	2022-12-24	较上周同期
交易	支付金额/元	10 470.55	+2.60%	9 830.83	+371.00%
	支付转化率/%	1.87%	-47.65%	1.90%	+131.50%
	客单价/元	72.71	+11.14%	73.92	+2.70%
	支付买家数/人	144	-7.69%	133	+358.62%
	支付老买家数/人	5	+66.67%	1	0.00%
	老买家支付金额/元	387.00	+202.34%	98.00	+42.03%
	支付件数/件	192	+10.98%	153	+350.00%
	支付子订单数/件	163	-5.78%	152	+347.06%
流量	访客数/人	7 697	+76.33%	7 005	+98.11%
	浏览量/人	31 993	+71.76%	29 754	+103.78%
产品	加购人数/人	1 068	+66.61%	969	+92.64%
	加购件数/件	1 223	+68.46%	1 095	+85.28%
	产品收藏人数/人	550	+93.66%	497	+93.39%
推广	直通车消耗/元	327.80	+64.06%	329.85	+65.00%
	引力魔方消耗/元	79.15	-	63.14	-
	淘宝客佣金/元	0.00	-	0.00	-
服务	成功退款金额/元	1 746.12	+263.66%	1 595.09	+319.92%

图 7-1 数字类型的数据

2. 文字图形

文字图形类型的数据普遍应用在关键词分析、人群画像等场景中。图 7-2 所示即为以文字图形显示的搜索"脐橙"关键词后的相关搜索词情况,其中颜色较浅的圆点表示该关键词搜索量呈上升趋势,颜色较深的圆点则表示该关键词搜索量呈下降趋势。圆点越靠近中央的"脐橙"圆圈,则表示该圆点代表的关键词与"脐橙"关键词的相关性越大。

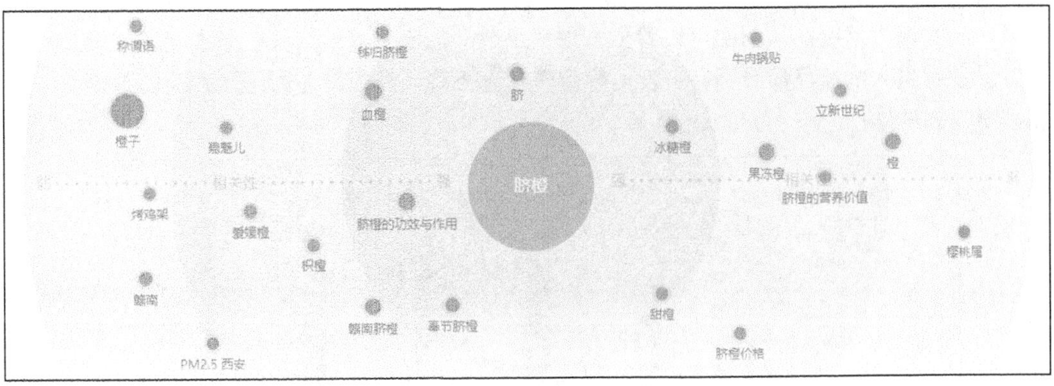

图 7-2 文字图形类型的数据

3. 图表

图表类型的数据是经常用于数据分析的一种可视化电商数据类型,它可以将枯燥的数字类数据转换成更为直观的图表。图 7-3 所示即为通过曲线化图表显示的网店交易趋势。从该图表中可以直观地看出,该网店这一时期的交易呈上升趋势。

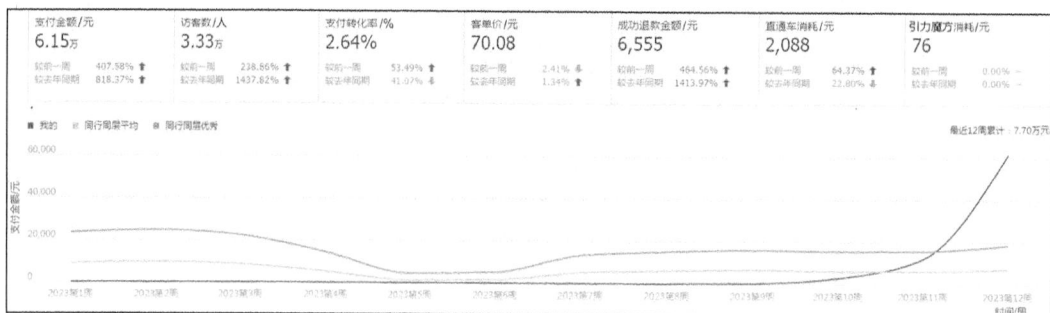

图 7-3　图表类型的数据

7.1.2　农村电商数据的特性

农村电商数据具有和电商数据基本相同的特性，主要包括以下 3 点。

1. 容量特性

容量特性是指电商数据量的大小。分析数据时，农村电商从业人员必须在考虑电商数据容量特性的基础上，尽量采集基数大的数据，这样才能让分析的结果更为准确。例如，分析某种水果的不同网店消费者访问量数据时，日访问量为 1 万次以上与日访问量为 10 次左右，或者 1 个月的访问量数据与 1 年的访问量数据，这些数据的容量特性是完全不同的。又如，分析某农产品网店消费者的性别构成时，只采集网店一天的访客数据（其中女性消费者 190 人，男性消费者 98 人），就得出该网店的消费者性别构成比例为 2∶1 的结论，明显没有考虑数据的容量特性。要想得到更为准确的结果，应该扩大数据容量，采集并分析更长时间的数据。

2. 种类特性

农村电商数据具有明显的种类特性，如流量、转化、物流和售后等种类。通过不同的种类，农村电商从业人员可以实现更多维度的数据分析。图 7-4 所示为某水果网店重点优化的苹果产品的销售情况。从图中可以看出，该苹果单品的流量有所增长，但成交转化率却逐步下降，说明引入的流量质量不高，反而导致转化率下降。所以，分析不同种类的数据有助于得出更准确的结论。

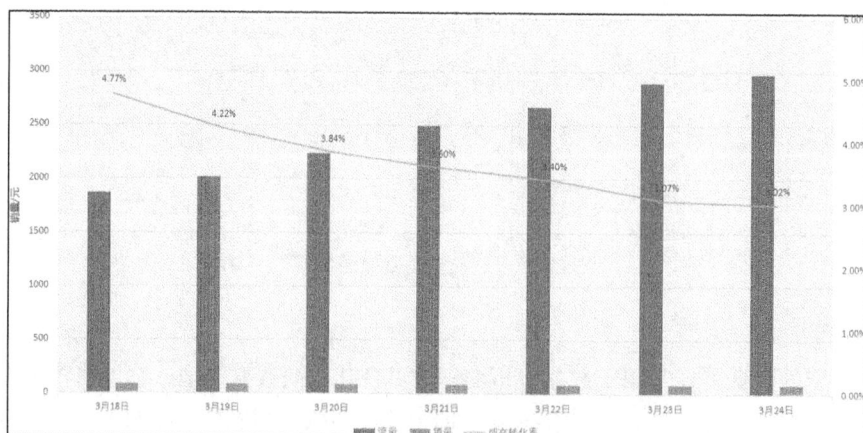

图 7-4　某水果网店苹果产品的销售数据

3. 时效特性

农村电商数据具有时效特性，无论是消费者的喜好、购物习惯，还是电商平台的各种规则等，都在不断发生变化。在进行数据分析时，农村电商从业人员只有做到与时俱进，才能真正得出正确的结论，为农村电商运营提供正确的思路和策略。

7.1.3 农村电商数据化分析的作用

农村电商运营的各个环节都可能需要与数据打交道，下面就从农村电商运营的不同阶段来了解农村电商数据化分析的作用。

1. 前期预判

农村电商从业人员通过农村电商数据分析可以进行前期预判。例如，在进行农产品物流管理的前期，农村电商从业人员可以通过农产品的采购数据来推测物流行业高峰期，进而做到提前准备，保障物流的效率。图 7-5 所示为某种水果一年的采购数据趋势，从中可以判断出 10～12 月为采购高峰期，同样也是物流行业的高峰期。

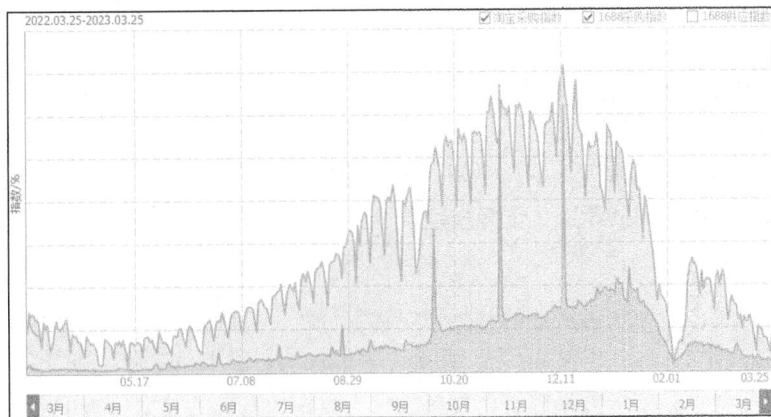

图 7-5　某种水果一年的采购数据趋势

2. 中期监控

在农村电商运营的过程中，农村电商从业人员可以通过数据分析来监控各个数据指标，从而及时发现异常，并尽快解决问题，保障网店的正常运营和销售。图 7-6 所示为某生鲜网店一天内各时间点的访客数和下单买家数趋势。从图中可知，除 1:00—6:00 下单买家数较少之外，当日 18:00 的下单买家数居然为 "0"。在访客数较高的前提下，这样的交易数据就显得有些异常。因此，农村电商从业人员需要进一步分析其原因。通过监控分析，农村电商从业人员可避免以后出现相同的问题。

3. 后期优化

通过数据呈现的结果，农村电商从业人员可以定期进行优化，不断完善网店和农产品。图 7-7 所示为某豆瓣酱网店在一段时间内各个页面的引流情况。从图中可知，该网店除了产品详情页引流效果不错外，其他页面都有待优化。农村电商从业人员可以有针对性地提升这些页面的视觉效果来吸引消费者。

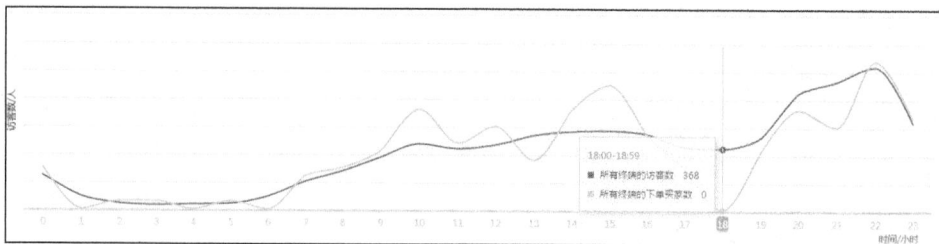

图 7-6　某生鲜网店一天内各时间点的访客数和下单买家数趋势

入口页面	下单买家数　访客数	访客数/人	占比	下单买家数/人	占比	下单转化率
首页		19	0.25%	2	1.53%	10.53%
产品详情页		7,254	96.78%	117	89.31%	1.61%
店铺内容页面		0	0.00%	0	0.00%	-
店铺导购页面		5	0.07%	0	0.00%	0.00%
店铺其他页		217	2.90%	12	9.16%	5.53%

图 7-7　某豆瓣酱网店在一段时间内各个页面的引流情况

7.1.4　农村电商数据化分析的常用工具

农村电商领域越来越重视数据化分析，各种数据化分析工具也如雨后春笋般不断涌现，这些工具能帮助农村电商从业人员更轻松地收集、整合和管理各种数据。

1. 指数类工具

指数类工具可以对市场和行业的整体情况进行分析，其中较为常用的有百度指数和微信指数。

（1）百度指数。百度指数是以百度网民的行为数据为基础的数据分析平台，能够展示某个关键词在百度的搜索规模、在一段时间内的变化趋势及其搜索人群的分布情况等。百度指数的主要功能模块包括基于单个词的趋势研究、需求图谱、人群画像，以及基于行业的搜索指数整体排行和资讯指数整体排行。图 7-8 所示为丑橘的人群画像，反映了搜索该农产品的消费者的年龄分布、性别分布和兴趣分布等情况。

（2）微信指数。微信指数体现的是以微信用户为基础的分享数据，是基于微信大数据的指数产品，能够反映关键词在微信内的热度变化。微信指数可以帮助农村电商从业人员间接获知用户的兴趣及喜好变化（如日常消费、娱乐、出行等），为其提供决策依据，也能有效监测、跟踪和反馈营销效果。

2. 平台类工具

平台类工具是指电商平台研发的数据分析工具，一般被整合于电商平台后台中，如淘宝网的生意参谋。生意参谋由阿里巴巴集团官方推出，致力于为淘宝商家提供精准实时的数据统计、多维数据分析和权威的数据解决方案。其功能主要如下。

（1）网店概况。农村电商从业人员在生意参谋首页即可查看网店的整体运营情况，包括网店的实时交易数据、销售数据、转化数据、客单价数据、产品评价数据等网店基本数据，进而掌握网店的基本经营情况。

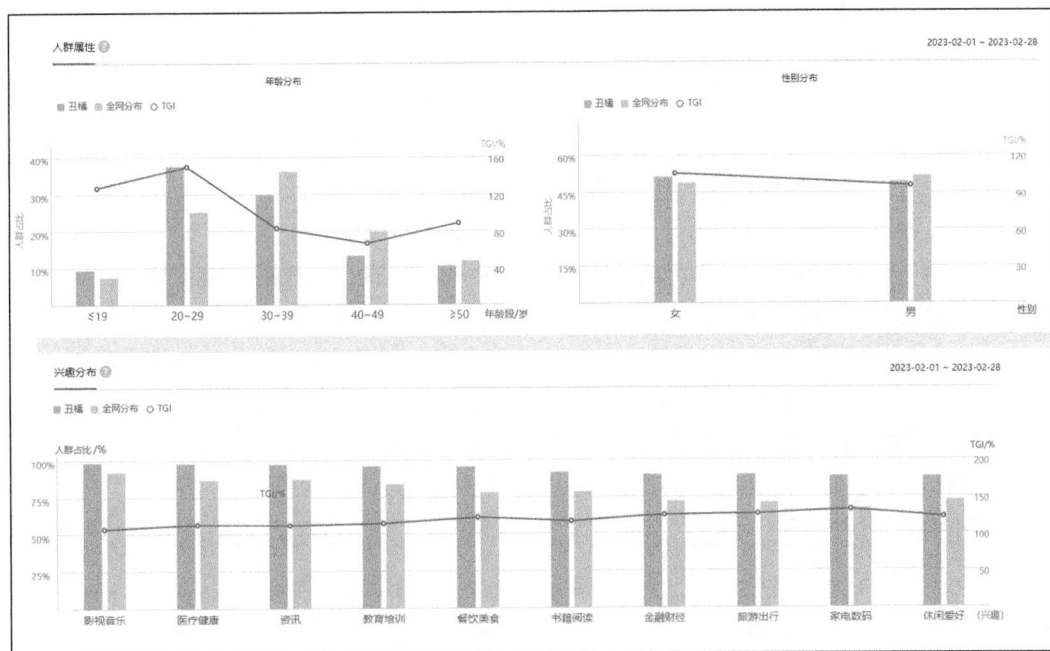

图 7-8　百度指数中指定农产品的人群画像

（2）实时概况。选择生意参谋顶部导航栏中的"实时"板块，可以将网店的实时数据、来源、榜单、访客等数据汇总显示。图 7-9 所示为网店实时概况数据。

图 7-9　网店实时概况数据

（3）经营分析。生意参谋的经营分析功能涵盖了流量、品类、交易、内容、服务、营销、物流和财务等板块的分析，在生意参谋顶部导航栏中选择对应的板块进入即可进行相应的分析。

（4）市场与竞争。生意参谋的市场与竞争板块主要用于查看市场行情和竞争对手的数据，需要付费使用。其中，市场板块用于查看市场大盘、市场排行、搜索排行、搜索人群等数据，竞争板块用于查看竞争网店、竞争产品、竞争品牌等数据。

3. 第三方工具

第三方工具是由第三方公司研发的数据分析工具，如 Excel、客户关系管理软件等。

（1）Excel。Excel 是常用的第三方数据分析工具之一，在公式、函数、图表等方面都有更强大的功能。进行农村电商数据化分析时，农村电商从业人员可以将在其他地方采集到的数据整理到 Excel 中完成。

（2）客户关系管理软件。客户关系管理简称 CRM（取自 Customer Relationship Management 的首字母）。农村电商从业人员在农村电商数据化分析中使用 CRM 软件主要是通过挖掘既有数据以及潜在数据，如客户购买价格、购买偏好、购买种类、消费特征等，来了解客户需求，对客户实施个性化一对一服务，从而实现节约人力成本和提升营销效果的目的。图 7-10 所示为比较常用的商派 CRM 软件的管理页面。在该软件中，农村电商从业人员可查看网店所有客户的订单信息，还可以设置营销推广方案、查看网店整体运营情况等。

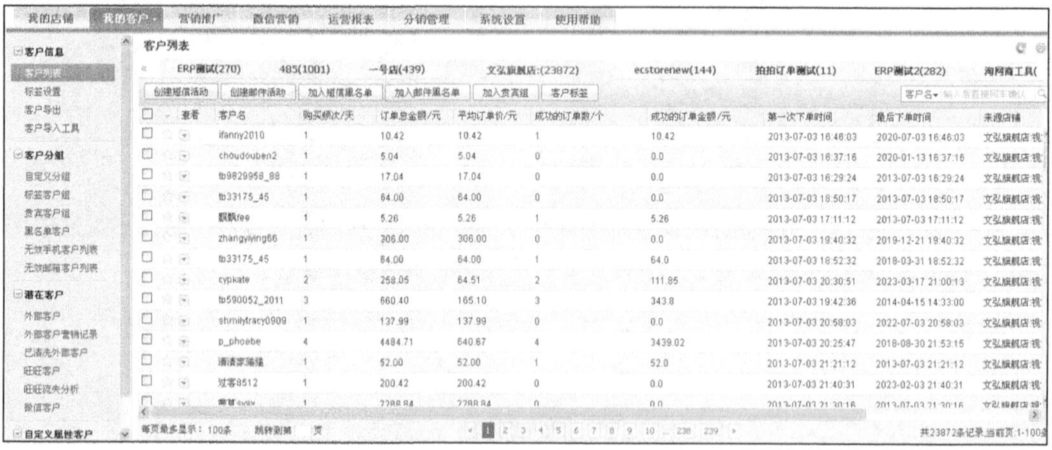

图 7-10　商派 CRM 软件的管理页面

7.1.5　农村电商数据化分析的方法

在大数据时代，电子商务领域存在海量的数据。在分析农村电商数据时，农村电商从业人员可以使用一些常用方法来提高数据分析的专业性和效率。

1. 直接观察

直接观察是指利用各种电商数据分析工具的分析功能，直接观察数据的发展趋势，找出异常数据，对消费者进行分群等。农村电商从业人员借助于强大的数据分析工具，可以有效提升信息处理的效率。例如，通过查看图形或趋势图，能够迅速了解市场走势、订单数量、业绩完成情况、消费者分布等，从而获取有用的数据信息，以便后期做决策。图 7-11 所示为某鸡肉制品网店新消费者的分布情况，包括性别、职业、支付金额和年龄分布等数据。农村电商从业人员可以据此确定网店的目标消费群体，进而有针对性地制定营销策略。

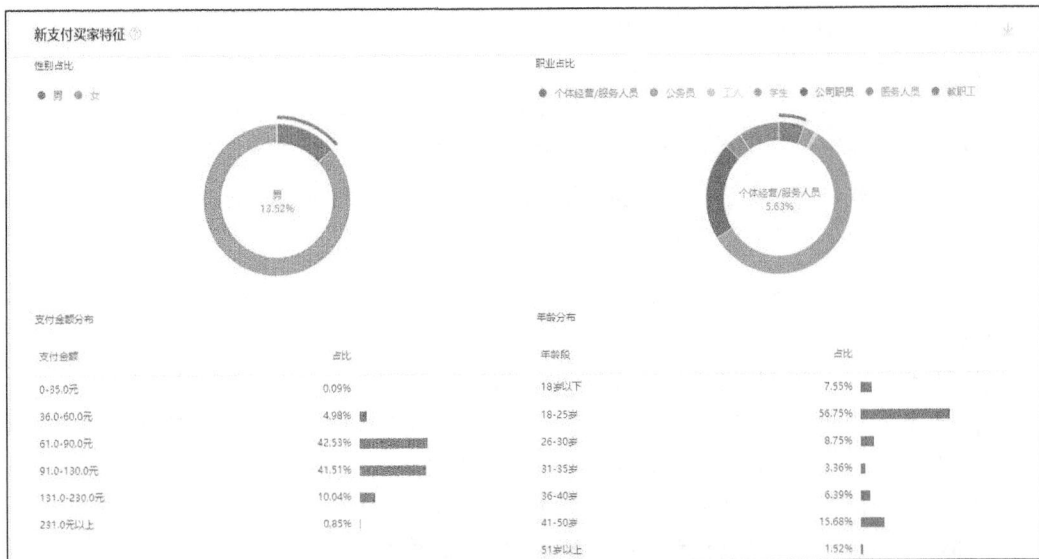

图 7-11　某鸡肉制品网店新消费者的分布情况

2．AB 测试

AB 测试就是制定不同的方案来完成同一项工作，然后通过效果对比分析，从中找出最好的方案。AB 测试的经典应用案例就是淘宝直通车测图，其原理是通过两种主图的数据对比，将点击率低的主图换为其他主图，再进行数据对比，以此循环，挑选出点击率最高的主图。AB 测试的优点在于"可控"和降低新方案的风险，即便新方案效果不佳，也可以沿用旧方案。

3．对比分析

对比分析是指比较两个或两个以上的数据，来查看不同数据之间的差异，以了解各方面数据指标的分析方法。对比分析主要从以下几个方面入手。

（1）不同时期的对比。对不同时期的数据往往可以采用环比和同比这两种对比分析方法。例如，将本月销售额与上月销售额进行对比，就能明确本月销售额的增减变动趋势及其幅度。

（2）与竞争对手或行业数据的对比。通过将自身数据与竞争对手或行业数据进行对比，就能了解自身的优势与劣势，直观地认识自身在该行业中的位置，找出差距与不足，进而制定相应的策略。例如，通过分析发现自己的成交转化率比竞争对手低很多，就可以进一步找到转化率低的原因并进行相应优化。

（3）优化前后的对比。在电商运营过程中，经常需要优化标题关键词、产品主图、产品详情页等，如果不进行优化前后的对比，就没法衡量优化效果。

（4）活动前后的对比。为促进销售，农村电商从业人员往往会不定期地开展各种促销活动，因此就需要对活动前后的各项数据指标进行对比，以此衡量促销活动效果，找出活动策划的优点和问题，为下一次促销活动提供更好的数据支持，进一步提升促销活动的质量。

4．转化漏斗

转化漏斗也是常见及有效的农村电商数据化分析方法之一。这种方法的优势在于可以从前到后还原消费者转化的路径，并分析每一个转化节点的效率。使用转化漏斗时，一般需要关注以下几点。

（1）从开始到结尾整体的转化效率。

（2）每一个节点的转化效率。

（3）哪一个节点流失最多？流失的原因是什么？流失的消费者具有哪些特征？

例如，某鸡蛋网店的下单转化漏斗分为宣传页、主图页和详情页 3 个节点，找到这 3 个节点中转化效率较低的一个进行优化和调整，就能提升整个下单转化率。

5. 七何分析

七何是指何时、何地、何人、何事、何因、何做、何价。七何分析通过主动建立问题，找到解决问题的线索，有针对性地分析数据，最终得出结果。例如，分析网店消费者画像时，如果找不到切入点，就可以利用七何分析进行引导。

（1）何时。消费者什么时候购物？最佳购物时间点是什么时候？购物频率如何？……

（2）何地。消费者地理位置分布如何？各省市情况怎样？为什么会出现这种情况？……

（3）何人。消费者性别比例情况如何？年龄分布如何？消费水平、工作职务如何？……

（4）何事。能够给消费者提供什么？消费者需求是什么？……

（5）何因。造成这种结果的原因是什么？……

（6）何做。消费者在购买时，是习惯先加入购物车再付款还是直接付款？是习惯用花呗还是信用卡？是否喜欢购买打折产品？……

（7）何价。消费者喜欢购买什么价位的产品？……

6. 杜邦拆解

杜邦拆解基于杜邦分析法的原理，后者是利用几种主要的财务比率之间的关系来综合分析企业财务状况，评价企业盈利能力和股东权益回报水平，其基本思想是将企业净资产收益率逐级分解为多项财务比率乘积，这样有助于深入分析比较企业经营业绩。使用杜邦拆解，农村电商从业人员可以对网店销售额进行逐层拆解分析。图 7-12 所示为使用杜邦拆解分析的网店销售额结构。

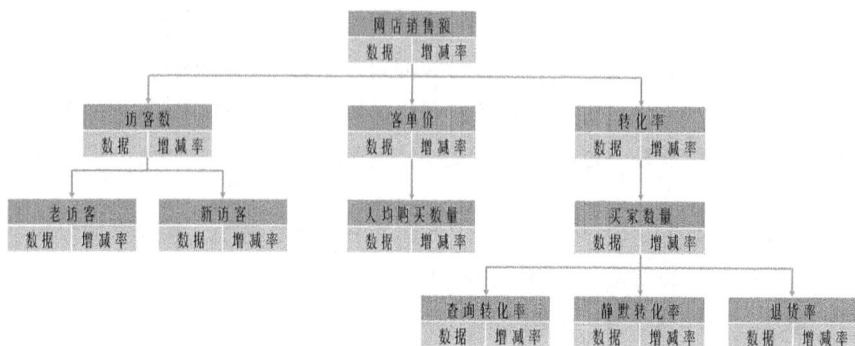

图 7-12　使用杜邦拆解分析的网店销售额结构

阅读材料

农村电商数据化分析的常见指标

知识链接

在分析农村电商数据，特别是网店运营数据时，农村电商从业人员有必要熟悉各种指标的含义和作用，扫描右上方二维码可以查看农村电商数据化分析的常见指标。

7.2 农村电商数据化分析的主要内容

农村电商数据化分析能够帮助农村电商从业人员从海量数据中快速、准确地获得有价值的信息，理解已有的历史数据，对消费者未来的行为进行准确的预测，从而提升农村电商运营效果，增加农产品销量和农民收入，进一步推进乡村振兴。下面具体从农产品市场行情、竞争对手、农产品定位、网店流量、运营指标和销售与库存等几个方面介绍农村电商数据化分析的内容。

农村电商数据化
分析的主要内容

7.2.1 农产品市场行情分析

农产品市场容易受到季节、时间等多种因素的影响，行情千变万化。农村电商从业人员在进行网络营销时，需要掌握市场和行业的具体情况，借助大数据进行数据采集、整理和分析，从而对农产品市场的容量大小、行业趋势、热门产品及市场潜力等有足够的认识。

1. 了解市场容量

市场容量也叫市场规模，指的是一定时期内某个行业或类目产品的整体规模。分析市场容量有利于网店的运营计划与目标的制定，否则将会对网店运营造成不良影响。例如，某个行业的市场容量只有 1000 万元左右，如果贸然制订 1000 万元的推广预算，势必会导致严重的财务负担。

淘宝商家可以在生意参谋中了解市场容量。具体操作方法为：先登录淘宝网，在网页右上角单击"千牛卖家中心"超链接，打开千牛卖家工作台，单击左侧导航栏中的"数据"选项卡，进入生意参谋首页。在生意参谋首页顶部导航栏中单击"市场"选项卡，然后选择左侧导航栏中的"市场大盘"选项，在打开的页面中就可以采集某个行业下各个子行业的市场容量数据，以及地域分布和行业构成等数据。

2. 认清行业趋势

行业趋势即行业的生命周期，农村电商从业人员认清行业趋势后，可以针对不同的生命周期采取不同的运营策略。例如，若行业处于导入期或成长期，则此时市场的竞争还不激烈，行业增长快速，应该执行加快市场推进速度、迅速占领市场的策略；若行业处于成熟期，则市场基本上被行业巨头抢占，此时可以考虑通过差异化的产品和服务来抢占细分市场；若行业处于衰退期，则应考虑提前处理库存，甚至制定好退出机制。

3. 寻找热门产品

不同类型的农产品具有不同的属性，如生鲜农产品就有产地、净含量、包装方式、存储温度和食品工艺等属性。通过分析不同属性的农产品交易指数，农村电商从业人员就可以发现该类型中的热门农产品。例如，在淘宝网的生意参谋"市场"板块的"属性洞察"功能中，设置行业类目、统计时间后，单击"属性分析"选项卡，即可查看某个属性下的细分属性及其交易指数。

189

4. 分析市场潜力

市场潜力决定了行业的未来发展空间和竞争程度，是市场行情分析的一个非常重要的方面。市场潜力可以利用蛋糕指数进行分析，指数越高，市场潜力越大。

蛋糕指数的计算公式为：

$$蛋糕指数=支付金额较父行业占比/父行业商家数占比$$

其中，分子可代表市场容量，下面分 4 种情况进行分析。

（1）蛋糕指数大，市场容量小。分子小，结果大，说明分母必然很小。这种情况表示农村电商从业人员数量少，市场竞争度小。此时需要做进一步分析。如果该农产品市场容量增长趋势较大，那么有可能是一个新的蓝海市场。

知识链接

> 蓝海指的是需求旺盛、竞争度小的领域，往往是目前还处于发展初期或未知的领域。与之对应的则是红海，代表竞争极端激烈的环境，往往是较为成熟的领域。

（2）蛋糕指数大，市场容量大。分子大，结果大，说明分母小，即市场容量大，同时农村电商从业人员数量少。这是典型的蓝海市场，非常值得进入。

（3）蛋糕指数小，市场容量大。分子大，结果小，说明分母很大，即市场容量大，但同时农村电商从业人员数量更多。这种农产品市场竞争非常激烈，如果有农产品相关的优势和资源，如品牌、差异化产品等，还是可以考虑进入的。

（4）蛋糕指数小，市场容量小。分子小，结果小，分母可能小也可能大，即市场容量小，同时农村电商从业人员数量不确定。此种情况下可以适时观望，观察农产品市场趋势以做进一步分析。

农村电商从业人员在分析市场潜力时，可以将数据采集的时期拉长，以便更准确地反映市场的蛋糕指数。例如，在淘宝网的生意参谋中可以采集近两年或近 3 年的数据，而这里涉及的数据包括两个，即子行业支付金额较父行业占比和父行业商家数占比。

7.2.2 竞争对手分析

由于数据采集更为高效，农村电商行业在分析和研究竞争对手方面具有天然的优势。农村电商从业人员通过竞争对手分析，可以更精准地找到目标消费群体，更有效地进行广告投放，更合理地制定运营策略，最终更好地提升网店流量和交易金额。

1. 确定竞争对手

农村电商从业人员可以从经营类目、热销农产品、客单价、网店风格等多个维度来确定竞争对手。

（1）经营类目。通过寻找经营与自身相似类目的网店来定位竞争对手，这里指的类目是细分类目。例如，两家同样经营脐橙的农产品网店就构成竞争关系。

（2）热销农产品。通过分析自身和竞争对手的热销农产品是否相似来定位竞争对手，如果两家农产品网店都主营枣，但自身网店主打新疆和田大枣，对方网店主打中卫黄河滩枣，则对方网店不是自己的直接竞争对手。即便网店主营的都是相同类目，也要进一步分析农产品的款式、属性等是否相似。

（3）客单价。农产品的客单价决定了消费者的消费层级，即便两家网店在产品类目、风格和属性上都非常相似，但在农产品客单价方面差距过大，那么两家网店也不构成竞争关系。

（4）网店风格。大多数网店的风格都是根据农产品和消费者喜好来设计的，如果发现有的网店风格与自身网店的风格非常相似，就可以进一步分析该网店的农产品类目、属性等情况，看看是否符合竞争对手的标准。

知识链接

　　农村电商从业人员还可以直接输入与自营农产品有关的关键词，在搜索结果中寻找竞争对手。另外，农村电商从业人员利用专业的数据分析工具，如生意参谋的流失分析功能，可以发现自身网店的访客流向了其他哪些网店，那么这些网店自然就是自己的直接竞争对手。

2. 收集竞争对手数据

收集竞争对手数据的方法有很多，主要可以分为线上和线下两大途径。线下途径包括购买数据报告、委托专业机构调研、自行调查市场等传统方式。不过这些方式费时费力又费钱，对于普通的农村电商从业人员而言不太实际。因此，采取线上途径来收集竞争对手数据就成了更为普遍和热门的方式。

借助于互联网和电子信息技术，线上收集竞争对手数据的方法也变得越来越灵活多样。例如，可以直接访问竞争对手网店，查看其页面设计、主图拍摄效果、消费者评价等信息，也可以借助各种数据工具来收集，如免费的百度指数以及付费的生意参谋等。这些方法都可以帮助农村电商从业人员从不同的角度全面窥探竞争对手的情况，优化营销策略并评估营销结果。

3. 选择分析竞争对手的数据模型

分析竞争对手时可能会用到数据分析模型。常用的数据分析模型主要有 SWOT 模型和波特竞争力模型两种。

（1）SWOT 模型。该模型常被用于战略制定和竞争对手分析，使用 SWOT 模型分析的方法也就是 SWOT 分析法。农村电商从业人员可以使用 SWOT 模型来分析自身情况，正视自己的优势和劣势，抓住机会并去除威胁，使网店能够更好地生存并发展壮大。

（2）波特竞争力模型。该模型将大量不同的因素汇集在一个简便的模型中，以此分析一个行业的基本竞争态势。这种模型确定了竞争的 5 种主要来源，分别是同行业内现有竞争对手的竞争能力、潜在竞争对手进入的能力、替代品的替代能力、供应商的讨价还价能力和购买者的讨价还价能力，因此运用该模型分析的方法又称为波特五力模型分析法。

4. 分析竞争对手数据

竞争对手的数据化分析主要是运用各种数据分析工具进行的，如生意参谋或店侦探等。

农村电商从业人员利用这些数据分析工具可以快速查看和分析竞争对手各方面的数据。

（1）竞店分析。竞店也就是竞争对手的网店。通过观察和分析竞店的整体数据，农村电商从业人员可以系统了解竞店的运营情况。例如，在生意参谋中可以轻松地添加竞店并展示其数据，在生意参谋"竞争"板块"监控店铺"页面的右上角单击"竞争配置"超链接，即可进入竞店配置的页面，此时"监控店铺列表"区域显示的就是已经添加的竞争对手。在"竞争"板块的"竞店识别"页面中，可以通过四象限图的形式显示自身网店的访客流入竞店的情况。其中，处于"高流失、高销量"的竞店是最具威胁性的。通过四象限图找到近期最具威胁性的竞店后，可以回到"监控店铺"页面，单击该竞店右侧对应的"竞店分析"超链接，便可详细对比本店与竞店的各项数据指标，如图 7-13 所示。

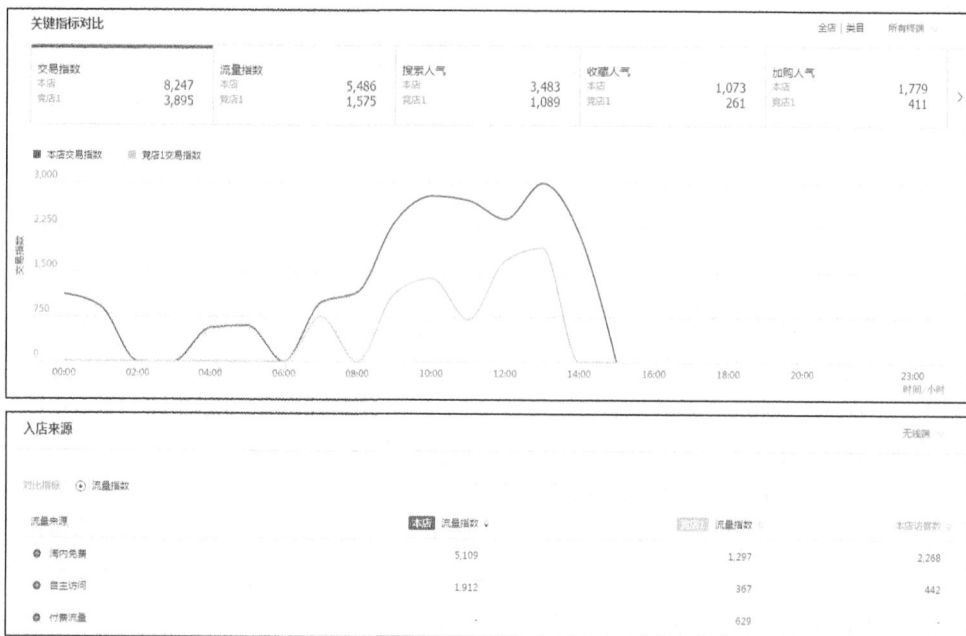

图 7-13　竞店分析

（2）竞品分析。竞品分析主要是指针对竞争对手的单品进行全方位分析。农村电商从业人员可以通过搜索关键词的方法来寻找竞品，查看其人气、销量、价格、转化率、主图、详情页、评价等。这种方法比较简单，但不够精确。有条件的农村电商从业人员可以借助生意参谋、店侦探和 Excel 等工具来进行竞品分析。

（3）竞争品牌分析。竞争品牌分析是分析农产品品牌的竞争对手，可以选择并查看有潜力的品牌对象，对该品牌的趋势，包括流量指数、支付转化指数、交易指数、客群指数等数据进行分析。农村电商从业人员在分析竞争品牌时，还可以进一步分析或对比品牌的热销农产品、热门网店、热门成交类目和价格带等数据。

7.2.3　农产品定位分析

对于农村电商的农产品线上销售而言，由于农产品的类目和数量都很多，因此农村电商从业人员需要进行有效的覆盖规划与测试来分析农产品定位，才能避免农产品的盲目生产和经营，降低运营风险。

1. 农产品覆盖规划

农产品覆盖规划指的是根据市场需求反映的数据，规划网店可以经营的农产品类目和属性。农产品覆盖一般可以从类目和属性两个维度进行规划。

（1）类目覆盖。市场需求大的农产品，其滞销和库存积压的风险显然就更小，因此通过统计某个品类下各类目的市场需求情况，就能规划出应该覆盖哪些农产品类目。

（2）属性覆盖。农产品覆盖规划还需要考虑属性覆盖。在规划农产品属性时，一方面可以分析市场数据，另一方面可以参考竞争对手的属性规划。

2. 农产品测试

农产品测试指的是将农产品投放到市场中，获取一定的数据结果来分析农产品和市场的表现，从而进一步完善农产品的定位规划。

（1）工具测试。工具测试是指利用一些数据工具来测试和分析农产品的市场表现。例如，淘宝商家可以使用直通车测试农产品，根据农产品的自然搜索流量、下单人数等数据，了解农产品在搜索环境中的表现。

（2）网店内部测试。工具测试通常需要付费，如果网店具有一定的流量，则完全可以将流量有目的地引导到测试页面，进而对农产品进行测试。测试时，通常需要在网店首页最明显的位置设置流量入口，如页面顶部或页面第一个栏目等位置。当然，为了更好地进行测试，也可以在多个地方设置流量入口，如每款农产品的详情页位置等。当流量被引导到农产品测试页面后，农村电商从业人员要定时调整农产品的位置，使每个农产品都处在相同的环境下，进而得到较为合理的测试数据。

3. 农产品测试后的数据分析

对农产品进行测试后，需要分析测试数据，此时需要重点关注点击率、转化率、收藏率、加购率、UV 价值和 UV 利润等指标，可以将上述指标的数据整理到 Excel 中，以待分析。如果要更全面地分析测试数据，还可以在此基础上增加"访客数""交易量""点击量""收藏量""加购量""毛利"等数据。

（1）点击率。即农产品点击数与访客数之比，是影响未来农产品展现量的指标之一，反映消费者对农产品的兴趣度。在相同测试环境下，点击率越高，获取的流量越大。

（2）转化率。即购买人数与访客数之比，是影响未来农产品成交现量的指标之一，反映消费者对农产品的接受程度。在访客数相同的情况下，转化率越高，成交量越大。

（3）收藏率。即收藏人数与访客数之比，是无法获得转化率时的替代性指标之一。一般情况下，收藏率越高，转化率越高。

（4）加购率。即将农产品加入购物车的人数与访客数之比，也是无法获得转化率时的替代性指标之一。一般情况下，加购率越高，转化率越高。

（5）UV 价值。即客单价与转化率的乘积，反映的是单个访客的贡献价值。UV 价值越高，单个访客的贡献价值越高，相同流量所贡献的整体交易金额也越高。

（6）UV 利润。即产品毛利与转化率的乘积，反映的是单个访客贡献利润的能力。UV 利润越高，相同流量所贡献的整体利润也越高。

4. 农产品定位规划

对于农村电商从业人员而言，网店的农产品应该要有合理的布局和定位，才能起到引流、销售和盈利的作用。如果为所有农产品赋予相同的使命，则可能导致后续运营的混乱。因此，要想将引流、销售、营销等各个环节都做好，就必须规划好农产品的定位，进而让网店在竞争中得以更好的生存和发展。

（1）引流款农产品。引流款农产品的作用就是为网店吸引流量。这类农产品通常价位较低，利润较少，需要有市场热度才能达到吸引流量的效果。选择引流款农产品时，可以利用生意参谋等工具查看网店内每一款农产品的详细数据，并在一定周期内选出几款点击率高的农产品。就引流款农产品数量而言，一般中大型网店会打造3~5个引流款农产品，普通网店打造1~2个引流款农产品就足够了。

（2）利润款农产品。利润款农产品的销量不一定是最高的，但却是网店经济效益较好的，因此利润款农产品一般针对的是目标消费群体中某一特定的小众人群，应该尽量迎合这一部分人群的需求。农村电商从业人员进行利润款农产品前期选款要有较强的数据挖掘能力，应该精准分析小众人群的偏好，分析适合他们的款式、设计风格、价位区间、产品卖点等。

（3）形象款农产品。形象款农产品应该为一些高品质、高调性、高客单价的极小众农产品，这类农产品的使命非常明确，就是建立网店品牌，突出网店风格和品位。例如，北京烤鸭的正宗原料鸭种"北京鸭"、文昌的鸡肉等，这些农产品就是地域和城市的名片，其作用就类似于网店的形象款农产品。

（4）活动款农产品。活动款农产品的功能比较多。从网店参加活动的目的来看，活动款农产品的用途主要有清理库存、提升销量、展示品牌等。

（5）边缘款农产品。一般大中型网店内会有边缘款农产品，目的在于完善整个网店的产品线，让消费者对网店的规模和农产品的齐备程度感到满意。当然，如果边缘款农产品在市场运营过程中体现了一定的特点，也有机会成为其他类型的农产品。

7.2.4　网店流量分析

网店流量指的是网店中的访客数量，访客数量多，代表该网店的流量大。对于大多数农产品网店而言，要想获得大量的流量，就需要时常关注并优化网店的流量结构和各页面流量指标。

1. 不同类型的流量

（1）根据消费者进入网店是否付费，网店流量可以分为免费流量和付费流量两种类型。

① 免费流量。免费流量是指不需要支付推广费用，由消费者自主通过关键词搜索或类目搜索等途径进入网店的流量。这类流量对于网店来说非常重要，说明消费者访问的目的性较强，因此这类流量的精准度往往都较好。例如，在淘宝网中，免费流量主要来自自主访问、收藏、购物车、已买到的商品等途径。

② 付费流量。付费流量是指通过投放广告、按点击率计算费用等方法引入的流量，这类

流量精准度高，更容易获取。农村电商从业人员需要引流或主推某款或多款农产品时，就可以通过付费推广来实现快速引流。

（2）根据消费者进入网店途径的不同，网店流量可以分为站内流量和站外流量两种类型。

① 站内流量。站内流量是指通过农村电商平台获取的流量，如淘宝网中的站内流量就是网店流量重要的构成部分。站内流量也有免费与付费之分。新开设的网店可以先从免费的站内流量入手。

② 站外流量。站外流量可以为网店带来很大一部分潜在的消费群体。随着社交平台的兴起，农村电商从业人员需要更加重视站外流量。例如，微信、抖音等新媒体平台积累了大量的用户，农村电商从业人员可以通过分享网店链接的方式，将这些站外流量引导到电商平台的网店中。

2. 网店流量结构分析

由于行业不同、运营模式不同等，网店的流量结构并没有严格标准。但一般情况下，免费流量在网店流量中的占比应较多，付费流量占据少数份额，其他流量也需要占据一定的份额。例如，农产品网店常见的流量结构为免费流量80%，付费流量15%，其他流量5%。网店流量结构分析其实就是分析不同类型的流量占比。图 7-14 所示为某农产品淘宝网店的流量结构。从图中可知，该网店从 3 月 4 日开始，以淘内免费流量为主，且 3 月 15 日后，该流量大幅增长，远超过自主访问流量和付费流量。这说明该网店在逐渐优化免费流量的获取。

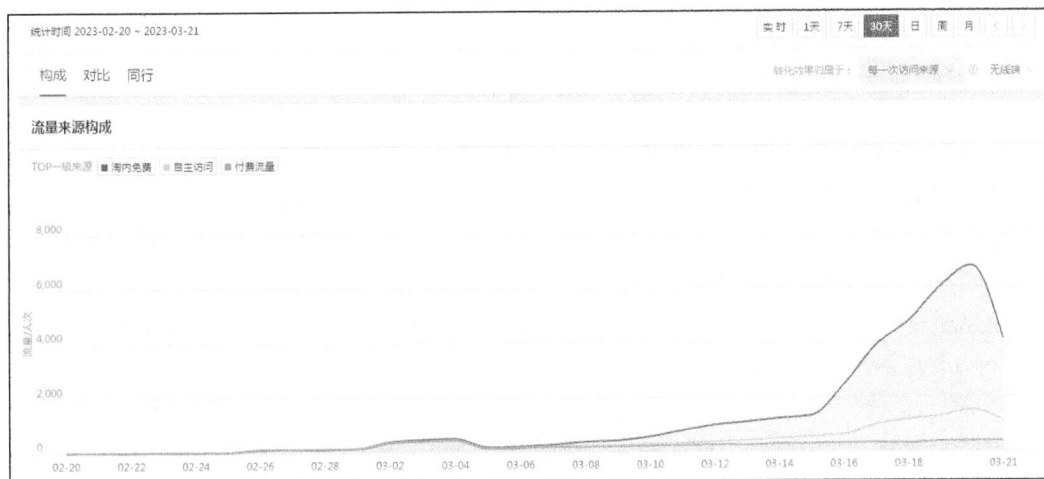

图 7-14　某农产品淘宝网店的流量结构

3. 网店页面流量分析

农产品网店中的每一个页面的功能不同，其流量大小也不同。例如，各种农产品详情页的流量，应该是网店页面中流量占比最高的，因为消费者购物时都会在农产品详情页浏览农产品。农村电商从业人员通过分析网店页面的流量，就可以了解各页面是否发挥了相应的功能，也可以对流量不足的页面加以改善。

（1）页面入口流量分析。分析网店的页面入口流量可以通过生意参谋等工具进行，以便查看网店不同类型页面的流量和交易数据。如果农产品网店的详情页引流效果较好，结合首页和其他页面的流量分析可知网店农产品的搜索排名应该较高，因为消费者通过搜索结果直接点击农产品主图就会进入详情页。同样，网店首页的引流效果不佳，就可以考虑通过引导消费者收藏网店的方式来提高首页的访问量。

（2）网店访问路径分析。分析网店访问路径需要分析消费者进入网店对应的流量路径，同样可以通过生意参谋等工具进行。图 7-15 所示便是网店详情页的流量来源和去向情况，可见消费者访问详情页的主要路径是通过店外其他来源。另外，通过网店其他页访问详情页的流量也占到了 17.65%，说明网店在关联销售这方面做得较好，消费者在访问某款农产品的同时，会产生访问其他农产品的兴趣。而从流量去向分析来看，70.82%的消费者访问详情页后会离开网店，说明网店的消费者黏性较差，这与农产品质量、价格、款式等各方面因素都有关系，需要做进一步分析。

图 7-15　生意参谋中的网店访问路径分析

（3）页面访问排行分析。如果要进一步分析网店每个页面的具体流量情况，如访问排名、浏览量、访客数和平均停留时长等，则同样可以通过生意参谋等工具进行。

（4）页面流量去向分析。如果要进一步分析网店每个页面的离开访客数、离开浏览量和离开浏览量占比的数据情况，则需要进行页面流量去向分析。需要注意的是，离开页面后消费者的操作不一定就是离开网店，还有可能是进入收藏页面或购物车页面，对所访问的农产品进行收藏或加购操作。

（5）产品详情页流量分析。产品详情页是网店最重要的页面之一，它承载的是农产品的实质内容，展现着最直接的农产品信息。分析产品详情页的流量，就能够知道消费者对哪些农产品更感兴趣、哪些详情页的黏性更高。

7.2.5　运营指标分析

网店流量分析的目的在某种程度上是获得更高的转化率和更优的客单价，而这两个指标是农村电商运营的重要指标，需要重点分析。

1．转化率及相关指标解读

在农村电商领域，农村电商从业人员要想有效地提高转化率，就需要控制好与转化率相关的指标，包括点击率、收藏率/加购率等。

（1）转化率。提高转化率是提高销售额最有效的途径，转化率=支付人数÷访客数×100%。对于农产品网店而言，转化率直接决定着网店的销售额。例如，访问网店首页的有 30 人，从首页点击进入详情页下单购买农产品的消费者有 12 人，那么对应的转化率=12÷30×100%=40%。

（2）点击率。点击率是衡量消费者是否对农产品感兴趣的一个指标，点击率=（点击量÷展现量）×100%。通过该公式可知，提高点击率需要提高点击量或降低农产品展现量，但在现实中通常用提高点击量的方法来提高点击率。网店中农产品的标题、价格、销量、主图等因素都可以影响点击量。

（3）收藏率/加购率。收藏率和加购率这两个指标都能反映农产品的受欢迎程度。收藏率/加购率高，说明网店中农产品的款式、质量等都非常好，消费者满意度较高。此时就可以有针对性地采取措施，对于一些收藏率/加购率特别高的农产品，放大其流量优势，适当进行一些促销活动，从而提高转化率。另外，消费者若收藏或加购了农产品，那么在下次购买同类农产品时，就可能通过收藏或购物车页面访问网店，这在无形之中又增加了网店的免费流量。

2. 借助转化漏斗模型分析转化率

转化漏斗模型可以展现从访问网店到最终成交的各个环节的转化人数，因此可以被用来分析各个环节的转化率情况，其模型如图 7-16 所示。

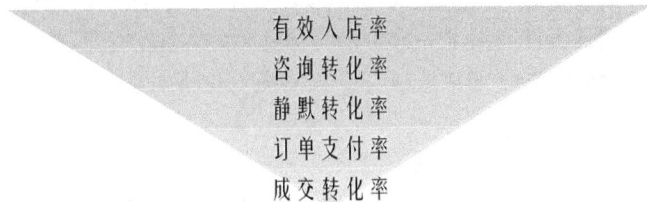

图 7-16　转化漏斗模型

（1）有效入店率。有效入店率=有效入店人数÷网店访客数。其中，有效入店人数是访问网店至少两个页面后才离开的访客的数量，包括访客访问网店后直接收藏网店或产品、向客服咨询、将产品加入购物车或直接购买的访客的数量。要提高有效入店率，就要想办法提高有效入店人数，通过查看不同页面的出店率情况，从而找到出现问题的页面，并有针对性地加以优化。

（2）咨询转化率。消费者在访问网店或购买农产品的过程中，若有疑问一般都会咨询客服，客服如果能有效地解决这些问题，通常会提高农产品的转化率。这一转化环节涉及咨询率和咨询转化率两种指标。咨询率=咨询人数÷访客数，咨询转化率=咨询成交人数÷咨询人数=咨询成交人数÷访客数÷咨询率。通常消费者在网店的访问深度（即浏览页面的数量）越高，咨询率和咨询转化率也就越高。

（3）静默转化率。静默转化率指的是消费者访问网店后，没有咨询客服而直接下单的消费者人数与访客数之比。通常新访客对农产品的了解和网店的信任都不够，不容易直接下单，其静默转化率较低。如果一个网店的静默转化率高，恰恰说明该网店的农产品质量和服务等受到消费者认可。要提升静默转化率，网店需要优化和改善农产品和服务，并加强对忠实消费者的管理。

（4）订单支付率。订单支付率指的是订单金额与成交金额之比。部分消费者下单后会由于各种原因迟迟没有付款成交，导致订单金额与成交金额不相等。通常通过购物车、已买到的宝贝、宝贝收藏等渠道访问网店，以及被营销活动吸引来的消费者的订单支付率较高。如果消费者下单但未支付，客服需要及时与其沟通，消除对方的疑问，促使其尽快完成支付。

（5）成交转化率。成交转化率是转化漏斗模型的最后一层，它能够准确反映网店的整体成交转化情况。如果成交转化率过低，农村电商从业人员就可以利用转化漏斗进行反推，查看是哪个或哪些环节出了问题并制定解决问题的方案，最终提高成交转化率。

3. 客单价指标分析

客单价在某种程度上反映了网店目标消费群体的特点以及销售类目的盈利状况。农村电商平台中销售额的计算公式通常为：销售额=访客数×转化率×客单价。因此，围绕访客数、转化率和客单价这 3 个指标进行运营，是农村电商网店运营的核心原则。客单价是指在统计时间内，平均每个支付买家的支付金额。影响客单价的因素主要有农产品定价、购物数量、关联销售等。

（1）农产品定价。农产品定价的高低基本上确定了客单价的多少，理论上客单价只会在该定价的一定范围内上下浮动（正常情况），这与市场经济学里面的价值规律类似。

（2）购物数量。客单价为平均每个支付买家的支付金额，因此购物数量会直接影响客单价的数据。例如，3 位消费者各购买了一盒价格为 100 元的麻辣小龙虾尾，客单价为 100 元（客单价=销售额÷成交消费者数）。如果这 3 位消费者有一位多买了一盒，那么客单价自然会提升为 133 元左右。

（3）关联销售。这是一个间接影响因素。网店通常会在首页推出优惠套餐，同时在产品详情页内加入其他产品详情页的超链接。关联销售会影响消费者购买的数量，同时也可能增加出现交易行为的消费者，因此最终还是通过影响支付买家的数量以及购物数量来影响客单价。

7.2.6　农产品销售与库存分析

农产品销售分析主要是通过分析指定农产品的销售趋势、销售指标，以及退款金额与退款率等，全面了解农产品的销售情况并更好地进行农产品管理。库存直接关系着网店的正常运营，如果库存少但网店农产品销售火爆，则网店就会因来不及补货而浪费销售时机。相反，如果库存多但农产品滞销，过多的库存又会浪费资源，导致流动资金流转紧张。农村电商从业人员有必要对库存进行数据化分析。

1. 销售趋势与销售指标分析

农产品的销售情况能够反映网店的运营情况，前期引流、推广等工作做得再好，也必须落实到交易上才能见到成效。而销售趋势和销售指标分析，可以让农村电商从业人员更好地了解农产品的销售情况。

（1）销售趋势分析。分析农产品的销售趋势可以通过专业工具进行。例如，在淘宝网的生意参谋中指定某款土豆农产品可设置平台、日期、指标等，然后查看其在不同平台的销售趋势，如图 7-17 所示。

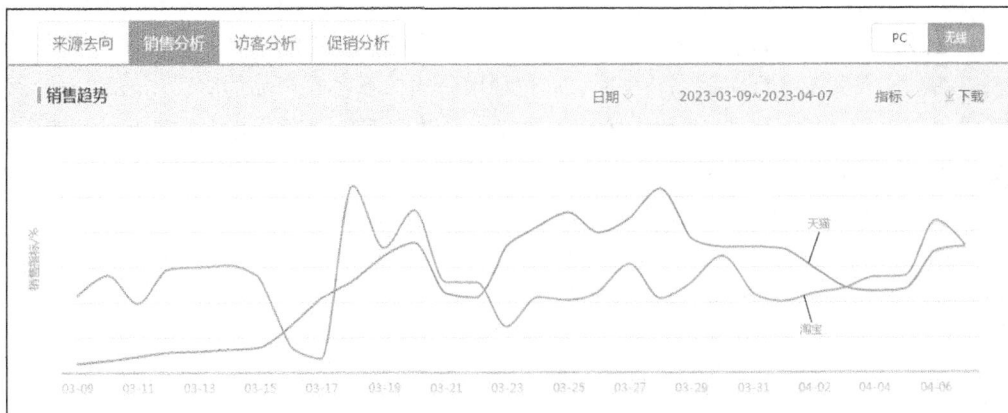

图 7-17　查看销售趋势

（2）销售指标分析。分析农产品的销售指标同样可以通过专业工具进行。例如，使用专业工具下载某农产品在 30 天内指定平台的访客数、客单价和转化率等数据，由此分析该农产品在 30 天内的销售情况，并根据销售情况调整运营策略。

2. 退款金额与退款率分析

农产品退款与退货情况反映了网店的农产品质量、客服质量以及物流质量等各方面的情况。消费者申请退货退款处理时，除恶意退货情况外，主要就是出于对农产品质量、客服或物流服务的不满。

农村电商从业人员分析农产品的退货退款数据，就能发现问题严重的农产品，从质量、客服和物流等维度入手加以改善，就可以达到减少退货退款的目的，提高网店的信用评分。例如，农村电商从业人员可以查看某个农产品近 7 日的成功退款笔数、成功退款金额和纠纷退款等数据，并采集对应的支付金额数据，然后利用"退款率=成功退款金额÷支付金额"计算该农产品每日的退款率情况。

3. 库存结构分析

在农村电商的网店中，农村电商从业人员只需要控制好有效库存和无效库存就可以了。其中，有效库存指的是可以出售的农产品库存。无效库存则包含两种情况：一种是滞销农产品、过季农产品等对销售无太大帮助的库存，这类库存又被称为假库存；另一种是因残损、过期、下架等无法继续销售的库存，也被称为死库存。

通常，农村电商从业人员无法通过有效库存和无效库存来确定是否能够满足销售需要，也无法判断库存数据是否安全，因此还需要借助库存天数和库存周转率来量化库存，以及预测农产品的库存数量。

（1）库存天数。库存天数可以有效衡量库存滚动变化的情况，是衡量库存在可持续销售期的追踪指标。库存天数=期末库存数量÷（某销售期的销售数量÷该销售期天数）。农村电商从业人员可以通过库存天数对比来量化库存，知道哪些指标的库存天数过低、哪些指标的库存天数过高。另外，还可以建立库存天数监控表，即利用库存数据和销售数据计算库存天数，然后对比标准库存天数（不同农产品类型的标准库存天数不同），低于标准的网店应及时补货，高于标准的应想办法退货或提升销量。

（2）库存周转率。库存周转率可以从财务的角度监控库存安全，这个指标一般以月、季度、半年或年为周期，库存周转率 = 销售数量 ÷ [（期初库存数量+期末库存数量）÷ 2]。农村电商从业人员在分析库存周转率时，首先利用公式计算各农产品的库存周转率，然后建立四象限图进行分析。图 7-18 所示为建立的库存周转率四象限图，其中横坐标轴代表库存天数、纵坐标轴代表库存周转率。假设标准库存为 30 天，标准库存周转率为 3 次，那么该图中位于坐标轴交叉点附近的农产品的库存都比较安全；位于左上角象限内的农产品的库存天数低、周转率高，容易断货，应及时补货；位于右下角象限内的农产品库存天数高、周转率低，容易形成死库存，应特别重视。

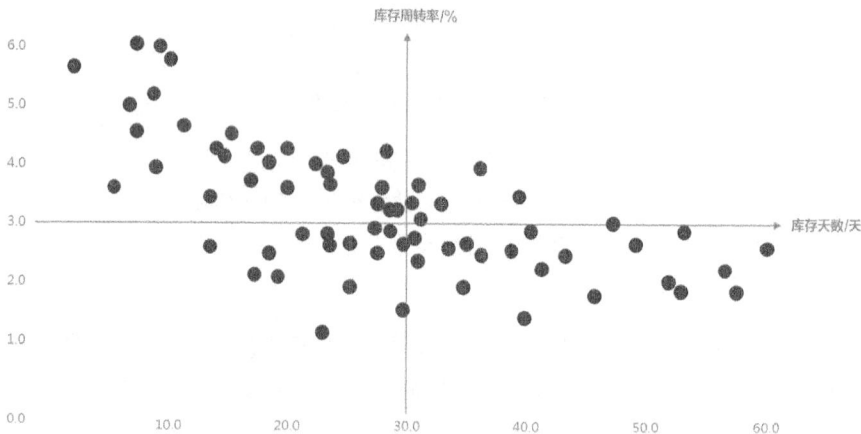

图 7-18　库存周转率四象限图

（3）预测库存。库存天数主要依赖历史销售数据，代表过去的销售规律。但要想精确把握销售走势，仅靠历史数据是不行的，还需要找到影响未来销售的因素，如促销活动、季节性原因、节假日等各种特殊事件。通过预测未来销售，再结合历史数据进行判断，就能精准确定库存的数量。滚动预测（将预测期不断向前延伸，连续进行分析、估计和推断的活动）就可以根据形势的变化不断调整需求，这样农村电商从业人员也能有一个较长时间的备货周期来满足销售需求。滚动预测通常根据时间的长短分为周预测和月预测两种方式。

4. 备货与补货分析

农村电商从业人员在网店运营和销售过程中，难免会涉及备货与补货，这会影响后续销售、资金周转、库存积压等的运营环节，因此需要予以足够的重视。

（1）农产品生命周期分析。农产品的生命周期可以视作其销售周期，而农村电商从业人员熟悉生命周期有利于后期的备货与补货。图 7-19 所示为某农产品的生命周期，分为进入期、成长期、成熟期和衰退期。

① 进入期。农产品在这个阶段的销量呈小幅度增长态势，应该被大力推广。农村电商从业人员对于这种新上市的农产品，如果不能预测销售趋势，则在进入期不应大量存货。

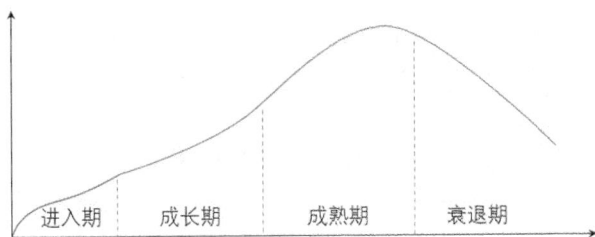

图 7-19 某农产品的生命周期

② 成长期。成长期的农产品已经销售了一段时间，渐渐被消费者接受。在这个阶段，农村电商从业人员可以预测农产品未来的销售趋势，并可以开始计算备货量。

③ 成熟期。这个阶段的农产品销售将会达到顶峰，农产品销售增加，利润也会增加。此时需要有充足的货源做保证，以应付快速增加的订单量。

④ 衰退期。农产品在成熟期后，可能由于季节变化、流行趋势变化等因素渐渐进入衰退期。这个阶段的农产品销量呈下降趋势，农村电商从业人员需要及时处理积压的货物，减少库存量。

（2）智能确定农产品备货量和补货量。通常，有经验的农村电商从业人员会根据农产品的生命周期，结合历史数据和市场趋势来综合分析农产品生命周期每个阶段的备货量，如确定第 1 周和第 2 周为农产品进入期，计算出这两周农产品的备货量，然后确认第 3 周至第 5 周为农产品成长期，再依次计算出这期间的农产品备货量。但更多的农村电商从业人员可以直接利用数据分析工具的产品销量预测功能，智能提醒每个农产品实时的备货量和补货量。例如，淘宝网的生意参谋就具备这项功能。

案例分析——评论数据对淘宝网中四川耙耙柑销量的影响

农村电商的快速发展助推了生鲜农产品的销售。但由于生鲜农产品的特殊性和电商平台无法接触产品实物的特点，消费者对在线评论的依赖要高于其他品类，所以研究评论数据对生鲜农产品销量的影响有一定的理论和实践价值。下面就根据淘宝网中有关四川耙耙柑的评论数据，建立数据模型并进行数据化分析，提出关于生鲜农产品运营的建议。

1. 在线评论数据研究

研究在线评论数据对生鲜农产品在线销售有极其重要的意义，因为随着以"80 后"和"90 后"为主的消费者逐渐成为生鲜农产品的主要消费群体，线上也成了生鲜农产品的常见购入渠道。但由于线上无法直接接触生鲜农产品实物，而且生鲜农产品保质期较短、时效性要求较高，加之生鲜农产品属于消费者的日常消费品，消费者对生鲜农产品的品质和保鲜要求较高，所以消费者在下单购买前更关注生鲜农产品的在线评论，绝大多数消费者都是根据在线评论的好坏做出购买决策的。

（1）在线评论数据维度。在农村电商领域，在线评论主要包含3个主要的数据维度。

① 评论的特征。评论的特征主要包括质量、数量、时效性、强度、长度、形式等方面的数据。

② 参与评论的消费者。参与评论的消费者主要包括资信度、专业能力等方面的数据。

③ 参考评论的消费者。参考评论的消费者主要包括消费者的专业能力、产品涉入度、感知风险等方面的数据。

除以上数据维度外，生鲜农产品的在线评论还会涉及在线评论对其销量的影响、消费者满意度等数据维度。例如，在线评论数量、图片数量对生鲜农产品销量有积极的正向作用，差评数量则有显著的负面影响，评论长度对其销量的影响不显著等。

（2）在线评论数据采集及处理。农村电商从业人员利用各类爬虫软件可以获取电商平台中关于生鲜农产品的在线评论数据，这里以使用八爪鱼采集器采集淘宝网中的在线评论数为例。首先在淘宝网中按照销量排名，人工筛选出位于排行榜前20名的四川耙耙柑产品。再使用八爪鱼采集器，选取的平台为淘宝网，产品为近30天销量排行榜前20名的四川耙耙柑，抓取目标产品的评论信息。数据采集的时间为2023年1月11日—1月15日，一共抓取了20个产品，共有26 785条有效评论（不包含默认好评）。主要收集的数据包括评论数量、评论的点赞数量，以及评论的回复数量、价格、好评度、消费者特征等。同时为了消除由农产品上架时间不一导致的评论数据差异较大的现象，对消费者特征、评论的点赞及回复采用占有效评论比例的方式来展开分析。

2. 在线评论数据分析

（1）统计数据显示，销量排名前5的耙耙柑产品有效评论数量分别为2 675条、2 573条、2 232条、1 988条和1 654条，已经占据所有有效评论的42%。但销量排名前5的耙耙柑产品的评论点赞率和评论回复比例则分别为1%和0.2%、1.2%和0.3%、2.4%和0.8%、1.75%和0.9%、2.26%和1.2%。另外，销量排名前5的耙耙柑产品的平均价格为23.80元，而排名6～20的耙耙柑产品的平均价格为36.80元，而在这些耙耙柑产品中，有些的有效评论数量也超过了2 000条。

（2）根据分析结果可以得出结论，有效评论数量越高，销量排名越靠前，农产品销量越好。评论的点赞和回复比例越低，产品销量排名越靠前，销量越高。另外，价格显著调节了农产品评论与销量排名的影响，消费者购买生鲜农产品会考虑价格因素，这也与真实市场的状况相符。

3. 案例启示

虽然只采集了淘宝网一个农村电商平台的数据，且未考虑网店的评分等数据维度，具有一定的局限性，但仍然能从中得到一些关于农村电商的生鲜农产品运营的建议与启示。

（1）农村电商应该重视在线评论。农村电商应重视在线评论，因为有效评论可以增加消费者购买生鲜农产品的信心，从而促进农产品销售。农村电商从业人员可以通过好评返现和赠品等方式激发已购消费者评论的积极性，或者通过发送评论模板的方式引导已购消费者从农产品的口感、大小、新鲜度等多个维度评论，从而产生更多高质量评论，丰富评论内容。同时农村电商从业人员也要做到诚信经营，杜绝刷单、刷好评、删差评等虚假行为。

（2）农村电商要严把农产品质量关，优化服务。农村电商从业人员可以借助评论标签、差评等内容，了解消费者关注的农产品质量、物流、客服等环节，做好农产品品控管理，严把质量关，同时优化农产品的物流及客服，提升服务质量。

（3）培养农村电商的数据化运营意识。开展农村电商数据化运营，农村电商从业人员需要提高自身的信息化素质，认识到数据化分析对农村电商发展的重要性。例如，根据数据化分析结果预估农产品市场形势，分析和整理农产品关注度和消费者流量等数据，掌握竞争对手和库存等数据，制定对应的营销策略。

任务实训

实训一　通过百度指数分析水果行业数据

【实训目标】

（1）掌握查看网店目标消费群体数据的方法。
（2）熟悉农村电商数据化分析工具的使用方法。
（3）了解农产品市场行情分析。

【实训内容】

百度指数具有强大的区域数据分析和行业数据分析功能，更重要的是这些功能都是免费向公众开放的。下面就登录百度指数网站，通过搜索"水果"查看相关数据，然后对比蔬菜行业的数据，利用百度指数的指数功能分析水果行业相关的营销趋势、需求和消费者情况。

（1）登录并搜索关键词。打开百度指数官网，输入账号和密码并登录。在首页搜索框中输入"水果"，然后单击"开始探索"按钮，搜索相关信息。

（2）趋势研究。打开"趋势研究"页面，在"关键词"栏中单击"添加对比"按钮，输入"蔬菜"，单击"确定"超链接，即可看到水果和蔬菜的数据对比。从搜索指数、咨询指数等可以看出近30天两个关键词的搜索情况，由此可得知两种农产品的关注度。

（3）需求图谱。打开"需求图谱"页面，可以看到近一年来水果相关词语的搜索趋势、热度和变化率等数据，由此可以判断哪些水果类别更受消费者关注。

（4）人群画像。打开"人群画像"页面，可以看到搜索水果的消费者地域分布、年龄分布、性别分布和兴趣分布，由此可以判断哪些地区的消费者更喜欢购买水果，以及消费者的个性特征。例如，从2023年2月5日到2023年3月6日的人群画像中可以看出，广东、山东和江苏的水果消费者最多，浙江、河南、北京、福建、四川、河北和湖南等地区的水果消费者也较多；从性别来看，购买水果的消费者绝大多数为女性消费者；从年龄来看，20～39岁的青年占据了绝大部分比例；从爱好来看，对水果感兴趣的消费者往往喜欢影视音乐、医疗健康、餐饮美食和日常生活等项目。

（5）分析结论。网络中消费者对水果的兴趣超过蔬菜，这类人群更喜欢通过移动端完成农产品购买。在制定营销策略时，农村电商从业人员可以根据农产品的特征有目的地进行推广，并将营销重心放在移动端。

第7章　农村电商数据化分析

203

实训二 通过生意参谋分析水果竞争对手数据

【实训目标】

（1）掌握生意参谋的使用方法。

（2）掌握竞争对手分析的方法。

【实训内容】

利用生意参谋添加一个水果类的竞争对手网店，并重点分析品牌指标、查看品牌热销产品、分析竞店、分析类目、分析价格，以及分析消费者画像等。

（1）添加品牌。进入生意参谋的"竞争"板块，单击左侧导航栏中的"监控品牌"选项卡，然后单击右上角的"竞争配置"超链接，在显示的页面中添加一个经营水果产品的竞争对手的品牌。

（2）分析品牌指标。单击生意参谋左侧导航栏中的"品牌分析"选项卡，然后单击右侧的"添加"按钮并选择品牌，此时可查看该品牌近一个月的交易指数、流量指数、搜索人气、收藏人气等重要指标。

（3）查看品牌热销产品。向下滚动页面，可以查看该品牌的热销水果和访客最多的水果，根据这些数据可以为自身的水果网店确定进货方向，避免经营该品牌的冷门水果。

（4）分析竞店。继续向下滚动页面，即可查看经营该品牌的竞店数据，通过交易指数可以发现该品牌的官方旗舰店在水果市场中占据的份额大小。

（5）分析类目。继续向下滚动页面，可查看该品牌涉及的水果子类目交易情况。

（6）分析价格。继续向下滚动页面，可发现该品牌最受欢迎的水果价格、支付金额占比等数据。

（7）分析消费者画像。单击左侧导航栏中的"品牌客群"选项卡，添加竞争品牌，此后就可以分析该品牌的客群指数和消费者画像了。

（8）分析总结。分析该品牌网店的成熟度和固定消费者，以及市场份额等数据，选择网店的主打水果和主营种类，并参考其价格为网店水果定价。

课后练习

1. 名词解释

（1）市场容量

（2）收藏率/加购率

2. 单项选择题

（1）下面不属于农村电商数据类型的是（　　）。

A. 数字　　　　　　B. 信号　　　　　　C. 文字图形　　　　　　D. 图表

（2）分析竞争对手数据包括竞店分析、竞品分析和（　　）。

A. 竞类分析　　　　　　　　　　B. 竞争品牌分析

C. 竞物分析　　　　　　　　　　D. 数据分析

（3）销量不一定是最好的，但却是网店经济效益较好的农产品是（　　）。

A. 利润款农产品　　　　　　　　　B. 引流款农产品

C. 形象款农产品　　　　　　　　　D. 活动款农产品

（4）为了利于后期的备货与补货，将农产品的生命周期分为进入期、成长期、（　　）和衰退期。

A. 完成期　　　　B. 优势期　　　　C. 成熟期　　　　　　　D. 完美期

3．多项选择题

（1）以下属于农村电商数据化分析的方法有（　　）。

A. 对比分析　　　B. 直接观察　　　C. 工具分析　　　　　　D. 转化漏斗

（2）对农产品进行测试后，需要重点关注的指标有（　　）。

A. 转化率　　　　B. 点击率　　　　C. 收藏率　　　　　　　D. 购买率

（3）转化漏斗模型可以展现从访问网店到最终成交的各个环节的转化人数，可以用于分析（　　）。

A. 有效入店率　　B. 咨询转化率　　C. 静默转化率　　　　　D. 订单支付率

（4）以下是农村电商数据化分析的常用工具的有（　　）。

A. 百度指数　　　B. 生意参谋　　　C. Word　　　　　　　　D. Excel

4．思考题

（1）农村电商数据化分析的作用和方法有哪些？

（2）蛋糕指数与市场容量之间有哪些关系？分别代表什么含义？

（3）如何分析网店的流量？

（4）如何计算库存周转率？

5．技能题

（1）在拼多多的数据中心查看农产品网店的实时概况、流量数据、交易数据、产品数据。

（2）选定一家水产品淘宝网店，对其进行市场行情分析、定位分析、流量分析、运营指标分析。

第8章 农村电商典型案例

8.1 12地领导干部在电商平台直播带货助力特色农产品热销

在党的二十大报告提出的"全面推进乡村振兴"的指导下，在互联网和电子商务技术的支持下，手机成为"新农具"，直播变成"新农活"。各地领导干部纷纷走进直播间为当地农产品代言，通过直播运营拓展农产品销售渠道，加快了农产品品牌建设的速度，丰富了农村电商运营的方式，为提高农民收入、实现乡村振兴提供了有力支撑。下面通过12地领导干部借助拼多多直播销售50余款地标农产品为例，为农村电商的直播运营开展相关工作提供经验借鉴。

8.1.1 案例概况

2022年9月，由中华人民共和国农业农村部、中华人民共和国商务部、中央广播电视总台、国家林业和草原局、中华全国供销合作总社联合发起的中国农民丰收节金秋消费季活动在北京启动。在这次活动中，拼多多作为承办单位中唯一的电商平台，上线了"多多丰收馆"专区，并投入了50亿元平台惠农消费补贴。湖北省来凤县、湖北省京山市和江西省石城县等12个市县的领导干部携手农民代表走进直播间，接力为家乡农产品"代言"，向广大网友推荐具有当地特色的传统农产品，以来凤藤茶、京山桥米、威宁党参、石城客家酒酿等为代表的50余款优质地标农产品参与了直播活动，并获得了不俗的销售成绩。

面对镜头，湖北省来凤县委常委、副县长向全国消费者力荐当地的特产来凤藤茶："来凤藤茶，是您'早晚'要喝的茶。早晨一杯神清气爽，晚上一杯护肝助眠。我们来凤藤茶不同于其他茶叶品类，无须洗茶，内含黄酮，有利于心脑血管的健康。"他表示，此次参加丰收节金秋消费季的大型直播活动意义非凡，未来也将做好直播这个"新农活"，推动当地特色农产品走向全国各地。

在参加直播活动的12个市县中，既有产粮大县、畜牧业重点县，也有国家乡村振兴重点扶持县，同时还覆盖了彝族、土家族、苗族等少数民族聚居地。由当地领导干部直播的形式进一步提升了消费者对农产品的信任度，且这些领导干部的带货能力丝毫不输一些达人主播。很多网友在直播间评论："县长都来直播了，这农产品肯定错不了！""为县长点赞！

为农民点赞!"

直播已经成为农村电商运营和乡村振兴的重要工具,不仅可以直接将农村和城市市场联系起来,帮助农村推销各种优质、有特色的农产品,还可以让广大网友通过直播镜头,认识和了解优秀的农耕文化和农村特色文化。

8.1.2 分析与思考

直播这种新型农村电商运营模式在推动农产品的产销对接、解决短期销售困难的同时,也是农村电商对线上运营的创新与探索。因此,了解直播运营的内涵,以及农村电商直播的关键要素,对于加快农村地区特色农产品品牌和供应链建设具有非常重要的意义。

1. 直播运营的内涵

农村电商的发展离不开多种运营模式的推广,直播运营就是目前运用非常广泛的一种模式。直播运营是以直播为工具,利用电商平台帮助农村地区提高影响力,拓宽农产品销路,实现农民经济收益增长的运营活动。直播运营能够将农民、电商平台、物流企业和政府部门等多种资源进行整合,使用实时音视频的方式带给消费者真实的农产品购物体验,提高农产品的知名度,加大农产品的营销力度,调动消费者的购买积极性,为农产品营销提供更多的渠道,为农产品销售和乡村振兴提供新的发力点。

2. 农村电商直播的关键要素

近年来,我国大力发展农村电商,助力农村发展、农民增收,直播运营就是很常用的一种方式。从以上 12 地领导干部直播带货的案例中可以看出,要真正做好助农直播,需要把握好以下 4 个关键要素。

(1)协同打造特色直播间。在农村电商领域,直播间风格设计、内容安排和主播选择等要素会对直播营销的效果产生重大的影响。首先,风格设计要符合农村特色,至少要与农产品销售相关联。其次,直播内容要以推销的农产品为主,并包括展示推介、现场体验、交流互动等环节。最后,主播需要具备一定的农业生产知识和话术推广能力,网络达人或领导干部更好,这些公众人物可以为特色农产品提供信誉背书,易获得关注和取得较好的销售效果。例如,湖北省来凤县的"来凤藤茶"直播间,首先从建立直播团队、选择主推产品、布置直播场地、设计直播内容等方面进行了详细的设置。然后因地制宜,设计出体现来凤县本地特色、打响本地品牌的直播内容,甚至将直播间搬到了茶园。最后除县长和茶农一起上阵推荐来凤藤茶,进行茶艺表演外,还将说县情道茶情、制茶大赛等特色活动穿插其中,进一步提高了网友的关注度。

(2)掀起传播热潮,吸引流量关注。在网络经济时代,农村电商从业人员想要取得良好的销售业绩不太容易,这也是需要政府和网络达人参与的重要原因。例如,来凤县就在直播活动中营造了"爱茶饮茶,消费助农"氛围,制作了中国茶文化等宣传视频,并与网络达人进行了连麦活动,还通过组织文化名人开设茶讲堂、发布茶乡旅游精品线路等预热活动,对茶叶进行了宣传,从而吸引了除爱茶人士外的大量青年网友的关注,掀起了茶文化传播热潮。

(3)建立规范和完善的农产品供应链。直播运营对农产品在生产、运输、包装、仓储、信息保障等方面的物流保障能力有较高的要求。农产品是否可以采用直播方式营销，需要重点评估以下 3 项内容。

① 农产品是否具备标准化生产的条件，能否保证品质。

② 当地农村是否具备物流运输能力，能否在时效范围内将农产品运输到消费者手中。

③ 农产品能否满足突然、爆发性增长的消费者需求，能否持续满足消费者的购买热情。

例如，来凤县在直播带货活动过程中，首先依靠省、县两级主管部门，严格把关农产品质量，并对参与销售的来凤藤茶的生产地区进行了综合评估，最终选定几个区域的茶叶参加直播活动。并且，积极与拼多多对接，接受平台的专业核查，确保当地供应链能够满足直播要求，夯实了直播基础。

（4）通过数据分析护航保效。农村电商直播运营还能获得大量活动轨迹数据和持续的销售效果。农村电商从业人员对直播数据进行分析研究，可以为农村电商和电商平台等的运营活动提供数据支持。例如，分析消费者的引流渠道、直播环节的观看人数变化趋势等，既可以评估宣传渠道绩效和活动成效，还能为以后的直播运营提供实施依据；分析直播间流量波动、销售转化率等数据，则可为农村电商从业人员在调整生产、营销和服务策略上提供重要参考，帮助其获得持久的发展动力。

8.1.3　启示与应用

随着新媒体运营模式的多样化，广大农村在搭上农村电商"数字快车"，分享网络经济红利等方面还有很大的提升空间。领导干部进入直播间直播带货的运营方式，也为其他农村地区的农产品销售带来了一些启示和建议。

1．发挥政府部门的"搭台引路"功能

农村电商直播运营需要在平台建设上下足功夫，并发挥好政府部门的牵头作用，为农产品销售营造良好的销售氛围，引导农村地区打造一批有影响力的农产品品牌。

2．发挥政府部门的"统筹策划"功能

领导干部直播带货并不是农产品销售的日常方式，应该加强对农民的直播运营技能培训，建立农产品直播运营的长效机制。这就需要充分发挥各级政府部门的组织优势，调动相关社会资源的参与积极性，在更多的地区发展农村电商，培养更多的直播人才，培育以县域为单位的电商生态体系，为农村地区农业产业升级和农村电商发展提供持久动力。

3．将农产品质量放在农业生产的首位

直播只能将农产品销售出去，而吸引消费者再次购买才能保证农产品的长期销量。所以，要发展农村电商，就要提升农民的质量意识，并树立品牌意识，做好产地农产品的分级、储存、加工、包装等工作。电商平台则要加强物流监管，保证农产品的新鲜和安全，形成具有一定特色的品牌农产品。

4．加强直播人才的培养

农村电商的持续发展离不开主播人才的培养，通过线上和线下的培训，让农民学会直播技术，成为既会种植生产又会直播的新农人，从而带领农村共同致富。

8.2 贵州省塘约村：推动传统农产品物流优化升级

乡村振兴战略的实施需要通过农产品销售来提高农民收入，而农产品物流则是农产品走出农村的一个重要环节。农产品物流实现了农产品从农村向城市及其他地区的运输，提高了农产品生产效率，在农村经济的发展建设中发挥着重要作用。下面就以贵州省安顺市平坝区乐平镇下辖的塘约村为例，展示塘约村农产品从种植到运输配送的物流现状，用SWOT分析法分析塘约村在农产品物流过程中的优势、劣势、机会和威胁，为广大农村的农产品物流发展提出优化升级的建议。

8.2.1 案例概况

塘约村是远近闻名的全国文明村镇，首批全国农村社区建设示范单位，以及全国乡村治理示范村。曾经，塘约村的农产品无法有效销售出去，无法给村民带来足够的经济效益。塘约村年平均气温在15℃左右，平均海拔在1 000米以下，适宜栽植绿色蔬菜、竹木等，是农产品生产大村。在乡村振兴战略的指导下，在电子商务技术的支持下，塘约村开辟了一条发展壮大新型农村集体经济，进行农产品规模化生产的致富之路。而要实现农产品规模化生产，就需要解决大量农产品外销的物流问题，塘约村采用的是传统的农产品物流方式，包括农产品生产、加工、包装和运输配送等环节。

1. 农产品生产

塘约村将农产品生产分为种植和采摘两个环节，通过集体统一管理的方式，提升农产品生产效率。

（1）种植。塘约村通过合作社和村民合作建设了规模化的农产品生产基地，不仅种植各种日常消费的粮食和蔬菜类农作物，而且开辟了专业的玻璃大棚种植特殊经济作物。其中，分季节种植莲花白、香芋、南瓜、韭黄、大葱、毛节瓜、西葫芦等蔬菜2 000多亩，种植果林1 000余亩。

（2）采摘。农产品采摘的过程则由合作社的全体村民参与，不但节省了外部劳工费用，也提高了村民的生产积极性。但人工采摘的采摘量少，效率偏低，且人工费比机器采摘费贵。采摘的农产品被统一运送到农产品电商分拣中心和农产品交易市场。

2. 农产品加工

农产品加工是农产品物流中的一个重要环节，也是实现农产品增值的重要环节。塘约村合作社在政府的帮扶下，学习和应用农产品加工技术，实现农产品增值。例如，香芋这种蔬菜，一部分高质量符合标准的可以保鲜后上市销售，另一部分则可以通过专业的机器磨浆、均质和干燥，制成芋头粉向外输出。在这个环节中，政府除了提供人才和技术帮扶外，还吸收了大量返乡青年学习技术操作，在提供就业岗位的同时传输加工技术，既降低了物流成本，也缓解了农村技术人才缺失的问题。

3. 农产品包装

在农产品包装环节，除一些价值较高的加工农产品外，大多数农产品都由合作社村民完成简易包装。简易包装的好处是物流成本较低，且方便进行散卖。但简易包装容易影响农产品的品质，降低其保鲜时效，且不容易形成品牌效应。

4. 农产品运输配送

在农产品运输配送环节，塘约村的蔬菜类和水果类农产品通常采取冷藏车运输，主要配送至湖南、海南、广西、广东等地区。冷链运输加长途公路运输，物流的成本较高，且配送时间长短不易把控。虽然塘约村的农产品具备散卖的特点，但大部分被配送到外地市场，影响了农产品在本地的售卖。

8.2.2　分析与思考

塘约村采用的是物流企业与合作社之间通过合同进行合作的物流模式，这也是目前在农村地区较为常见的传统农产品物流模式。在这种物流模式下，合作社负责农产品的生产、加工、包装和对外销售，第三方物流企业负责运输配送农产品。下面就运用SWOT分析法分析塘约村的农产品物流状况，找到物流过程中存在的问题和有待提升的地方。

1. 优势分析

塘约村的传统物流模式的优势体现在地理位置、规模化、农产品种类和基础设施等方面。

（1）地理位置优越。塘约村紧邻沪昆高速，与平坝区城区、安顺市区和贵阳市中心城区的最远距离为30千米。而且，距塘约村3.5千米的乐平镇规划了一个新兴的西南地区现代物流基地，物流交通便捷，地理位置优越。同时，塘约村拥有宽阔的农田和较为平坦的地势，农产品生产和物流的地质条件很好。

（2）农产品生产规模化。塘约村坚持创新，成立村级农业合作社，将村民的零星农产品生产整合成适度集约化、规模化、机械化生产，提升了农产品生产的效率，增加了村民的经济收入。

（3）农产品种类丰富。塘约村聘请过专家研究本地的气候与土壤，因地制宜种植适合本地区的蔬菜，产出的蔬菜质优价好。此外，塘约村还建立了草莓园、香菇棚、灰鹅基地等其他种类的大规模农产品生产基地，农产品生产类型和产量远高于其他同等级的村子。塘约村合作社正在实现农产品的全产业链发展，逐渐成为安顺市乃至贵州省的绿色农产品生产加工供应基地，农产品物流也受到前所未有的重视。

（4）农产品物流的基础设施完备。塘约村合作社优化并升级了传统农业的生产方式，合作社下辖劳务输出、建筑、运输、电子商务、物流分拣等多个部门，修建了农产品电商分拣中心和农产品交易市场等专业的农产品物流基础设施，具备规模化、专业化和数字化的农产品物流体系。

2. 劣势分析

塘约村由于运用传统物流模式，因此在物流技术、物流政策、物流技能型人才、物流信息等方面还是具有一定劣势的。

（1）农产品物流技术落后。塘约村在农产品仓储、运输配送过程中所应用的技术相对比较落后，不仅导致农产品损耗严重，还导致物流管理低效、重复建设、数据传递速度慢且不够准确等物流问题，影响农产品物流各环节的有效运作，从而增加农产品物流的成本。

（2）农产品物流政策跟不上发展需要。塘约村的农产品物流发展迅速，而相关的政策却供给不足，无法保证农产品物流的规范化，导致农产品物流活动达成难度高，需求方对农产品物流配送等问题缺乏信任，在一定程度上也延缓了农村经济的发展。

（3）农产品物流技能型人才相对缺乏。目前，塘约村从事农产品物流的人员以合作社的村民和返乡青年为主，文化水平普遍不高，虽然接受过物流管理的学习和培训，但仍然缺乏现代物流管理的理论基础和物流技术技能，操作不规范、运行效率低下，无法满足农产品物流发展的要求。

（4）农产品物流信息不通畅。农产品物流信息系统建设相对滞后，导致在物流过程中很难搜集到农产品的运输配送信息，无法实时监控农产品的流向，存在一定的滞后性。而农产品物流企业之间更是因为信息不对称而缺乏合作意识，导致农产品物流的成本居高不下。

（5）农产品易损。塘约村的农产品以蔬菜水果为主，这类农产品易坏且损耗高，这种特性导致其物流成本较高。塘约村的农产品物流运输方式以公路货运为主，常温运输方式简陋，运输时间长，导致农产品更容易损坏，这就会增加农产品物流的成本；冷链运输则需要专业的冷藏车，但运量相对较小，对运输中的环境、温控等条件要求较高，同样会增加农产品物流的成本。

3. 机会分析

在国家政策的支持下，在农村电商蓬勃发展的推动下，塘约村的农产品物流面临新的发展机遇。

（1）国家政策的支持。《中共中央 国务院关于做好 2023 年全面推进乡村振兴重点工作的意见》指出，要强化农业科技和装备支撑，推动乡村产业高质量发展。塘约村应充分把握机会，优化和升级农产品物流结构，节约物流成本，提高物流效率。

（2）升级物流信息技术。塘约村需要紧跟时代发展，将大数据、物联网等先进的信息技术应用到农产品物流体系中。例如，通过统计各种农产品生长的数据，分析得出更加科学的种植方式；针对不同种类、采用不同运输条件的农产品，运用更加科学的采摘和保存方式；根据物流数据分析，升级和改善农产品的加工和包装方式，减少农产品的损耗，降低物流成本等。

（3）升级改造物流技术。第三方物流企业对原有的农产品物流技术进行升级改造，通过先进的物流管理系统，进一步提升农产品物流效率，节约物流资源、降低物流成本。

（4）农村电商的蓬勃发展。农村电商的蓬勃发展，特别是短视频、直播等新农村电商运营方式的发展，极大地带动了农产品效率的增加，同时也提升了农产品物流的需求量，为农产品物流发展带来了新的契机。

（5）农产品品牌化。农产品品牌化有利于提升农产品的竞争力，已经成为全面推进乡村振兴、加快推进农业农村现代化的重要着力点。农产品品牌化则需要实现农村电商与农产品物流的有效衔接，创新经营模式，壮大经营规模，促进农产品物流的发展。

4. 威胁分析

在多种因素的影响下，塘约村的农产品物流的优化和升级仍然受到一定程度的制约。

（1）周边省市的经济发展。塘约村只是一个行政村，周围还有其他村镇，甚至安顺市、贵州省，以及云南省、四川省、广西壮族自治区、湖南省和重庆市，这些地区可能具备相同的农产品，甚至具备塘约村也没有的特色农产品。这些地区的农产品物流都处于大发展时期，并且具有各自的优势，会对塘约村农产品物流的发展造成潜在的威胁。

（2）市场竞争激烈。现代化农业的发展需要农产品物流应用更有效的运输配送方式和更低廉的物流成本，这就需要在生产、加工、运输配送等各个方面进行升级和优化。农产品物流企业都了解和认识到了这些问题，但市场上农产品物流企业较多，行业内的竞争压力也比较大。

（3）农产品安全问题。农产品大多是食品，而工业化发展带来的环境污染、土质破坏等给农产品安全带来了隐患和风险。这些通常会在农产品的生产和加工环节显现出来，结果就是导致农产品质量下降，销量降低，从而影响农产品物流的发展。

8.2.3 启示与应用

为实现乡村振兴战略，切实拓宽农民收入渠道，解决农产品走出农村的销售难题，农产品物流的瓶颈问题必须得以突破。塘约村农产品物流的升级和优化给其他地区农产品物流的发展带来了启示，也指出了一条乡村振兴的农产品物流道路。

1. 加强农产品物流基础设施建设

基础设施是农产品物流发展的基础，主要包括农村公路、交通网络及冷链物流 3 个方面。

（1）要加大农村公路建设的力度，尤其是在农产品种植和生产密集的地区建立与之相匹配的等级道路，目的是降低农产品物流成本和缩短农产品的运输时间。

（2）要发挥多种交通的网络联运优势，优化农产品各个节点的物流交通运输，实现公路、铁路、水路和航空多种方式共同运输的交通网络，提高农产品物流效率、减少农产品在运输环节的耗损。

（3）要加强冷链物流模式的基础设施建设，特别是冷链仓储和冷链运输环节的设施和设备建设，保证更多的生鲜和高品质农产品能够被及时和新鲜地配送到消费者手中。

2. 加快农产品物流信息系统的开发与应用

高效和准确的农产品物流信息系统能够收集农产品物流、交易、价格和市场供求等信息，实现对市场信息的整合，帮助农产品生产者分析农产品市场、仓储、运输资源等信息，做出科学和准确的生产、销售决策，从而提高农产品物流效率、降低农产品物流成本。

3. 构建适合本地的农产品物流体系

新鲜蔬果类农产品在物流过程中通常会产生较大的损耗，所以各地应该根据本地的特色构建适合的"乡+县+市"的物流体系网络，提高农产品物流效率。例如，构建以农产品生产基地为圆心，呈同心圆的方式向外扩展的销售路径，并在一定的距离范围内建立农产品仓储中心，每个仓储中心负责对应区域的农产品销售，这样就可以最大限度地减少农产品的损耗，节约物流运输的成本。

4. 多渠道培养农产品物流专业人才

专业人才是乡村振兴的助推力量，农产品物流专业人才的培养可以通过以下 3 种渠道实现。

（1）聘请物流专业教师或知名物流企业管理人员，对在职农产品物流人员进行岗位培训。

（2）邀请物流领域的专家学者开展专题讲座，向农村基层群众推广农产品物流知识和物流技能。

（3）与大中专学校合作，运用"订单式"的人才培养模式，定向培养与农产品物流相关的专业人才。

5. 发展绿色农产品物流

针对农产品安全可以提出"健康""安全""源自大山"等绿色农产品标签，发展农产品物流也可以提出对应的"绿色物流"概念，在打造绿色农产品的同时，发展绿色农产品物流。例如，在整个农产品物流体系中使用电能这种无污染能源，既能保证农产品的时效性，也能降低物流成本。

6. 建立健全农产品物流管理机制

为了保障农产品物流的标准化、可持续的健康发展，政府应该建立和健全农产品物流管理机制。首先制定统一的管理标准，加强对农产品物流市场运行的监督和管理，抵制恶意竞争；然后根据市场规律实行优胜劣汰，刺激农产品物流企业改善服务，不断提高专业化、规模化水平。

8.3 重庆市忠县：建设农村电商平台助推农村经济发展

由于我国是农业大国，农村市场潜力巨大，因此发展农村电商具有广阔的前景。下面以重庆市忠县建设农村电商平台为例，以当地特色农产品忠县柑橘销售为主营业务，探索农村电商助推农村经济发展的新思路，为其他地方农村电商平台的建设提供经验借鉴。

8.3.1 案例概况

忠县是重庆市的柑橘生产大县。柑橘是忠县的一张名片，种植面积在 35 万亩以上，综合产值超过 36 亿元，占全县农业总产值的 40%，亩产值超过 1 万元。忠县柑橘产业始建于 1997 年，多年来，忠县坚持按照现代农业的发展模式，致力于柑橘产业各个关键环节的发展，建成了全国最大的工厂化柑橘育苗基地，累计建成柑橘果园 18 万亩，惠及 16 个乡镇、5 万多名农户、近 14 万名果农。建成的年加工柑橘 5 万千克、年产橙汁 2.4 万千克的亚太地区首条 NFC 橙汁加工线，已成为国家 NFC 橙汁示范生产线。而且该橙汁的各项指标均符合国际标准，日本、美国、瑞士等众多境外企业大量求购，将其作为原料包装成本土品牌的产品。截至目前，忠县柑橘不仅在国内各省都有销售，而且还销往东南亚、欧洲和美国等境外地区。忠县柑橘是中国国家地理标志产品，2010年11月23日，原中华人民共和国国家质量监督检验检疫总局批准对"忠县柑橘"实施地理标志产品保护。

近几年来，互联网和电子商务飞速发展，以湖南省石门县的石门柑橘为代表的很多柑橘产地积极发展农村电商，拓展柑橘的销售渠道，不但增加了柑橘销售的收益，还带动了柑橘产业的进一步发展。而忠县的农村电商发展还处于初级探索阶段，很多方面都存在一定的局限性。例如，在生产方面，很多柑橘种植户思想保守，不相信网络；在物流运输方面，很多柑橘生产基地的物流体系欠缺，没有第三方物流企业介入，难以形成规模化物流；在电商基础和人才方面，农村电商的基础设施薄弱，缺少专业的电商技能型人才；在核心业务方面，柑橘生产的同质化严重，品牌化建设滞后，无法对其他品牌柑橘形成竞争等。

8.3.2　分析与思考

下面根据我国农村电商发展存在的问题，分析忠县柑橘产业发展中存在的问题，并提出通过创建农村电商平台在线上销售柑橘的电商化发展方案。

1. 我国农村电商发展的常见问题

我国农村电商发展趋势良好，但也存在以下几个方面的问题。

（1）定位不准确。农村电商不只是一个销售农产品的渠道，还是一个连接农村和外部世界的通道，需通过信息交流降低农村电商实践成本、扩大农村电商覆盖范围，使农民成为农村电商的真正获利者。

（2）运营不积极。很多农村电商平台存在只建设不运营的问题，如平台无人管理、功能单一、农民只注册不操作，消费者无法购买农产品，农民也不在平台上销售农产品。

（3）品牌化建设不够。农村电商平台上的农产品质量得不到保证，也无法通过平台的质量检验，没有形成一定的知名度。消费者不愿意购买零散的无保障农产品。

2. 柑橘产业发展存在的问题

农村电商的发展能够为柑橘产业带来新的营销途径，但也存在一定的问题。

（1）营销信息不对称。在传统的柑橘销售中，大多数柑橘种植农户获取市场信息的渠道比较单一，运营方式多以户为单位，各自将柑橘卖给收购商，由于对市场供求信息不了解，销售价格一般较低。

（2）中间商过多。在忠县柑橘的传统销售体系中，收购商分成了村级、镇级、县级、市级和省级等多个层次，这样柑橘销售的利润都被中间商赚取了。而经过层层收购商的加价，加上物流成本的叠加，消费者购买的柑橘单价高，而种植农户的收益却较低，严重影响了柑橘产业的发展。

（3）物流成本较高。在传统的柑橘销售中，物流运输主要由中间商或种植户承担，加上跨省运输，物流成本较高，这些费用都会增加柑橘的单价，减少农民的收益。

3. 农村电商平台助力柑橘销售

柑橘产业发展中存在的问题可以通过创建农村电商平台解决，如此一方面可以帮助农民增加收益，另一方面可以发展乡村经济。

（1）增加收益。随着农村电商平台的搭建，柑橘种植农户增加了获取消息的途径，他们可以通过平台来获取全国各地乃至世界其他地区的柑橘信息，从而实现相关信息的交流与共享。消费者可以通过平台直接从农户手中购买柑橘，消除了中间商环节，提高了农户销售柑橘的价格，同时也降低了消费者购买柑橘的价格。如此双方都得到了好处，在促进柑橘销售的同时也增加了农户的收入。

（2）及时提供供求信息。农村电商平台能够收集和发布供求信息，传递国家农业政策，帮助农户获得更全面的交易信息，降低信息不平衡带来的影响。

（3）降低农业生产成本。柑橘生产具有季节性强、产量高的特点，农村电商平台则可以创建柑橘信息共享模块，提升柑橘的影响力，实现规模化生产和销售，降低农业生产成本。

（4）降低物流成本。创建农村电商平台后，物流被第三方物流企业承包，通过规模化和数字化控制物流成本，从而增加了农民的收入。

（5）保障柑橘的品质。创建农村电商平台后，平台会通过质量监测和检验来控制柑橘的品质，从而保证柑橘的质量，维护消费者和种植户双方的权益。

（6）保障交易安全。农村电商平台会通过第三方在线交易方式进行交易，可以保证交易的安全性，这对很多不相信网络的种植户起到了保障作用。

8.3.3 启示与应用

随着农村电商在更多农村地区的发展，建设农村电商平台，进行农产品网络营销已经成为很多农村地区增加农民收益、发展乡村经济的新道路。重庆市忠县通过农村电商平台销售柑橘的案例也为其他农村地区通过农村电商助推农村经济发展带来了一些启示和建议。

1．改善农村电商发展环境

创建农村电商平台，发展农村电商需要有与之对应的基础设施。

（1）交通设施。农村电商需要有与之配套的物流和快递服务。打通农村物流"最后一公里"不仅是发展农村电商的需要，也是保障民生的需要。

（2）通信网络。农村电商需要通信技术和网络技术的支持。在农产品物流的整个过程中，特别是农产品生产基地，需要覆盖网络信号，建立信号基站，将网线牵到农村的每家每户，并定期检修设备，确保信号全覆盖，切实解决农村的网络问题，改善农村电商发展环境。

2．优先发展落后地区

这是指优先选择落后地区建立农村电商示范点，根据当地的实际情况制定农村电商发展方案，鼓励优秀电商企业与落后地区互帮互助，从而推动乡村经济发展。

3．建设农产品品牌

由于农产品种类多，普通农村电商要想脱颖而出，就需要根据当地特色打造农产品品牌，增加农民收入。农村电商平台也要特别对农产品品牌进行质量监管，从而满足消费者对优质农产品的需求。

4. 培养专业的农村电商人才队伍

不会使用计算机是大多数农民不相信网络的主要原因，所以创建农村电商平台前后，电商平台和政府相关部门应该向农民提供相关知识和技能的培训，解决农民不会通过电商平台销售农产品的问题。另外，电商平台和政府相关部门要大力培养农村电商人才，通过提供优惠政策的方式，鼓励大学生和在外打工的青年返乡创业，利用他们对电商平台和农业知识的了解，将其培养成农村经济发展的主力军，带动其他农民共同致富。

5. 提升农产品销售的服务质量

农产品销售后的服务也是消费者非常关心的问题，提升农产品销售的服务质量可以帮助农产品进行品牌建设，也可以吸引更多的"回头客"。这就需要通过电商平台的线上培训和政府的线下培训相结合的方式，培养农民的服务意识。

6. 延长农村电商产业链

农村电商要发展并不局限于农产品销售这个单一的领域，还应该发展与之相关的旅游、餐饮和娱乐等产业，创建集农资信息交流、农产品种植和生产、农产品收购和加工、农产品仓储和包装、农产品运输和配送、农村旅游和休闲、农家餐饮和娱乐等于一体的完整农村电商产业链。

8.4 通过问卷调研分析双创型农村电商人才培养的理念和方法

农村电商已经成为助力乡村振兴的主要推动力，在党的二十大报告提出的"深入实施人才强国战略"指导下，培养大量专业的农村电商人才成了助力农村发展的重要基础。而在全国大力推进双创建设的背景下，双创理念在农村电商人才培养过程中也发挥着非常重要的作用。下面就以某大学对在校大学生进行的问卷调研为例，分析农村电商双创型人才培养的具体理念，并且有针对性地制定建立农村电商"双创"型人才培养的方法，为其他地方农村电商人才培养的相关工作提供经验借鉴。

8.4.1 案例概况

在国家政策的大力扶持下，农村电商迎来了历史发展机遇期。但是，专业人才缺失严重影响了农村电商的发展：一方面，缺乏既懂得电子商务相关知识，又懂得农产品运营的全能型人才；另一方面，全国高等教育学校中还缺乏针对农村电商方向开展的人才培养专业。另外，现有开展的农村电商人才培养以短期培训和学历教育为主，短期培训时间短，所学内容有限；培训对象知识水平参差不齐，很难培养出中高级专业人才；没有相应专业作为支撑，培训内容缺乏科学性和系统性。学历教育则因为高等职业专业目录中没有"农村电商"这一专业，加之受工作环境、薪资待遇等因素影响，现有的电子商务专业学生不愿意从事农村电商工作。某农业大学以培养专业的农村电商人才为着力点，设计了调研问卷，想通过问卷调研的方式来分析农村电商人才培养的理念和方法。

1. 研究对象

本地问卷调研的对象主要有以下 5 种。

（1）农民。农民是农产品的生产者。

（2）消费者。消费者是指农产品的购买对象，这里以京东的农产品购买对象为主。

（3）学生。学生主要是该农业大学电子商务专业所有 1 ～ 3 年级的学生。

（4）教师。教师是指该农业大学电子商务专业所有的教师。

（5）农村电商专家和农村电商企业代表。这里主要是指在京东从事农村电商的人员。

2. 问卷内容

本次调研问卷内容包括调研对象的基本信息（收入、职业等）、调研对象对农村电商人才的需求，以及农产品在京东运营中将会遇到的问题等，不超过 20 道题。

3. 调研方法

本次调研采用定量研究方法，以问卷调研法和访谈法相结合的形式研究农村电商，对比相关数据研究，并得出初步的分析结果。

8.4.2 分析与思考

通过发放调研问卷和访谈的形式开展调研，共有 300 人参与了本次调研。下面就分析调研数据，说明双创型农村电商人才培养的问题。

1. 调研数据分析

下面从农村电商职业的喜欢程度、电子商务专业学生应加强的能力和需着重培养的职业素养 3 个方面进行分析。

（1）农村电商职业的喜欢程度。有 45% 的调研对象非常喜欢农村电商职业，如图 8-1 所示。在现代社会中，重要的职业岗位的喜爱程度会影响该领域的发展，同时也影响未来学生对职业选择的喜爱和发展，这个数据将导致市场对农村电商人才的需求越来越大。

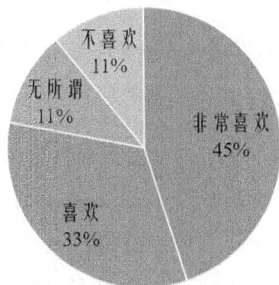

你对农村电商相关职业的喜欢程度

图 8-1　农村电商职业的喜欢程度

（2）电子商务专业学生应该加强的能力。从图 8-2 中可以看出，调研对象普遍认为目前电子商务专业学生在理论知识、技术应用能力、实操技能和知识扩展能力等方面需要加强。所以在学历教育中，该农业大学应该注重"传统农业+电商技术"技能人才培养模式，强化学生实操和自学能力的培养。

你认为电商专业学生需要加强哪些方面的能力？

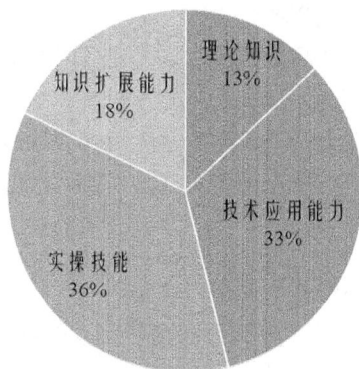

图 8-2　电子商务专业学生应该加强的能力

（3）需要着重培养的思政素质培养。根据图 8-3 所示的调研结果，在培养农村电商人才时，该农业大学需要着重培养学生的思政素质培养，特别是"匠心"专注农村之美和乡村振兴的责任感。在学历教育中引入思政素质培养，可以提升学生乡村振兴的责任感，以及无私奉献的精神，使其成为具有社会责任感、承担使命、接力奋斗的新时代合格大学生。

你认为培养农村电商人才需要加强学生的哪些思政素质培养？

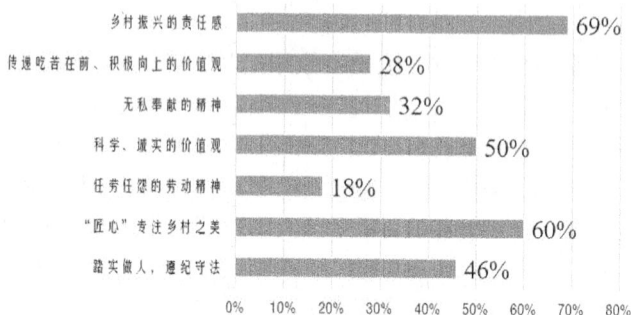

图 8-3　农村电商人才需要加强的思政素质培养

2. 双创理论与农村电商人才培养

双创是指大众创业、万众创新。双创理论自从我国进入 21 世纪 20 年代开始，就一直被作为国家发展的重大战略在各大会议和政府工作报告中提及。农村电商从业人才培养是基于农村电商发展，农村地区需要大量电商人才而开展的人才培养工程。一方面，农民需要通过电商的基本知识和电商运营的基本技术培训，开设自己的网店，打好农村电商基础，这是农村电商人才培养的主要内容之一。另一方面，各种职业教育院校和高等教育院校在学历教育中培养专业农村电商人才，作为农村电商发展的主力军。

双创理论在农村电商人才培养中的重要作用主要体现在学历教育中。因为学历教育的对象存在很大的培养空间，所以双创理论在培养农村电商人才方面有重要的积极意义。

（1）帮助农村电商人才适应农村现实生活。双创理论强调培养人才的创新创业精神，要求其对农村的现实情况有充分了解，特别是进行农村电商创业，更需要对农业和农村地区的基本情况了解透彻。这就完全符合农村电商人才培养的目标，所以双创理论能够帮助农村电商人才适应农村现实生活。

（2）推动农村电商的创新发展。当前我国农村电商在具体的运营管理、规模化发展和品牌化建设等方面还存在很多不足。而在双创理论指导下培养出来的新型农村电商人才必定具备较强的创新能力，能够通过创新来解决农村电商中存在的问题，促进农村电商发展。

3. 双创型农村电商人才培养的问题

受农村经济发展不平衡和传统人才培养模式的影响，双创型农村电商人才的培养存在一些问题。

（1）缺乏足够的专业支持。我国的职业教育正在大刀阔斧地改革当中，农村电商相关专业缺乏，导致很多学生在专业技术水平、创新创业精神、工作能力等方面都不能满足农村电商行业的需求。

（2）缺乏人才激励。双创型农村电商人才具有更加优秀的工作能力、思维方式和创新能力等，现阶段的农村电商普遍缺乏人才激励机制，无法吸引对自身待遇有更高要求的双创型农村电商人才。

（3）缺乏足够的重视。双创理论已经属于人才培养中上层建筑的内容，现阶段农村电商更需要农业科学、物流管理等专业型人才，所以对双创型农村电商人才的重视程度还不够。

8.4.3 启示与应用

在全面推进乡村振兴战略的指导下，农村电商产业未来会得到进一步发展，进入稳定上升期和成熟发展期，而这就要求学校在培养专业型农村电商人才的同时，培养更多的双创型农村电商人才。要培养能满足社会需求的专业型农村电商人才，就必须坚持"传统农业+电商技术"的人才培养模式，综合运用组建优质师资队伍、建设实训实践基地和注重专业管理等方法，着重培养学生的实际操作能力和科学精神。培养双创型农村电商人才则需要培养学生实现乡村振兴的责任感、帮扶农民无私奉献的精神，通过职业道德和职业行为的养成，以及坚韧不拔的劳动精神，以匠心专注农村之美，提升农村电商双创型人才培养的效率。

1. 组建优质的农村电商人才培养师资队伍

培养农村电商人才的学校应该组建一支校内外专兼职相结合的师资队伍，实现校地联动、校企合作，如此在对学生进行理论教育的同时，又培养了学生的实践能力，突出了创新创业教育。另外，需要有效整合农业生产技术、食品营养与检测、市场营销推广、现代物流管理、农业生物技术等相关专业和师资，以形成合力。

2. 加强对农村电商人才培养相关专业的管理

学校应该定期开展社会需求调研，对农村电商人才培养方案实施动态调整。另外，学校要针对农村电商相关专业定期开展在校学生问卷调研和毕业学生质量跟踪调研，并形成系统数据分析报告，为相关专业动态管理提供可用数据。

3. 通过模拟经营提升学生的实操能力

学校在校内可以模拟建设电商创业中心，通过建设农村电商平台、物流基地等方式进行农村电商的实践。学校也可以通过运用模拟软件模拟农村电商的运营过程，这样既可以帮助学生熟悉农村电商运营操作，又可以给学生提供亲身实践的机会，为学生今后进入实际的农村电商行业做好充分的准备。

4. 建立农村电商人才实践机制

在校外，学校应该发挥与农村电商企业的协同和合作优势，通过合作让企业为学生提供实践机会，提高学生的创新创业实践水平。例如，可以与农村电商的生产基地、物流中心和相关企业合作，建设校外实践基地，满足学生对农村电商岗位实践的需求。学校也可以为这些农村电商企业源源不断地输送人才，这里就涉及农村电商企业的选择问题。学校需要对农村电商企业的规模、经营效益和企业文化等内容加以筛选甄别，选择更加优质的企业，让学生在实践过程中领略先进企业的文化氛围，学习其运作和工作模式，以便学生能够掌握创业技能，产生创新思想。

5. 加快农村电商企业的发展

在农村电商人才培训方面，学校和农村电商企业之间是系统合作关系，农村电商相关企业在具备一定的资本和规模后，才能为学生的实践提供现实支撑。另外，农村电商企业只有得到发展才能完善农村电商人才培养的激励机制，吸引更多参与实践的学生在本企业工作，获得更多优质创新人才。所以，加快农村电商企业的发展能够为农村电商人才提供个人物质需求，这也是促进农村电商双创型人才培养的基础保障。